公司金融系列教材

公司金融实务与案例

刘莉亚　何　博　刘晓磊　编著

上海财经大学出版社

图书在版编目(CIP)数据

公司金融实务与案例/刘莉亚,何博,刘晓磊编著.—上海:上海财经大学出版社,2011.11
(公司金融系列教材)
ISBN 978-7-5642-1224-7/F·1224

Ⅰ.①公… Ⅱ.①刘…②何…③刘… Ⅲ.①公司-金融-案例-中国-教材 Ⅳ.①F279.246

中国版本图书馆 CIP 数据核字(2011)第 223632 号

□ 责任编辑　台啸天
□ 封面设计　周卫民
□ 责任校对　王从远

GONGSIJINRONG SHIWU YU ANLI
公司金融实务与案例
刘莉亚　何　博　刘晓磊　编著

上海财经大学出版社出版发行
(上海市武东路 321 号乙　邮编 200434)
网　　址:http://www.sufep.com
电子邮箱:webmaster @ sufep.com
全国新华书店经销
江苏省句容市排印厂印刷装订
2011 年 11 月第 1 版　2011 年 11 月第 1 次印刷

787mm×960mm　1/16　16.5 印张　314 千字
印数:0 001—3 000　定价:36.00 元

总　序

　　公司是现代市场经济机体的细胞,公司的融资、投资、改制上市、并购重组、跨国经营等行为,都是以金融活动为核心进行的。从微观而言,一个公司的金融活动构成了该公司的资金循环,保证着机体的有序运行。从宏观而言,一个公司的金融活动牵系着银行等金融机构和资本市场的稳健经营。公司金融活动是整个国家宏观经济正常运行的基石,一国公司金融的发达程度标志着该国市场经济的发达程度。

　　随着我国金融市场迅速发展和对外开放进程日益加快,工商企业界、金融机构、金融监管部门、政府等对于公司金融管理人才的需求急剧增大。在加入WTO后,改善中国的金融环境,建立健全公司的投融资制度和国家对公司金融活动的管理体系,成为当务之急。紧迫形势之下,进行现代公司金融知识的教育、研究和普及,就是必然的事情了。

　　市场经济发达国家高度重视公司金融管理的教育,将公司金融作为西方金融学教育的主要领域之一。西方主要大学的管理学院(商学院)开设的金融学课程,主要面向微观、面向现实。现代金融学以资产定价理论、企业估值理论、投资组合理论等为理论基础,以公司金融、证券投资学、兼并收购与公司重组、金融风险管理、金融工程学、投资组合管理、固定收益证券等为主干课程。目前,金融学的两门主干课程《公司金融》(Corporate Finance)和《投资学》(Investment 或 Securities Analysis)构成了金融学发展的两条主线,金融学的主要课程都是围绕着这两条主线展开的。21世纪以来金融学的发展方向是向公司治理领域、金融工程、行为金融领域等拓展空间,反映了传统金融学向法学、数学、心理学等学科的扩张和交融。比如,金融学和法学、公司理论等结合产生了公司治理,而金融学和数学结合产生了金融工程学,金融学和心理学等结合产生了行为金融学等。相比之下,国内院校对发展公司金融的重视程度尚显不足。

具体而言,公司金融的内容包括公司投资管理、项目估值、资本结构理论、股票发行与承销、公司债券发行、资产证券化、公司收购兼并与重组、公司价值评估、风险投资与私募股权投资、国际公司融资等。

本系列丛书就上述内容进行了写作规划,以上海财经大学金融学院部分中青年骨干教师的力量编著,他们年纪较轻,具有博士学位,或毕业于国际知名学府,或曾在国外著名大学从事访问研究,对该领域前沿有比较清楚的了解,组建公司金融教研室已有5年的历史,其间一直在一线从事公司金融的教学工作。丛书力求反映国内外的新动态,并能够基本揭示公司金融各个领域的主要内容和发展脉络。该套丛书包括《公司金融学》、《公司金融实务与案例》、《公司治理》、《公司并购与重组导论》、《国际公司金融》、《公司价值评估》、《财务报表分析》、《风险投资与私募股权》、《实物期权与企业投资》等,自2006年规划以来,陆续出版。

20世纪70年代末80年代初,经济改革和对外开放使得我国金融学获得了一次大的发展,建立了以货币银行学和国际金融学为主干的金融学科体系。21世纪以来,我国市场经济体制已经确立,经济现实已经与10年前有了很大区别,金融学科的教育需要进行改革,才能获得进一步发展。本套丛书仅仅是一个初步的努力。金融学科的改革和建设需要更多人的关心和支持,我希望将来有更多样、更精彩的公司金融学的新知识教材乃至专著能够不断问世,以共同描绘21世纪我国金融学科体系的新蓝图。

黄 明

美国康奈尔大学

约翰逊商学院金融学终身教授

原上海财经大学金融学院院长

2008年7月

序

在高校公司金融学科的课程教学过程中,案例教学发挥了重要的作用,主要体现在推进教学改革、弥补传统教学方法中的弊端以及培养学生理论联系实际能力等方面。联合国教科文组织的调查结果显示,在9种教学方法中,案例教学综合排名第一。

《公司金融实务与案例》正是为了配合高校金融专业培养高素质、具有开拓创新精神的高端金融人才的需要,是笔者多年从事《公司金融实务与案例》课程教学经验的积累。笔者原本只是想通过这种形式让学生亲身参与整理、编写案例,做课堂报告,接受其他同学的提问,从而培养和锻炼学生的资料搜集能力、专业写作能力、综合分析能力,同时通过了解各个行业的发展状况、深入挖掘不同公司金融案例背后的动因和结果,提高学生的理论联系实际能力。几年的教学积累,案例越来越多,于是笔者萌发了将其汇编成册的念头。这个想法得到了上海财经大学出版社的大力支持,在此表示感谢。

在案例选取上,笔者主要考虑以下标准:(1)案例本身的重要性、典型性和时代性;(2)案例所反映的公司金融理论问题的重要性;(3)案例相关数据和资料的完整性;(4)案例的可读性。本书全部案例均取材自我国近年围绕资本市场和上市公司发生的公司金融实务,时代感强、覆盖面广、适用性强。从案例所涉及行业来看,既有钢铁、地产等传统行业,又有IT等新兴行业;从案例分析方法来看,既有传统的财务分析方法,又有EVA等现代财务分析方法;从案例分析角度来看,既有同一企业不同时期的纵向比较,又有同一行业不同企业间的横向比较。

本书的内容结构如下:

第一部分,股权结构篇,包括两个案例:"股权制衡"能否改善公司治理? 全流通条件下的股东分散持股与控制权市场失灵。

第二部分,股利政策篇,包括一个案例:高额现金股利背后的原因。

第三部分,融资篇,包括六个案例,分别从首次公开发行、整体上市、借壳上市、海外上市、发行可转换债券、定向增发以及经营租赁等不同融资方式角度进行了讨论。案例为:首开集团整体上市案例分析、国美借壳上市案例分析、当当网海外上市案例分析、华菱管线可转债风波、定向增发"盛宴"背后的利益输送:现象、理论根源与制度成因——基于驰宏锌锗的案例研究、经营租赁的真实动机——基于东方航空公司的案例。

第四部分,股权激励篇,包括一个案例:万科股权激励计划案例研究。

第五部分,并购篇,包括四个案例:从宝钢收购案看中国式的并购、国美并购永乐案例分析研究、商业银行引进境外战略投资者的利弊分析——基于新桥投资收购深发展的案例分析、中信 vs 广发——收购与反收购。

这套案例主要出自课堂教学的讲义及辅助资料,引用他人的资料已尽可能注明文献出处,但恐有疏漏之处,敬请谅解!谨向本书参考资料的作者、相关报刊、网站表示衷心感谢!我在这里要特别感谢上海财经大学的李曜教授为本书的写作提出了很多中肯的修改意见。

在本书的编写过程中,我们力争资料、数据的准确和完整,但由于受到资料来源和自身理解能力的限制,不当之处仍在所难免,恳请各位读者不吝指正,以便进一步修改和完善。

在西方,美国商学教育的翘楚之一——弗吉尼亚大学达顿商学院的著名教授 Robert Bruner 等著的《金融案例研究——为公司的价值创造而管理》目前已经出版了第 6 版(McGraw Hill 出版公司,2010),它的内容主要是公司金融领域的西方案例。毫无疑问,Bruner 教授的著作成为本书作者的学习标杆(benchmark)。本书立足于中国实践的案例进行讨论,新的案例也将在未来再版时不断更新。

理论是灰色的,而生活之树常青。本书的案例研究即在于揭示这个真理。

刘莉亚
2011 年 6 月 15 日

目 录

总序 ·· 1

序 ·· 1

股权结构篇

案例1 "股权制衡"能否改善公司治理？
　　　　——宏智科技股份有限公司控制权之争的案例研究 ················ 3
　一、案例概述 ·· 3
　二、案例分析 ·· 6
　三、结论 ··· 10
　四、相关知识点回顾 ·· 11
　参考文献 ··· 17

案例2 全流通条件下的股东分散持股与控制权市场失灵
　　　　——基于上海兴业房产股份有限公司的案例分析 ················· 18
　一、案例概述 ··· 18
　二、案例分析 ··· 23
　三、结论 ··· 29
　四、相关知识点回顾 ·· 29
　参考文献 ··· 31

股利政策篇

案例3 高额现金股利背后的原因
　　　　——基于佛山照明的案例分析 ·············· 35
　　一、案例概述 ································ 35
　　二、案例分析 ································ 37
　　三、结论 ···································· 41
　　四、相关知识点回顾 ·························· 41
　　参考文献 ···································· 45

融资篇

案例4 首开集团整体上市案例分析 ················ 49
　　一、案例概述 ································ 49
　　二、结果评价 ································ 54
　　三、结论 ···································· 64
　　四、问题讨论 ································ 65
　　五、相关知识点回顾 ·························· 67
　　参考文献 ···································· 70

案例5 国美借壳上市案例分析
　　　　——谈民营企业的资本运作之道 ············ 71
　　一、案例概述 ································ 71
　　二、结果评价 ································ 79
　　三、特点 ···································· 81
　　四、启示 ···································· 84
　　参考文献 ···································· 85

案例6 当当网海外上市案例分析 ·················· 86
　　一、背景概述 ································ 86
　　二、结果分析 ································ 90
　　三、问题讨论 ································ 94
　　四、相关知识点回顾 ·························· 96

参考文献 …… 97

案例 7　华菱管线可转债风波　98
一、案例概述 …… 98
二、问题讨论 …… 101
三、结论 …… 105
四、启示 …… 106
五、相关知识点回顾 …… 109
参考文献 …… 110

案例 8　定向增发"盛宴"背后的利益输送：现象、理论根源与制度成因
　　　　——基于驰宏锌锗的案例研究 …… 111
一、案例概述 …… 111
二、案例分析 …… 112
三、结论 …… 119
四、相关知识点回顾 …… 120
参考文献 …… 123

案例 9　经营租赁的真实动机
　　　　——基于东方航空公司的案例 …… 124
一、案例概述 …… 124
二、案例分析 …… 126
三、总结和启示 …… 131
四、相关知识点回顾 …… 131
参考文献 …… 133

股权激励篇

案例10　万科股权激励计划案例研究　137
一、案例概述 …… 137
二、结果评价 …… 143
三、问题讨论 …… 146
四、启示 …… 147
五、万科2010年股票期权计划 …… 148

六、两期股票激励计划采取不同方式原因分析 …………………… 149
七、结论 ……………………………………………………………… 152
八、相关知识点回顾 ………………………………………………… 152
参考文献 ……………………………………………………………… 155

并购篇

案例11　从宝钢收购案看中国式的并购 …………………………… 159
一、背景概述 ………………………………………………………… 159
二、结果分析 ………………………………………………………… 170
三、宝钢新设广钢集团案例分析 …………………………………… 173
四、关于并购中政府行为的讨论 …………………………………… 182
五、问题讨论 ………………………………………………………… 183
六、相关知识点回顾 ………………………………………………… 185
参考文献 ……………………………………………………………… 189

案例12　国美并购永乐案例分析研究 ……………………………… 190
一、案例概述 ………………………………………………………… 190
二、结果评价 ………………………………………………………… 195
三、对目前存在的问题的解决对策 ………………………………… 198
四、启示 ……………………………………………………………… 200
五、相关知识点回顾 ………………………………………………… 201
参考文献 ……………………………………………………………… 202

案例13　商业银行引进境外战略投资者的利弊分析
——基于新桥投资收购深发展的案例分析 …………………… 203
一、案例概述 ………………………………………………………… 203
二、案例分析 ………………………………………………………… 206
三、结论与政策性建议 ……………………………………………… 224
四、相关知识回顾 …………………………………………………… 225
参考文献 ……………………………………………………………… 227

案例14　中信 vs 广发
——收购与反收购 ……………………………………………… 228

一、案例概述	228
二、结果分析:中信败因	243
三、问题讨论	246
四、启示	248
五、相关知识点回顾	250
参考文献	252

目录

股权结构篇

政权结构篇

案例1 "股权制衡"能否改善公司治理?
——宏智科技股份有限公司控制权之争的案例研究

一、案例概述

(一) 企业背景

宏智科技股份有限公司(600503)前身为宏智科技发展有限公司,是由中国邮电工会福建省邮电管理局机关委员会、中国邮电工会福建省邮电学校委员会于1996年10月共同出资组建的有限责任公司。公司在1997~2001年间通过增资、改制,最终定名为宏智科技股份有限公司。2002年6月24日在上海证券交易所以向二级市场投资者定价配售方式发行人民币普通股4 000万股,发行价8.68元,发行完成后,公司总股本为11 000万股,注册资本为11 000万元。

宏智科技属于应用软件及系统集成的IT行业,公司的主营业务是为电信企业提供有关客户管理、客户服务、业务管理、网络和系统管理、商业智能、增值业务平台等方面的应用软件产品和系统集成服务。宏智科技是国家级重点高新技术企业和国家火炬计划闽东南电子与信息产业基地骨干企业、信息产业部认定的计算机信息系统集成一级资质单位、国家规划布局内重点软件企业。

(二) 企业运营状况

宏智科技自2001~2003年经营状况急剧下滑。代表公司盈利能力指标的总资产收益率、净资产收益率、每股收益、主营业务收益率严重缩水,代表公司成长性的主营业务收入增长率、市盈率迅速下降,代表公司抵御风险能力的每股经营现金流、每股净资产也大幅度滑坡;相比之下,资产负债率从18.7%猛增至39.7%,增幅达到112%。至2003年末,多项重要会计指标均呈负值,公司已不堪重负,如表1.1所示。

表1.1　　　　　宏智科技2001~2003年会计指标比较

会计指标	2001年12月31日	2002年12月31日	2003年12月31日
总资产收益率	13.8%	5.8%	−14.1%
净资产收益率	25.3%	7.2%	−23.4%
每股收益	0.434元	0.317元	−0.839元
每股净资产	1.717元*	4.429元	3.588元
主营业务收益率	31.8%	15.7%	−6.5%
主营业务收入增长率	46.4%	21.7%	−14.1%
每股经营活动现金流	0.232元	0.199元	−1.724元
资产负债率	45.3%*	18.7%	39.7%
市盈率	—	50.883	−8.038

注：标*的指标表示由于公司上市发行股票原因导致2001年数据与后面两年不可比。

（三）股价变化

如表1.2所示。

表1.2　　　宏智科技自上市至2003年12月股价走势　　　　　　　单位：元

时间	2002.7	2002.8	2002.9	2002.10	2002.11	2002.12	2003.1	2003.2	2003.3
月末股价	21.88	19.81	18.40	16.00	17.10	16.13	16.77	16.28	15.15
时间	2003.4	2003.5	2003.6	2003.7	2003.8	2003.9	2003.10	2003.11	2003.12
月末股价	12.43	13.30	11.70	10.99	11.53	8.01	6.56	7.18	6.74

（四）控制权争夺

2002年6月~2003年6月，公司上市后第一任董事长林起泰代表公司第三大股东（福州大乾数字信息有限公司）的利益。2003年6月，经过董事会改选后，代表公司第四大股东利益的黄曼民走马上任，出任公司董事长职务。宏智科技的第一大股东王栋2003年12月11日在《中国证券报》发布了《宏智科技股份有限公司第一大股东关于召开2004年第一次临时股东大会的公告》，宣布其将自行主持此次股东大会。同日，宏智科技也在《中国证券报》刊登该公司以董事会名义发布的《宏智科技股份有限公司公告》，称其未收到原告王栋的任何提案，并对王栋拟自行主持召开的宏智科技2004年第一次临时股东大会的有效性不予认可。2004年1月10日宏智科技董事会发布公告，声明黄曼民等组成的董事会已决定出席由董事长黄曼民主持并由王栋提议的将于1月11日召开的宏智科技2004年第一次临时股东大会。2004年1月11日,由于黄曼民与王栋在股东大会主持权上产生意见分歧,双方分别召开了各自的股东大会。2004年2月初,由王栋召开的股东大会推选的以姚雄杰为董事长的董事会也入驻宏智科技。2004年4月30日,两个董事会同时发布了两份《宏智科技股份有限公司2003年年度报告》。2004年3月16日,王栋一纸诉状将宏智科技告上法庭,要求确认股东大会的决议效力。福州市中级人民法院于2004年5月13日一审判决宏智科技仍由黄曼民等组成的董事会、监事会管理。王栋不服,并上诉至福州市高级人民法院,然而,终审判决结果维持原判。

(五)股东结构

股东结构如表1.3所示。

表1.3　　　　宏智科技2002～2003年前10大股东持股一览表

股东	2002年6月(上市时) 名称	持股比例	2002年12月31日 名称	持股比例	2003年12月31日 名称	持股比例
1	王栋	18.03%	王栋	18.03%	王栋	18.03%
2	李少林	15.79%	李少林	15.79%	李少林	15.79%
3	福州大乾数字信息有限公司	13.15%	福州大乾数字信息有限公司	13.15%	福州大乾数字信息有限公司	13.15%
4	泉州闽发物业发展有限公司	5.21%	泉州闽发物业发展有限公司	5.21%	泉州闽发物业发展有限公司	5.21%
5	陈大勇	4.45%	陈大勇	4.45%	陈大勇	4.45%
6	朱芳	4.14%	朱芳	4.14%	朱芳	4.14%
7	石狮融盛企业集团公司	2.87%	申银万国证券股份有限公司	3.54%	石狮融盛企业集团公司	2.87%
8	广发证券	0.445%	石狮融盛企业集团公司	2.87%	张起	0.79%
9	通乾基金	0.032%	丰和基金	1.44%	崔延平	0.39%
10	泰和基金	0.031%	金信证券	1.02%	杨瑾	0.37%

仔细查看第四至第七大股东的背景材料不难发现,泉州市闽发物业发展有限公司的实际控制人为吴永红;石狮融盛企业集团公司的法定代表人也是吴永红;自然人陈大勇是吴永红的私人秘书,跟随吴永红多年;而朱芳与吴永红的关系也非同一般。种种迹象表明,宏智科技的第四至第七大股东的控制人是同一人。将其持股份额加总 5.21%+4.45%+4.14%+2.87%=16.67%,由此,宏智科技具有相

近控制能力的股东有 4 名,并且各自的持股比例分别为 18.03%、16.67%、15.79%、13.15%,所持股份差异不大。

吴永红是宏智科技和整顿前的闽发证券的幕后操纵者,福建协盛实业公司的董事长。吴永红因刑事案件事发,协盛员工已作鸟兽散,但黄曼民反而因"护主有功",被快速提升为协盛实业董事、常务副总。吴永红通过福建协盛从闽发证券掏走大量资金,其总额可能高达数十亿元之巨。而当时,黄曼民正受吴永红器重。

二、案例分析

(一)第一大股东无法保障自己的权益的原因分析

在对宏智股份有限公司董事会的研究过程中,我们发现作为公司的第一大股东在公司的控制权争夺中一直没有取得以往第一大股东惯有的权力优势,经过分析得出原因如表 1.4 所示:

表 1.4　　　　　　　　　　　　相近持股比

股东(股东代表)	持股比
王栋	18.03%
黄曼民	16.67%
李少林	15.79%
林起泰	13.15%

1. 2002 年 6 月～2003 年 12 月,宏智股份有限公司的前四大股东的持股比如表 1.4 所示。我们可以发现,王栋虽然身为公司第一大股东,其股权比第四大股东也仅多了不到 5 个百分点。如此一来,其作为第一大股东的优势在董事会选举中并不明显,因而对于公司的实际控制权也就不如传统股权集中公司中明显。

2. 第四大股东泉州市闽发物业发展有限公司以法人的形式出现,而王栋为自然人,在所持股权相差无几时后者难免势单力薄。

3. 在前任股东大会中,第四大股东已占董事会两个名额,而王栋只占一个名额。

因此,由黄曼民为主的董事会进入宏智科技。王栋可能已经意识到单凭自己的力量并不足以与黄曼民抗衡,于是寻求与林起泰合作,并在 2004 年由王栋本人提名的董事会名单里力荐代表第三大股东利益的人员入驻公司董事会。各年的董事结构见表 1.5:

表 1.5　　　　　　　　　　宏智科技董事会结构

2002 年董事会			2003 年黄曼民主持的董事会			2004 年王栋提名的董事会		
姓名	职务	代表股东	姓名	职务	代表股东	姓名	职务	代表股东
林起泰	董事长	3	黄曼民	董事长	4	姚雄杰	董事长	—
李少林	副董事长	2	黄孙奎	董事	4	林立新	董事	—
王栋	董事	1	胡海仁	董事	4	陈为健	董事	3
陈微	董事	3	许章迅	董事	4	程国谦	董事	3
戴行金	董事	3	杨云	董事	—	林起泰	董事	3
黄曼民	董事	4	张斐光	董事	4	李忠	董事	3
黄孙奎	董事	4	李汉国	独立董事	4	高维佳	独立董事	—
徐闽华	董事	3	刘戬	独立董事	—	侯金光	独立董事	—
张子复	董事	3	祝迪润	独立董事	—	翟圣岗	独立董事	—

（二）为何双方斗争如此激烈，即使公司分崩离析亦在所不惜？

1. 控制权收益的诱惑：分散股权结构的必然产物

有一种观点认为，董事会被某一控制性股东所控制并不一定是件坏事，因为这便于提高董事会的决策效率，使行动保持一致。但在宏智股份有限公司这个案例中，我们看到的是各股东以牺牲公司的基本营运能力为前提疯狂地争夺控制性股权，其根本原因即是由股权分散所带来的无主导性控制权所导致。控制权收益是控制性股东利用控制权为自己谋得的利益，如通过建立个人王国、利用关联交易将公司的资源转移到自己旗下公司、为自己旗下公司提供担保、非法占用公司资金、提高薪水和利用职权挥霍等。因此，控制性股东获得的控制权收益实质上来源于侵害其他股东的利益，又称"隧道挖掘"（tunnelling）或者译为"掏空"。

2. 各股东获取控制权收益的方式

（1）募集资金流向

宏智科技的 2003 年年报披露："募集资金被前任高管大量挪用"。这主要是指董事长林起泰为其胞弟林起伦控股的福建昆仑科技有限公司向中国光大银行福州分行申请的 7 000 万元借款提供担保，并于 2003 年 5 月 29 日（恰在董事会换届选举之前）将公司存放于光大银行福州古田支行的募集资金 7 000 万元汇入福建昆仑科技有限公司的账户，为其还款。

另外，据宏智科技 2002 年报披露，公司预付账款 8 945 万元，向北京新宇计算机系统有限公司（以下简称北京新宇）购买设备。北京新宇是新宇软件控股 90%

的子公司。新宇软件2002年年报披露其预收账款为6 620万元。由于这是合并报表,这一数据应该包含子公司北京新宇预收账款。即使新宇软件的预收款全部来自宏智科技,两者之间仍然相差2 325万元,而对这笔2 325万元的资金去向,宏智科技却三缄其口,不做任何解释。对于这种资金流向中的重大问题,以林起泰为主的董事会负主要责任。

(2) 自设现金支付和其他应付款

宏智科技2003年年报的"支付其他与经营活动有关的现金"一栏里,出现一笔支付给泉州市闽发物业(宏智科技第四大股东)3 115万元的还款,并且其账面显示还欠闽发物业3 885万元。但是从宏智科技2002年年报、2003年中报和其他的消息来源中,我们没有发现宏智科技与泉州市闽发物业发生过任何经济往来,宏智科技在2003年年报中对这两笔款项发生原因也只字未提,而这两笔款项发生在黄曼民为主的董事会上任仅半年时间之内。

(3) 设立子公司转移资金

2003年8月,黄曼民等人控制下的董事会通过了在上海成立上海宏智投资发展有限公司的议案,决定由宏智科技出资2 835万元(占94.5%的股权)。在上述议案尚未经过宏智科技股东大会审议的情况下,黄曼民等人就于2003年9月迫不及待地成立了该公司,黄自任董事长。2003年11月,又在未经股东大会审议的情况下,上海宏智投资发展有限公司的注册资本虚增至6 100万元,使得宏智科技在上海宏智投资发展有限公司总的股份比例下降到50%以下,从而丧失了控制权。由此,黄曼民等人实现了对上海宏智投资发展有限公司原3 000万元注册资本的控制。

同样,2003年9月,在未经宏智科技股东大会审议的情况下,黄曼民等人控制下的董事会又擅自成立了福建宏智信息产业发展有限公司,决定由宏智科技出资900万元(占90%股权),自然人郑清林投资100万元(占10%股份)。自福建宏智信息产业发展有限公司成立后,黄曼民等人于2003年11月,又在未经股东大会审议的情况下,将福建宏智信息产业发展有限公司的注册资本扩充至2 450万元(补充的资本金来自上海宏智投资发展有限公司),使得宏智科技在福建宏智信息产业发展有限公司总的股份比例下降到50%以下,从而也丧失了控制权。此外,在黄曼民等人对福建宏智信息产业发展有限公司增资扩股后,就以其所控股的上海宏智投资发展有限公司将全部资金调走。这样,黄曼民等人通过上海宏智发展有限公司实现和完成了对福建宏智信息产业发展有限公司原1 000万元注册资本的控制。

(4) 资产变现

以黄曼民为主的董事会虽然在法庭上获胜,但其代表的第四大至第七大股东的股份之和毕竟只有16.67%,并且此时宏智科技的前三大股东已有联合的趋势。因此,在控制权开始动摇时,黄曼民等人在胜诉后开始积极进行多个项目合同的转让,以迅速实现现金回流。2004年5月31日,宏智科技与华为技术有限公司签订协议,将其在湖北、青海的BOSS项目和湖北、青海、新疆的BI项目的已签合同、知识产权全部转让给华为,作价1 000万元。在另一份《宏智科技联通工程项目合同转包协议书》中,宏智科技委托北京汇知天辰科技有限公司承包其未全部执行完毕的联通工程项目,合同应收款总额近6 200万元中的18%(约合1 100万元)作为工程服务费支付给北京汇知天辰科技有限公司,另将回款总额中的5%(约合300万元)作为给予对方的奖励。根据这份协议,宏智科技将至少损失1 400万元的转包费。此外,宏智科技还与北京汇知天辰科技有限公司签订股权转让协议,将公司所持有的北京时代宏智软件技术有限公司55%的股权转让给后者,作价1 100万元收回现金。从资金变现能力看,现任董事会正在积极将所有易于变现的资产,包括项目合同、应收账款以及对外投资纷纷套现,如果持续下去的话,宏智科技只能沦为一个空壳。

3. 控制权收益的背后

以上四点中,除了第四点无法确切估算现金回流产生的控制权收益外,前面三点都具有明确数据,因此可以合理估计控制权收益的大小。具体分析见表1.6。

表1.6　　　　　宏智科技控制性股东的控制权收益计算　　　　　单位:万元

时间	事项	金额	备注
2002.10	向北京新宇计算机系统有限公司购买设备	2 325	合计的20 060万元中,除了欠闽发物业的3 885万元之外,其余16 175万元是直接的现金流出。
2003.11	支付给泉州市闽发物业的其他应付款	3 115	
2003.5	林起泰为福建昆仑科技有限公司还款	7 000	
2003.12	账面显示欠闽发物业的其他应付款	3 885	
2003.8	成立上海宏智投资发展有限公司	2 835	
2003.8	成立福建宏智信息产业发展有限公司	900	
合计		20 060	
以林起泰为主的董事会获得的控制权收益	$(2\ 325+7\ 000)\times(1-13.15\%)$ $=8\ 098.76$		13.15%为大乾数字持股比例
以黄曼民为主的董事会获得的控制权收益	$(3\ 115+3\ 885+2\ 835+900)\times(1-16.67\%)$ $=8\ 945.48$		16.67%为闽发物业持股比例
合计	16 936.89		

结果表明,宏智科技共损失20 060万元,其中现金损失为16 175万元。连续董事会在任期间的控制权收益总和高达16 936.89万元,其中有13 738.37万元为现金收益。而以林起泰为主的董事会获得的控制权收益为8 098.76万元,以黄曼民为主的董事会则获得8 838.13万元。所以无论董事会控制在哪一方的手中,在宏智科技这种"相近持股比"的股权结构下,过小的现金流权导致控制性股东具有无限动机侵害其他股东的利益,取得控制权收益。除这些可以用账面价值表示出来的数字以外,宏智科技的间接损失更是巨大,这些股东急于变现而转包出去的项目存在巨大的回报空间,公司内部管理层的纷争给公司带来了恶劣的影响,直接导致公司的投融资困难,公司的股价也在这段时间里一路下滑,参见图1.1。

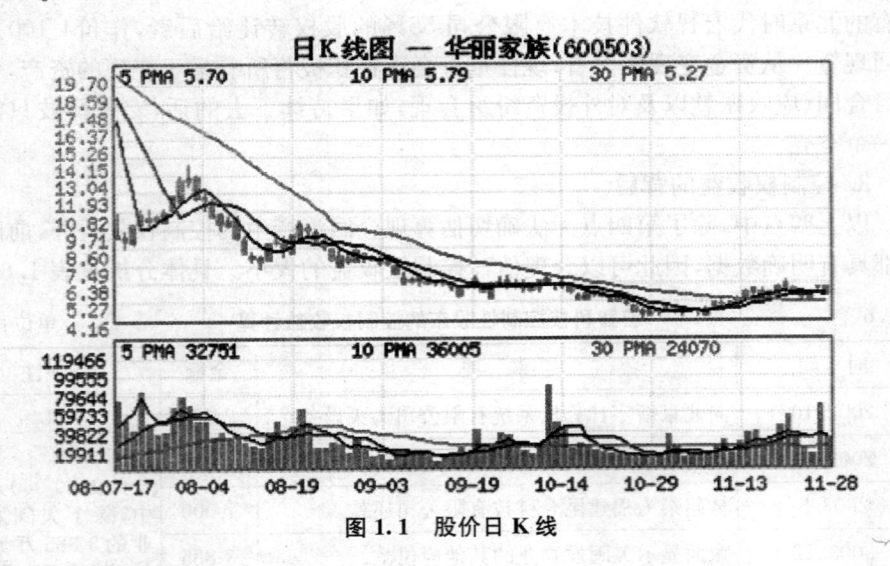

图1.1 股价日K线

三、结论

(一)在我国现有的制度背景下,试图利用"股权制衡"机制完全解决上市公司中的公司治理问题,目前在我国民营企业还行不通

目前,在我国民营上市公司中让第一大股东占据绝对控股的地位有两方面的好处:第一,虽然在这种股权结构下仍避免不了大股东侵占中小股东利益,但由于大股东所持股份比例增加,大股东的现金流权也增加,其与上市公司之间的利益协同效应也增强,因此与"各股东持股相近"公司相比,大股东侵害小股东的代理成本也会减少;第二,集中的股权结构使大股东能更有效地监督经理行为,激励经理更加努力地工作。

(二)提高法律机制对投资者的保护

在2006年颁布的新公司法中,已经进行了一定的司法调整,以进一步保障中小投资者以及其他股东的利益。

例如,新公司法加入了"监事会不召集和主持的,连续九十日以上单独或者合计持有公司百分之十以上股份的股东可以自行召集和主持"以及"代表十分之一以上表决权的股东、三分之一以上董事或者监事会,可以提议召开董事会临时会议。董事长应当自接到提议后十日内,召集和主持董事会会议。董事会召开临时会议,可以另定召集董事会的通知方式和通知时限"的规定,这就在一定程度上避免了因董事会拒绝召开董事会会议,从而导致董事会议一拖再拖的情况出现,进而降低了董事会的独裁权。

新公司法第一百一十六条规定:公司不得直接或者通过子公司向董事、监事、高级管理人员提供借款。该法条为新增项目,通过该法条,宏智科技股份有限公司案例中出现的相关借款问题将不再合法。

(三)提高上市公司信息披露程度

宏智科技对于一系列重大事项均未在事发日予以公告,直至编制年报时才披露,或只是在年报中记录一笔账款而并不做任何说明,信息披露程度严重不足,导致中小投资者无法对公司的真实经营状况作出正确判断。提高信息披露度不仅是我国民营上市公司的当务之急,对提高我国证券市场的吸引力来说也具有重要意义。

(四)促进民营企业的健康发展

本案例的研究对象是一家民营上市企业,而研究的问题又是民营企业中普遍面临的问题。随着我国民营企业的蓬勃发展,民营企业在我国经济的转轨过程中扮演着重要角色,在众多推动我国经济突飞猛进的因素之中居功至伟。然而,在民营企业迅速发展的同时,也带来了一些新问题,一个集中的体现是民营企业中广泛存在的控制权斗争,在民营企业走向证券市场的时候,这一问题显得更加突出和严重。因此,应当鼓励民营企业整体上市而不是分拆上市同时完善法制建设,都有助于改善民营企业的公司治理,促进我国民营企业健康、稳步发展。

四、相关知识点回顾

(一)一股独大

1. 基本概念

指一家大股东持有很大比例的股份,达到控制上市公司的经营和财务的能力。

2. 理论发展

(1)来源:Shleifer. A. and R. Vishny. 1986. "Large Shareholders and Corporate Control", Journal of Political Economy, 94. 461－488。

(2) 优势：相对于股权分散下无人监督经理人的情况，一个大股东的存在可以解决公司内部人控制问题，提高公司经营绩效，并获得自己的利益。

(3) 发展：Shleifer. A. and R. Vishny. 1997. "A Survey of Corporate Governance", Journal of Finance, 52. 737－783。

(4) 前提：具有一个良好的保护中小投资者的法律环境，以免大股东通过手中的控制权损害中小股东的利益。

3. 在我国的情况

由于我国的法律环境不容乐观，相关的法律不完整而且执行不得力，我国上市公司中的普遍现象是一个大股东完全控制着董事会，使公司决策程序和内部控制机制流于形式，产生严重的大股东侵害中小股东利益的问题。

4. 结论

我国"一股独大"的股权结构逐渐成为当前学术界和实务界的"众矢之的"，意欲除之而后快。于是，大家竞相提出"股权制衡"理论，认为我国当前应该设置多元化的股权，在股东之间形成一个制衡机制，既可以监督经理人以提高经营效率，又可以防止大股东从上市公司转移资源。

(二) 相近持股比

1. 基本概念

指一家上市公司的若干大股东所持有的该公司的股票比例相当。

2. 理论发展

(1) 来源：Pagano, M., A., Roell, 1998. "The Choice of Stock Ownership Structure: Agency Costs, Monitoring, and The Decision To Go Public", The Quarterly Journal of Economics. 188－225。

(2) 优势：第一是大股东的多元化能够对经理形成有效的监督，第二是股东间的相互监督可以降低控制权私人收益。一个极端的情况是当两个大股东持有相同比例的股权时，任何一方都没有绝对的权利动用公司的资源增加其私人收益。

(3) 发展：Ke, B., Petroni, K. and Safieddine, A., 2000. "Executive Pay and Accounting Performance Measures: Evidence from Publicly and Privately-held Insurance Companies", Journal of Accounting and Economics, 28: 185－210。

(4) 比较：有若干大股东持股比例相当的公司或第一大股东持股比例非常高的公司，业绩均比只有一个大股东且持股比例不是很高的公司的业绩好。原因是，如果公司拥有一些持股比例相当的股东，则股东间的相互监督也可抑制某个股东将公司利益转为私人利益，而当第一大股东持股比例非常高时，该股东在公司中的利益比重很大，其行为也会有利于公司业绩。但是那些只有唯一大股东且持股比例适中的公司,大股东同时具有盘剥公司资源的动力和能力,因此公司价值要低于前两类公司。

3. 相近持股比在我国

(1)原因:我国商业银行对民营企业在一定程度上心存歧视,民营企业融资难度很大,尤其在银行开始"惜贷"后,民营企业面临的资金短缺形势变得更为严峻。于是,通过资本市场直接融资无疑是民营企业解决资金来源极具吸引力的方式。但是,在同样对民营企业存在歧视的证券发行审核过程中,取得上市资格对于相对薄弱的个体民营资本来说并非易事。一个解决办法是几个民营资本结合成一个整体上市,或者几个民营企业共同收购一家已上市公司的股权而间接上市,结果均导致几个民营企业共同控制一家上市公司的局面。

(2)问题:通过上述方式取得上市资格的民营企业,其最大弊端是各民营企业之间的信息不对称,彼此的不熟悉和不信任导致博弈各方的行动往往会背道而驰,常会由于意见不和而致使决策失效,有时甚至引起股东之间相互攻击、大动干戈。

4. 相近持股比在国外

原因:

(1)行业特征。处于不同行业的企业,其投资机会以及业务运行与股东之间的信息不对称程度是不同的。Comes 和 Novaes(2005)认为,当企业拥有的投资机会对外部股东而言难以评估的时候,也就是说,投资机会产生的私有收益难以被外部股东所评价的时候,分权控制比较有利。反之,则大股东控股是比较有利的。

(2)法制状况。La Porta 等(1999)认为,大股东的存在是对法制保护不足的替代。如果某国的法律体系对小股东保护不足,分权控制的情况将比较常见(Gomes 和 Novaes,2005)。如果法律体系对小股东的保护不足,控股股东又极力去接受一些增加控制权私有价值但是对企业无效率的项目,将使得控股股东的私人收益增加。与大股东持股相比,分权控制是在所有权相对分散条件下的大股东控制,因此,分权控制与大股东控制都会出现在对小股东保护不足的法律环境中。Francis Bloch 和 Ulrich Hege(2001)的结论则相反。他们通过模型分析认为,股权制衡经常存在于投资者保护水平比较高的环境中。在投资者保护水平低的情况下,控股股东持股数的增加减少了对投资者的保护;但在投资者保护水平比较高以及控制权竞争差异比较大的情况下,控股股东持股数的增加更利于对投资者的保护。

(3)大股东的性质。首先,大股东股权的性质与背景决定了股权制衡的形成,Gomes 和 Novaes(2005)认为股权制衡的企业股东大多有相同的背景,如家族企业与合资企业。其次,大股东的竞争力也是一个重要的影响因素。如果大股东之间竞争力差距很小,则分权控制是最优选择;反之,竞争力强的股东将获得相对较多的股份(Francis Bloch 和 Ulrich Hege,2001)。同时,大股东的监督能力以及监督成本也是影响制衡股权结构的关键因素。如果持股最大的股东拥有良好的监督能力以及较低的监督成本,则最优的股权结构是单个大股东持股;否则,多个大股东分享控制权将更为有利(Francis Bloch 和 Ulrich Hege,2001)。

(4)控制权集团持股与其余流通股股东的持股差距。Francis Bloch 和 Ulrich Hege(2001)认为,在多个大股东分权控制(制衡股权)的结构下,最大股东(这里假设也是竞争力最强的股东)的持股比例与自由流通股数(free float)——控股集团持股以外的其他小股东持股数成正比。自由流通股数越多,则最大股东持股比例越大。

业绩:

(1)股权制衡的存在性。大量实证研究表明,在合资企业、非上市公司以及上市公司中,股权制衡现象都很普遍。Ball 和 Shivkumar(2004)与 Nagar、Petroni 和 Wolfenzon(2004)的研究证明,私人企业往往有多个大股东并存。Laeven 和 Levine(2004)在对西欧 13 个国家的 865 个企业的研究表明,大约 1/3 的企业拥有两个或者两个以上持股超过 10% 的股东,有 40% 的企业有一个大股东。Becht 和 Mayer(2002)发现超过 25% 的欧洲上市公司有一个以上的大股东。Comes 和 Novaes(2005)发现销售额超过 1 000 万美元的美国非上市公司中,57.2% 有一个以上的大股东。Gutierrez 和 Ttibo(2004)对西班牙 1993~2000 年的 20 313 个非上市公司样本观察结果表明,股权制衡的企业占企业总数的 37.5%,并且各个年份分布非常稳定。但是,和理论文献的研究一样,实证文献对股权制衡与法律保护程度的关系没有统一的结论。La Porta 等(1999)发现,不管是在反对董事权利水平高(法律对小股东的保护程度较高)的国家还是水平低的国家,第二大股东的存在概率是相同的。而 Becht 和 Mayer(2002)对欧洲国家的实证研究表明,没有证据表明在法制保护不足的国家中,第二大或者第三大股东的存在是一种普遍现象。

(2)股权制衡对企业业绩和股利政策的影响。相关的实证研究普遍认为,股权制衡提高了企业业绩,促使企业实施对小股东更有利的股利政策。Volpin(2002)对意大利的上市公司的实证检验说明,有投票权辛迪加(voting syndicate)的企业,比只有单个大股东的企业业绩要好。Lehman 和 Weigand(2000)的研究认为,第二大股东的存在,提高了德国上市公司的业绩。Gutierrez 和 Ttibo(2004)通过西班牙的数据发现,控制权集团对企业绩效有明显正的影响。控制权集团持股数的增加,引起企业绩效的改善;在控制权集团持股固定的情况下,增加股东的数目,也会改善企业的绩效。Faccio 等(2001)对欧洲不同国家的股利政策的对比发现,有多个大股东的时候,要发放更高的股利。

(3)股权制衡特征对企业价值的影响。实证文献中关于股权制衡特征的研究集中在不同股东持股量的差距以及股东类型的差别上。Laeven 和 Levine(2004)

发现,只有当第二大股东持股数与第一大股东持股数相差很小时,企业价值才随着第二大股东持股数增加而上升。Maury 和 Pajuste(2005)用芬兰的上市公司的数据进一步检验了制衡股东个数与类型是否重要。检验发现,大股东之间股权分布越均衡,则企业的绩效越高,对家族企业来说,结论更加显著。该文还发现,股东类型也影响企业的价值。如果股东来自一个家族,就更容易通过合谋来掠夺其他股东的财产,降低企业价值。这与 Francis Bloch 和 Ulrich Hege(2001)理论模型的研究结果相同。

结论:

(1)与传统的认识不同,多个大股东相互制衡的股权结构是普遍存在的,不管是在美国还是在欧洲。

(2)从理论上说,股权制衡是股权结构的一种均衡状态,不管是非上市公司还是上市公司,也不管是家族企业还是合资企业,制衡的股权结构也是最优的股权结构之一。

(3)股权制衡对企业的绩效有正的影响,有助于制衡大股东对小股东的掠夺行为,减少控制权溢价。

(三)控制权收益

1. 基本概念

控制性股东利用控制权为自己谋得的利益。

2. 理论发展

(1)来源:Grossman S. J. and Hart O. D., 1988. "One Share-One Vote and The Market for Corporate Control", Journal of Financial Economics, 20: 175—202。

(2)利润来源:损害其他股东利益——隧道挖掘。

(3)影响因素:控制权、现金流权。

3. 控制权

(1)概念:控制权指股东控制公司的能力。控制权收益(Private Benefits of Control)即控制性股东通过对控制权的行使而占有的全部价值之和。包括自我交易、对公司机会的利用、利用内幕交易所获得的全部收益、过度报酬和在职消费等(Grossman, Hart, 1988)。控制权收益与小股东权益受侵害是一种正相关的关系,控制权收益越大,小股东权益受到的侵害程度越严重,因此对如何有效制约控制权收益问题的研究,有助于探讨保护小股东权益的问题。

(2)控制权收益的影响因素:由于存在对控股股东的外部制约力量(如政府法律环境的完善、政府加强对控股股东的监督和关联交易的监督等)和内部约束力量(如道德标准、心理承受能力等),使得控股股东不能将控制权收益全部转换为自己的效用。在转换过程中存在一个损耗,即控股股东攫取控制权收益的成本。因此,对于控制权及控制权收益的计算,可以看作是在对控制权收益的成本进行分析,通过提高控制权收益的成本来制约控制权收益的大小,从而保护小股东的权益。

(3)控制权收益的外部成本分析:由于存在外部制约力量,使得控股股东不能将控制权收益全部转换为自己的效用,在转换的过程中存在着外部转换成本,包括以下方面:①与侵害过程中的资源耗费相对应的成本。控股股东通常采用关联交易、价格转移等手段侵害公司资源或少数股东的权益,在这一过程中要损耗成本。此外,家族控制的企业常常采用金字塔形或交叉持股等方式控制上市公司,这些所有权结构都会便利控股股东通过对少数股东或公司利益相关者的利益侵害牟取私利,但也会带来相应的组织成本和税负的增加。②与由侵害导致的控股股东声誉的损害相对应的成本。控股股东侵害过度会在市场上形成不好的名声,这会降低上市公司再次融资的股票发行价格,甚至会导致融资失败。③与由侵害带来的可能遭受法律诉讼的风险相对应的成本。如果控股股东承受的成本超过预期的收益,他就不会购买这些股份,除非这些股份能够以一定的折扣出售,以使得新的控股股东的未来预期收入大于预期成本(唐宗明、蒋位,2002)。

值得说明的是,这里之所以说是外部制约力量,不是以公司的价值减少为代价的,而是因为制约的成本存在外部性,如政府法律环境的完善、政府加强对控股股东的监督和关联交易的监督等。用函数表示上述关系如下:

$$C = C_1(R_1) + C_2(R_2) + C_3(L)$$

其中,R_1 为资源耗费量(Recourse),R_2 为声誉的损耗值(Reputation),L 为法律诉讼风险值(Lawsuit)。

通过分析可以得知,R_1 越大,表明控股股东侵害公司的资源越多,对小股东的权益的侵害程度越高,控股股东获得控制权收益就会越多。

(4)控制权收益的内部成本分析:除了外部物质利益的影响以外,一个人的行为还受到一定的自身因素(道德水平、心理承受能力)的影响,使得控股股东在转换控制权收益时存在内部约束成本。一般来说,控制权收益的获得是有一定道德成本的,每个人都有自己的道德心理感受,当获得利益所造成的道德负效用与物质收益的正效用相等时,控股股东便会放弃物质的获得而获取道德收益,从而达到均衡。每个控股股东的心理承受能力都有一定的范围,当其获得控制权收益时需要付出一定的成本,即获得收益的风险所带来的心理负效用,当这种负效用与获得收益的正效用相等时,控股股东就会将这种行为限制到其心理承受力所能允许的范围之内。随着控股股东权利的增大,获得的控制权收益也会增加,这样一来,控股股东可能受到的惩罚也会随之加重,由于被发现的可能性的增加和惩罚后果的加重,导致不同风险偏好者都把收益行为限制在较高的范围之内。用函数表示上述关系如下：
$$C=C_4(M)+C_5(R_3)$$

其中，M 为道德约束值（Moral），R_3 为风险承担值（Risk），其对内部约束成本的影响分析如下：M 越高，即控股股东的道德规范越高，其收益行为就越能够得到社会的认可，从而控制权收益就不至于过高。控股股东在获取收益的过程中心理承受能力越高，控制权收益就会越多。

（5）总成本分析：综上所述，控制权收益的成本 C 由五个因素来决定其大小，包括资源耗费量、声誉的损耗值、法律诉讼风险值、道德约束值和风险承担值。其中资源耗费量和风险承担值这两个因素决定的成本与控制权收益为正相关关系；声誉的损耗值、法律诉讼风险值和道德约束值这三个因素决定的成本与控制权收益为负相关关系。

4. 现金流权

指股东能从公司正常的经营利润中分得的份额。

5. 结论

股权集中、控股股东的存在导致了公司过度投资，控股股东控制权与现金流权的分离进一步加剧了过度投资，随着控制权与现金流权分离度的增加，控股股东侵占动机越强烈，导致的上市公司过度投资越严重，侵害其他股东利益的动机也越强。控股股东现金流权水平的提高，公司治理机制的改善，则可以有效抑制过度投资。

参考文献

[1] 朱红军，汪辉."股权制衡"能否改善公司治理？——宏智科技股份有限公司控股权之争的案例研究[J]. 管理世界，2004(10)，114－156.

[2] 常义. 黄曼民们上演"最后的欲望"ST 宏智仅剩残皮[N]. 21 世纪经济报道，2004.

[3] 汪恭彬. ST 宏智控股权之争考验公司法[N]. 21 世纪经济报道，2004.

案例2 全流通条件下的股东分散持股与控制权市场失灵
——基于上海兴业房产股份有限公司的案例分析

一、案例概述

(一)企业背景

兴业房产1988年8月经上海市人民政府批准成立,1992年1月13日在上海证券交易所上市,由中华企业公司(中华企业的前身)、上海纺织住宅开发公司(简称纺织开发)、徐汇区城市建设开发总公司(上海城开集团前身)、交通银行上海市分行、上海市房产经营公司和上海久事公司六家单位发起设立。历史上,兴业房产声名显赫:它是我国第一家上市的房地产公司;是上海证券交易所开业后第一家新上市的股票;是被大股东掏空的典型,曾上榜股市10大亏损股行列;是第一只被ST的"三无概念股"、"全流通股"。1999年以前,公司业绩虽经过多次高比例送配,每股收益却一直稳定在0.25元之上。特别要指出的是,兴业房产这种较强的盈利能力是在上一轮房地产处于全行业低迷期间(1993~1999年)取得的。但当房地产业的春天到来之际,兴业房产却开始陨落,2001年每股收益是-1.85元,2002年降至-3.36元。由于巨额亏损导致资不抵债,公司股票从2002年3月26日起被交易所"特别处理"。

(二)相关问题讨论

1. 中华企业和纺织开发是否有关联交易?

表 2.1 上海兴业房产 1992～2005 年的股权结构变化（前六大股东）

年份 \ 股东及持股比例	第一大股东/持股比例	第二大股东/持股比例	第三大股东/持股比例	第四大股东/持股比例	第五大股东/持股比例	第六大股东/持股比例	备注
1992	A/11.32	B/10.13	F/8.25	C/7.5	E/7.5	D/5.55	
1993	C/5.56	F/5.48	B/5.30	A/4.95	D/4.04	E/2.55	
1994	B/4.93	F/4.85	C/4.42	A/3.56	E/2.60	D/2.11	
1995	B/6.52	恒丰/5.25	A/4.47	F/4.43	C/4.42	D/2.16	E 为第七大股东/1.93
1996	恒丰/7.005	B/6.036	C/4.425	A/4.248	F/3.613	D/2.128	E 为第八大股东/1.244
1997	B/6.32	F/2.41	A/2.35	D/2.06	E/0.82	陈水宗/0.35	
1998	B/5.02	F/2.41	A/1.11	鼎达/0.79	D/0.65	E/0.62	
1999	B/2.29	F/2.21	A/1.04	中实/0.73	E/0.63	D/0.57	
2000	F/2.14	兴业证券/0.757	A/0.52	迅发/0.42	泰和/0.32	刘亚/0.29	迅发与 B 为同一董事长
2001	F/1.95	金鑫/0.77	葛豫鸿/0.42	建国/0.36	王宝珠/0.28	苏佩玉/0.20	
2002	中天/0.39	刘成堆/0.24	苏佩玉/0.20	路佩玲/0.18	薛镇芳/0.17	徐士忠/0.17	F 为第八大股东/0.16
2003	诚培信/1.06	国润/0.86	林奇/0.42	城际/0.40	林建新/0.29	中天/0.25	
2004	网盈/2.25	国润/0.86	城际/0.59	欧阳天元/0.51	葛跃武/0.42	苏伟峰/0.33	
2005	亿众/4.24	网盈/3.33	王娟/0.77	苏景滨/0.76	城际/0.59	金永康/0.47	

注：A：中华企业公司，B：上海纺织住宅开发公司，C：交通银行上海市分行，D：上海市房产经营公司，E：上海久事公司，F：上海城开集团有限公司，其他简称均为公司名称或个人股东姓名。

从表 2.1 中我们可以看出，1992 年公司上市时，第一大股东是中华企业公司，第二大股东是纺织开发。1993 年第一大股东是交通银行上海市分行，纺织开发已经成为第三大股东，中华企业公司变为第四大股东。1995～1999 年，纺织开发是公司第一大股东，而中华企业公司则是第三大或第四大股东。2000 年以后，公司第一大股东从上海城开集团开始年年更替。而唐相道自兴业房产上市以来一直担任公司董事长一职，成为我国上市公司中屈指可数的资格最老和任期最长的董事长之一，迄今已约有 15 年。公司总经理曹光骥任职时间比董事长仅晚 3 个月。特别是自 2000 年开始，由于纺织开发已不再持有兴业房产的股份，公司更是出现了公司董事长、法定代表人无代表股份的怪现象，而且这一现象持续至今。2002 年 3

月 23 日，在公司及董事会因纺织开发未兑现还款承诺、董事会清欠工作不力，受到证监会的公开批评，以及 4 月 4 日在公司及董事唐相道、曹光骊因公司较大数额借款、担保逾期未及时披露，受到上海证券交易所公开谴责的情况下，仍然丝毫不能撼动其对公司的掌控地位。2000 年开始，纺织开发已不再持有兴业房产的股份，中华企业也不是第一大股东时，唐相道依旧是兴业房产的董事长。目前还没有证据能说明中华企业和纺织开发之间有关联交易。

兴业房产的股权在相当一段时期内，特别是 2000 年之前（纺织开发作为兴业房产最大股东时期），虽说没有一个股东按其所持股份达到了对公司的绝对控股，但纺织开发无疑处于控制性股东地位。正如前文所分析的那样，兴业房产虽然是全流通股，但公司发起之时股权却都是国有性质，且多数股东是城建与房地产领域的企业，基本属于同一级同一部门主管之下，在发起人股东退出前，前几大股东几乎被锁定。虽然各股东持股比例很小，但基本上形成了一个由国有股东和国有控股公司联袂长期持股的松散股权联盟，特别是在 2000 年之前。可以这样认为，在 2000 年纺织开发退出兴业房产之前，这一联盟结构稳定存在，且以纺织开发为核心。面对潜在的收购威胁，在控股股东的主导下，发起人股东结成了较为牢固的"盟友"关系，使可能的收购行为望而却步，即使收购行为启动也将遭遇巨大的阻力。所以说唐相道的董事长任命，很有可能是和兴业房产背后的国有性质有关。

2. 2000~2001 年兴业房产前六大股东合计持股减持的原因

表 2.2　　　　　　　　　　前六大股东持股结构

年份 \ 持股比例	前六大股东合计持股（%）	均值（%）	最大值（%）	最小值（%）	标准差（%）
1992	50.25	8.38	11.32	5.55	2.063 0
1993	27.88	4.65	5.56	2.55	1.167 2
1994	22.47	3.75	4.93	2.11	1.191 6
1995	27.25	4.54	6.52	2.16	1.422 7
1996	27.46	4.58	7.01	2.13	1.736 8
1997	14.31	2.39	6.32	0.35	2.106 3
1998	10.60	1.77	5.02	0.62	1.728 9
1999	7.47	1.25	2.29	0.57	0.795 5
2000	4.45	0.74	2.14	0.29	0.705 7
2001	3.98	0.66	1.95	0.20	0.660 3

续表

持股比例 年份	前六大股东合计持股 (%)	均值 (%)	最大值 (%)	最小值 (%)	标准差 (%)
2002	1.35	0.23	0.39	0.17	0.085
2003	3.28	0.55	1.06	0.25	0.332 6
2004	4.96	0.83	2.25	0.33	0.720 5
2005	10.16	1.69	4.24	0.47	1.649 3

从表2.2中可以发现：(1)公司前六大股东在各年度末持股总量不断缩减，1997年之前维持在20%以上，之后减持到5%左右。从股权分布看，无疑属于分散持股结构。(2)平均每家大股东持股比例除上市第一年稍高外，其余各年虽然均不超过5%，最近几年甚至基本维持在不足1%的比例之下，但前六大股东所持股份数量相差不大。从标准差看，除1992年和1997年为2%外，其余各年基本都在1%～2%之间或1%以下。可以认为，公司股权结构尽管分散，但却是一种"相近持股比或股权制衡"式的结构。相对于持股比例很高的"一股独大"，股权分散情况下的单个股东获得的控制权收益显然会更高。公司董事会始终在某一控制性股东的绝对控制之下，完全不能形成所谓的制衡关系，而且"相近持股比"的股权结构一旦出现，就会导致控制性股东的控制权收益非常大，这种情况下公司内部的控制权争斗将十分激烈。兴业房产的案例却显示出另一番情形，即一方面各股东持股比"相近"，另一方面各股东对公司的控制权争夺似乎没有兴趣。在这种情况下，控股股东一方面控制权收益巨大，另一方面其对公司的掠夺没有遭遇任何方面的阻止，更加有恃无恐。

在1999年以前，兴业房产经营状况虽谈不上出类拔萃，但在房地产行业持续低迷的不利环境中，公司业绩每年大多能维持在每股0.25元以上，并且经过了多次以送股为主的股本扩张，资产负债率也稳定在30%～50%之间，显示了较高的盈利能力和稳健的经营风格。但从1999年开始，情况发生了巨大变化，兴业房产也步入一个转折点，开始了大股东"纺织开发"大量占用上市公司资金的历程。1999年占用2.67亿元，2001年则达到顶峰，共占用6.38亿元。事实上，大股东带给兴业房产的"伤痛"还不仅如此，除了巨额欠款外，兴业房产还为纺织开发提供巨额贷款担保，2001年多达4.6亿元，而其中逾期的就达到4.4亿元，借款与担保合计超过11亿元，而兴业房产1992年1月13日上市时，股本总额为2 000万元，纺织住宅占10.13%，投资金额仅202.6万元。由于借款与担保大部分已经逾期，并涉及诉讼，兴业房产的存量房产和土地储备相继被查封、变卖，正常生产经营受到重大影响。

对这一现象,人们有理由发问:为什么兴业房产的其他股东对纺织开发的行为"熟视无睹、置若罔闻"?本来外部股东在公司治理中发挥着向内部股东和管理层提供监督的职能,面对如此之高的控制权收益,其他股东即使不能阻止纺织开发,也能效仿之,他们为什么没有这样做?唯一可行的解释似乎是,控股股东虽然持股比例与其他大股东相差不多,但其已经牢固控制了公司控制权,其他股东在原始投资增值或已经收回的情况下,虽然想再获取一定的控制权收益,但却无能为力,只有选择离开。

公司的大股东座次不断变换,这一方面反映出各股东摇摆不定的心态,另一方面也是因为拥有股票"全流通"的便利条件。正因为兴业房产是全流通的,股权的流动性使得股东更多时候成为消极股东,"见势不妙"抬脚就跑,而很少"用手投票",行使股东的权力。兴业房产1992年上市之初,6家发起单位分别持有11.32%、10.13%、7.5%、5.55%、7.5%和8.25%的股份,但在上市后的第一年,6家发起人就在二级市场合计出售套现了近23%的股份。此外,各股东单位持股比例基本都呈逐年下降趋势,从1993年开始,第一大股东持股比例已降至5%左右,而从1999年开始则降低到2%左右及以下。上市后的10年左右时间,尽管各家的持股比例不断变化,座次互易,甚至有的公司一度退出了前6名或前10名大股东行列,但直到2000年之前,基本阵营未变,只是各股东持股比例发生了较大变化。但从2000年开始,原发起人股东纷纷撤离,至2002年,所有发起人股东全部撤出了前6大股东行列。流通与控制往往是对立的,股东追求流通就必须放弃控制,追求控制则须放弃流通;但两者又是统一的,投资者利益最大化是统一的基础,投资者将根据自己的利益在流通与控制之间做出选择,一切以其利益平衡为基础。从兴业房产股东持股比例不断变化的实际情况出发,多数股东表现出了摇摆不定的投资心态,以及偏好流动性变现而不愿意追求控制的现实选择。这样在国有股"所有者缺位"与全流通的便利条件下,若通过控制能获得比现金流权更大的私人收益,则稳坐公司股东班列之中;若是通过控制不能获得比现金流权更大的私有收益,则股东更多选择的是撤退。

兴业房产6个发起人单位对公司的经营管理情况应该说相当了解,但股票全流通的便利条件使得他们在对公司的投资价值发生分歧或发起人内部出现利益冲突时,公司股权结构的缺陷便顷刻间暴露无遗。公司股东利益面临损失的危险时,都不愿意出面治理,而是选择成本最低的策略——抽身离开。

兴业房产股份全流通的性质在公司治理层扮演了怎样一个角色?公司控制权市场的失灵是与国内外公司控制权市场理论的主流观点相契合,还是表现出了某些"反例"特征?下文据此展开分析,对兴业房产特殊股权结构下控制权市场机制双向(内部与外部)失灵问题进行剖析。

二、案例分析

(一)董事会结构与大股东监督作用异化:内部控制权市场机制的失灵

通常我们认为:①董事会是股东利益的代表团体,它的中心任务应该是协调团体中的各种利益矛盾;②它有权任命经理层管理企业的日常事务;③董事会成员的更迭应该和董事所持有的股份比例相适应,即一般认为,董事长是最大股东(或其法人代表)。同时董事会的运行也受到了来自公司内部和外部环境的影响,其中有的因素会导致公司内部控制权市场的失灵,使得董事会结构与大股东监督作用异化。我们在案例——兴业房产——中就提到了这个问题。

1. 董事会超稳定结构下持有权利与代表股份的背离

正如前面所提到的,通常情况下,股东持有的股份数量和它在公司中所享有的权利应该是一致的,持有不同股份的股东在董事会中应该有其代表董事或者他本人就是董事,董事长应该是最大的股东或其代表。

通过表2.1我们可以看到,公司在成立之初的第一大股东是持股11.32%的中华企业公司,第二大股东才是持股10.13%的上海纺织住宅开发公司,但是公司在成立伊始的董事长却是由第二大股东、上海纺织住宅开发公司的法人代表唐相道担任,第一大股东中华企业公司的法人代表张昌勤仅出任副董事长。在此之后,公司的最大股东几经易手,1993年中华企业公司持股比例降低到4.95%,成为第四大股东,而纺织开发持股比例为5.30%,为第三大股东。中间除了云南恒丰集团股份有限公司在1996年举牌收购该公司之外,5年中,纺织开发的持股比例在5%左右,处于第一大股东的位置,在这种情况下,我们认为由唐相道担任董事长并没有异议。但是在2000年之后,纺织开发几乎退出了公司的前六大股东的行列,按常理来说,董事长不应该再由唐相道担任,但实际情况却是唐相道担任兴业房产的董事长长达15年之久,是我国上市公司中屈指可数的资格最老和任期最长的董事长之一。对比前面的表我们可以明显看出的是:2000年以后,公司的董事长并不直接代表股东,这种怪现象一直延续至今。而且在2002年3月23日公司及董事会因纺织开发未兑现还款承诺、董事会清欠工作不力,受到证监会的公开批评,同年4月4日公司及董事长唐相道因公司较大数额借款、担保逾期未及时披露,受到上海证券交易所公开谴责,但是其对公司的掌控地位却丝毫没有受到影响。2003年4月22日召开的临时股东大会上产生的新一届董事会中,纺织开发不是股东但占据一席且担任董事长,城开集团在2002年底已是第八大股东但却占据两席,上海市房地产管理局占据一席,另一席为上海老区文化传播有限公司,而公司前七大股东竟然无一席位。根据公司控制权市场理论,企业内部的管理层会争夺企业资源,但是在兴业房产内部非但没有出现这种"争夺战",反而是伴随着超稳定的董事会结构,这一点很让人费解。

不过我们也可以看到,这种董事会的超稳定结构是针对发起股东而言的,其他股东并不存在这种超稳定的现象,他们是随着代表企业所持有的股份变化而变化的。比如云南恒丰1996年举牌收购兴业房产,其总经理罗江被任命为公司常务副董事长。1999年云南恒丰宣布减持后,董事会认为罗江不适合继续担任公司常务副董事长职务,决定免去其原有职务。

从以上的分析我们得出了一个结论,就是:发起人股东"能上不能下",而其他股东"难上易下"且"上不到顶",这种结构造成了兴业房产董事会结构超稳定,股东权利与所持股份发生背离的情况。另外,兴业房产实际是一家国有控股公司,在6家发起股东中,有5家是国有企业,虽然各家持股比例较小,但基本上形成了一个由国有股东和国有控股公司联袂长期持股的松散股权联盟,特别是在2000年之前,这一股权性质与结构,不可避免地将导致公司发起人董事单位的众联局面,进而形成董事会的超稳定结构。

2. 大股东的监督作用异化为对小股东利益的侵占

研究兴业房产的持股结构,根据国外的经典理论,我们本来应该看到的是一种股东间股权相互制约的情况,但是事实并非如此。

从表2.2中不难看出两点:①公司前六大股东的持股比例不断缩水,是典型的分散持股;②从均值上看,各家持股比例除发起年较大以外,其余年份都很小,最少的时候只有0.23%,是典型的持股比例相近。

这就是说,尽管企业仍会存在"隧道挖掘"现象,但是各股东之间会产生较强的约束力,使公司和股东的利益逐渐趋于一致。

但是在我们研究的兴业房产的案例中,"相近持股比"的股权结构并没有引起股东对公司资源的大肆抢夺,反而是各股东对公司的控制权没什么兴趣,使得控股股东的收益巨大而且没有人制约,公司的控制人更加有恃无恐地对公司进行"隧道挖掘",如表2.3、表2.4所示。

表2.3　　　　1997~2005年纺织开发占用兴业房产资金　　　　单位:万元

年份	1997	1998	1999	2000	2001	2002	2003	2004	2005
占用金额	0	0	26 750	39 855	63 832	59 066	284 360	29 928	25 259

表2.4　　　　1997~2005年兴业房产为纺织开发担保情况　　　　单位:万元

年份	1997	1998	1999	2000	2001	2002	2003	2004	2005
为纺织开发担保	8 000	8 000	9 000	37 765	46 414	40 207	25 270	24 270	14 970
其中逾期	—	—	—	—	42 375	40 207	25 270	24 270	14 970

(二) 分散的股权结构未能引发并购行为：外部控制权市场机制的失灵

人们对兴业房产感兴趣的地方还有：其他"三无概念股"频频遭到举牌收购，但兴业房产一直无人问津。

按照一般的治理理论，公司是否发生并购以及能否并购成功很大程度上取决于股权集散度。股权较为集中的公司企业并购成功的可能性较小，因为这样的公司企业往往是"一股独大"，绝对控股的股东对并购持抵制心态。股权集中度较小的公司，并购者往往能以较少的代价获得成功。但是兴业房产似乎不满足于这种"一般理论"。

表 2.5　　兴业房产 1992～2005 年股本规模与股价

年份	股本规模（万股）	收盘价（元/股）	市值(万元)	10%控股资金（亿元）	8%控股资金（亿元）
1992	2 000	25.75	51 500	0.5	0.4
1993	4 000	20.78	83 120	0.8	0.7
1994	6 400	11.36	72 704	0.7	0.6
1995	7 680	9.59	73 651	0.7	0.6
1996	8 448	9.6	81 100	0.8	0.6
1997	13 516.8	8.71	117 731	1.2	0.9
1998	13 516.8	13.15	177 745	1.8	1.4
1999	16 220.16	13.88	225 135	2.3	1.8
2000	19 464.19	16.7	325 051	3.3	2.6
2001	19 464.19	11.02	214 495	2.1	1.7
2002	19 464.19	5.99	116 590	1.2	0.9
2003	19 464.19	4.59	89 340	0.9	0.7
2004	19 464.19	2.81	54 694	0.5	0.4
2005	19 464.19	2.04	39 707	0.4	0.3

通过表 2.5 我们看到，其实兴业房产的收购成本是非常小的，最大才达到 3.3 亿元，如果按照 8% 的控股资金成本更小。实际上，兴业房产并没有被并购，究其原因可能是：

1. 发起人股东的股权联盟与反收购防御

这是 2000 年之前公司未发生收购行为或收购行为失败的主要原因，1996 年云南恒丰收购失败就是这两方面因素直接作用的结果。

我们在前面也提到过，发起股东之间存在着一种"联盟关系"，这种"联盟关系"被称为"一致行动人"。面对潜在的收购威胁，在控股股东的主导下，发起人股东结成了较为牢固的"盟友"关系，使可能的收购行为望而却步，即使收购行为启动也将遭遇巨大的阻力。

另外，公司章程的一些规定也对收购行为产生了防御。公司章程第六十七条就公司董事的提名方法规定"由发起单位推荐董事候选人，或由上一届董事会推荐下一届董事候选人"，第七十九条则规定"公司董事由六家发起单位推荐和总经理担任"。这样，作为公司根本大法的《公司章程》，就规定了原发起人对公司控制权的绝对地位，没有公司发起人的同意，非发起人、即使是后来的大股东也无法进入公司董事会或在董事会中担任重要职务。这些条款是使兴业房产举牌方操作上望而却步的又一重要原因，因为即使收购成功了，收购方仍然进不了董事会，收购就变得没有意义了。

2. 资本市场的无效率与公司内部人控制

资本市场效率低下是中国资本市场一直以来的"常态"，加上公司内部人控制的影响，共同构成了兴业房产 2000 年之后未发生接管原因的主要矛盾。

公司在 1999 年以后财务出现了严重的危机，按理公司的股价应该有所反映，甚至可能出现负值。此时对公司进行收购应该不会有什么负担。正是因为资本市场无效率导致了公司的股价还是保持着一个较高的水平，但是公司本身已经没有什么投资价值了，如果投入资金重新启动或盘活公司后续投入，投资方的收益很难保证。

从公司内部来说，出现了董事长并不代表大股东的怪现象。可见，公司内部已由"分散的持股联盟"变成了"内部人控制"，使董事长和总经理的地位尤为突出。

3. 市场对并购事件的消极否定态度

从表 2.6、图 2.1 和图 2.2 可以看出，云南恒丰在宣布增持的前后 5 日 CAR 均为负值，而在宣布减持的前后 5 日 CAR 均为正值。可见市场并不认同云南恒丰收购兴业房产。

表 2.6　　　　　　　　云南恒丰收购兴业房产事件的市场反应

	1996年5月17日公告增持		1997年4月1日、4月9日公告减持	
	AR	CAR	AR	CAR
−5	−0.005 7	−0.005 7	−5	0.065 3	0.065 3
−4	−0.034 5	−0.040 2	−4	0.02 5	0.090 3
−3	−0.032 3	−0.072 5	−3	−0.006 6	0.083 7
−2	−0.016 9	−0.089 3	−2	0.003 3	0.08 7
−1	0.067 3	−0.022	−1	−0.019 3	0.067 6
0	−0.040 9	−0.062 9	0	−0.022 6	0.045
1	−0.022 8	−0.085 7	1	−0.009 7	0.035 3
2	0.011 1	−0.074 6	2	0.026 8	0.062 2
3	−0.019 7	−0.094 4	+/−3	−0.018 6	0.043 6
4	−0.015 1	−0.109 5	−2	0.04	0.083 6
5	0.033 4	−0.076 1	−1	−0.011 4	0.072 2
			0	0.002 1	0.074 2
			1	−0.023 5	0.050 8
			2	0.059	0.109 8
			3	−0.037	0.072 8
			4	0.005 9	0.078 7
			5	−0.004 5	0.074 2

注：AR 是指股票的日超额收益率，CAR 为累积超额收益率；0 表示公告日，1 表示公告日后第一天，−1 表示公告日前一天。

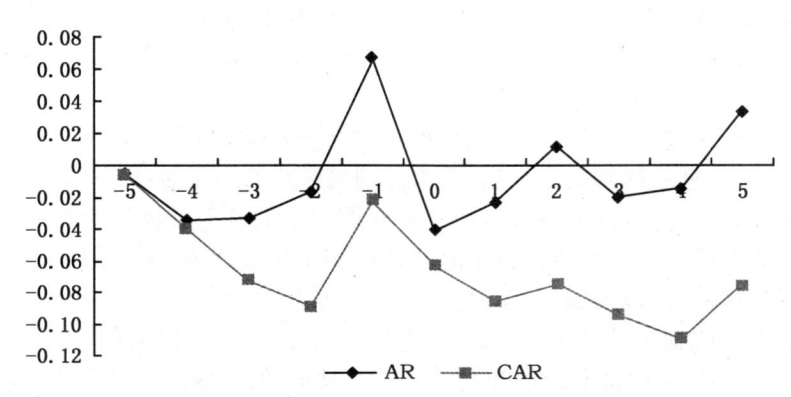

图 2.1　云南恒丰收购兴业房产的市场反应（增持）

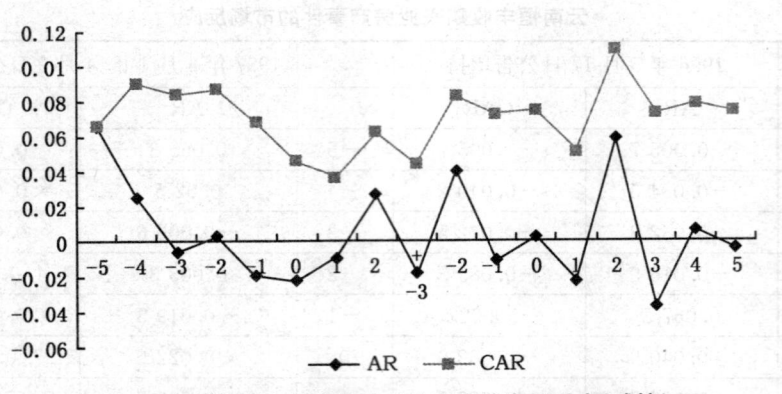

图 2.2　云南恒丰放弃收购兴业房产的市场反应(减持)

(三)股东的消极作为:全流通引发公司治理"流动性风险"

对于中国的资本市场,由于非流通股的存在进而导致"一股独大",成为长期以来为人诟病的最大问题之一。根据国外已有的研究,在股票全流通情况下,大股东持股是不稳定的。如果大股东能够在二级市场上逐渐卖掉手中持有的股票,那么有这样大股东的公司的所有权是不稳定的。这样的环境下,作为监督者的股东,如果可以轻易逃离公司,是不会有积极性去履行监督职责的。从表 2.1 看,公司的大股东座次不断变化,全流通的便利条件使得大股东成为消极股东,"见势不妙,抬脚就跑",这一方面反映出各股东摇摆不定的心态,另一方面也得利于股票全流通的便利条件。兴业房产 1992 年上市之初,6 家发起单位分别持有 11.32%、10.13%、7.5%、5.55%、7.5%、8.25%的股份,但在第二年,6 家发起单位在二级市场上合计套现了将近 23%的股份。此外,从 1993 年开始,第一大股东持股比例已降至 5%左右,而从 1999 年开始则降至 2%左右及以下。从 2000 年起,原发起人股东纷纷撤离,至 2002 年,所有发起人股东全部撤出了前六大股东行列。

按照 Coffee(2001)提出的流通和控制对立关系理论,流通和控制往往是对立的,股东追求流通就必须放弃控制,追求控制就必须放弃流通,但两者又是统一的,投资者利益最大化是统一的基础,投资者根据自己的利益在流通与控制之间选择平衡。从兴业房产股东持股比例不断变化的实际情况出发,多数股东表现出了摇摆不定的投资心态,以及偏好流动性变现而不乐于追求控制的现实选择。公司股东自身利益面临损失的危险时,都不愿意出面治理,而是选择成本最低的策略——抽身离开。2000 年中报时纺织开发是第一大股东,到年报时已经退出了前十大股东的地位。第一大股东被上海城开集团代替,而集团由于 2001 年上半年减持兴业房产将近一半的股份,从 2000 年末持股的 2.14%减少到 2001 年 6 月 30 日的

1.30%,又在2001年的年底增持到1.95%。特别是在2002年的年报中,出现了中国证券市场有史以来最奇特的一幕:公司前十大股东中,有8位都是个人股东,且持股仅有693 011股(占总股本的0.36%)的路翠铃登上了第一大股东的宝座。

三、结论

兴业房产是一个独具特色的公司控制权市场失灵的案例,它所反映的情况与西方的主流理论的描述截然不同。公司股权的分散性没有引发更多的代理权争夺或市场接管行为,相反代理权结构却表现出了异乎寻常的超稳定性结构。从这个案例中,我们看到:

(1)股票的全流通虽是产权的流通性或者是可转让性的内在要求,但流通本身会带来新的治理问题。

(2)股权结构与代理问题的性质是交叉复合的,所有者与管理者的利益冲突,大股东对小股东的利益侵害,股权制衡与内部人控制可能同时存在。

(3)股权集散度对公司控制权市场的影响是微妙而复杂的。

(4)公司治理是路径依赖的。

(5)治理机构复杂的企业置身于效率低下的市场,定价机制往往出现问题,反过来又促使公司控制权市场更加失灵。

诚然,兴业房产的案例可能有其特殊性,但其引发的思考蕴含着一定的普遍性。

(1)西方的"主流理论"在中国市场未必行得通。

(2)董事会机制作为公司治理的"内核"为公司治理带来了新的挑战。

(3)中国迫切需要加强对中小股东合法权利的法律保护。不管是集中还是分散的股权,都可能普遍地遭遇实际控股股东侵害中小股东利益的问题。

(4)完善信息功能是公司控制权市场与整个资本市场效率的源泉,使价格能充分反映股票的信息。

(5)产权性质对上市公司治理还是有一定影响的。

四、相关知识点回顾

公司控制权市场首先是由Manne提出的,他认为即使产品市场等控制机制失效,仅仅依靠接管机制就可以保证公司管理者追求公司价值的最大化。控制权市场的主要意义在于它可以克服两权分离下公司经理的追求与股东利益目标之间的偏差,从而保证及增加股东的福利。将公司控制权市场称为收购市场,将其定义为一个由各个不同管理团队在其中争夺公司资源管理权的市场。

公司控制权市场包括内部控制机制与外部控制机制两个部分,而外部控制机制对公司控制权市场的作用尤为重要。公司控制权市场的外部控制机制主要是指资本市场的某个(某些)参与者通过收购或收集股权或代理投票权取得对公司的控制,达到接管企业和更换经理层的目的,而对不良经理人形成持续性的外部威胁。尤其是在股权分散导致内部人控制的情况下,股东通过"用手投票"的方式采取治理行动成为不可能。此时,公司控制权市场就作为一种补充的制度安排出现了。研究表明,即使仅仅存在被接管的可能,低股价也会对管理层施加压力,使其改变行为方式,并忠于股东利益。而公司控制权市场的内部治理机制主要是指公司管理者内部竞争、董事会的构成和大股东的监督。尽管外部控制(接管)对约束管理者行为最有效,但公司内部控制机制,尤其是董事会对经营者的监督约束作用也是不可替代的。虽然现在有很多研究表明,董事会职能有弱化的迹象,但还没有人因此否认董事会存在的必要性,毕竟董事会的设置是公司权力制衡的枢纽。

无论是以董事会构成为代表的内部控制机制还是以并购为代表的外部控制机制,都会造成管理者相互之间争夺对公司资源的管理权,由于公司控制权作为资源来看具有稀缺性,管理者为争夺这种资源就形成一个无形的交易场所,从而形成Manne所称的公司控制权市场。

公司控制权市场的主要观点可归纳为如下3个方面:(1)在由公司各种内外部控制机制构成的控制权市场上,收购行为是其中最为有效的控制机制;(2)收购行为不会损害公司股东的利益,相反将给收购双方、特别是被收购方股东带来巨大财富;(3)从政策导向看,对恶意收购的干预和限制将损害各方利益,导致社会福利的降低。

已有的研究大多表明,股权集中度与公司控制权流动性呈反向关系,而控制权流动性与公司控制权市场具有正相关关系。

(1)公司控制权市场的存在对公司治理具有重要促进作用。公司控制权市场在内部机制上主要以对董事会的争夺以及大股东对管理层的监督为核心,在外部机制上则以收购为核心。控制权争夺将为股东带来收益。

(2)股权结构对公司控制权市场具有基础性影响:股权的可流动性有利于控制权争夺,股权集中度对控制权争夺具有反向影响(股权集中度高使控制权争夺难以实现,股权分散度高则容易导致控制权争夺)。

(3)股权结构对代理问题性质具有决定性影响:股权集中情形下,大股东对小股东利益的侵害行为非常普遍而且严重,而股权结构分散情形下,股东与经理层利益冲突居主导地位。

(4)在中国,当国家股东为最大股东、且持股比例较低时,董事长和总经理更容易被更换。

参考文献

[1] 崔宏,夏冬林.全流通条件下的股东分散持股结构与公司控制权市场失灵——基于上海兴业房产股份有限公司的案例[J].管理世界,2006(10),114—172.

[2] 沈艺峰.公司控制权市场理论的现代演变(上)[J].中国经济问题,2000(2).

[3] 朱宝宪,王怡凯.1998年中国上市公司并购实践的效应分析[J].经济研究,2002(11).

[4] 孙永祥,黄祖辉.上市公司的股权结构与绩效[J].经济研究,1999(12).

[5] 唐宗明,蒋位.中国上市公司大股东侵害度实证分析[J].经济研究,2002(4).

[6] 施东晖.上市公司控制权价值的实证研究[J].经济科学,2003(6).

股利政策篇

股利政策篇

案例 3　高额现金股利背后的原因
——基于佛山照明的案例分析

一、案例概述

(一)企业背景

佛山照明由佛山市电器照明公司、南海市务庄彩釉砖厂和佛山市鄱阳印刷实业公司共同发起,于 1992 年 10 月 20 日以定向募集方式设立。1993 年 10 月,公司以 10.23 元/股的发行价格向社会公开发行 A 股 1 930 万股,发行后总股本为 7 717 万股,在深圳交易所上市。上市 10 年来,一直专注于主业电光源产品的研发、生产和销售,是国内最大的电光源生产企业,主要电光源产品外销比例占 40%,内销市场辐射全国,外销市场集中在北美、欧洲、东南亚等地。其灯泡总产量居全国第二,有"中国灯王"之称。公司一直维持高派现股利政策,是沪深两市唯——家现金分红超过股票融资的公司,有"现金奶牛"之称。

(二)财务状况

从佛山照明的基本财务数据(见表 3.1)可见,公司的主营业务突出且每年有稳定的增长,主营业务盈利能力强,近 3 年主业对利润的贡献超过 100%,但公司的每股收益和毛利率呈下降趋势。

表 3.1　　　　　　　　　　　佛山照明的基本财务数据

项目＼年度	2000	1999	1998	1997	1996	1995	1994	1993
每股收益(元/股)	0.45	0.57	0.54	0.49	0.64	0.92	1.26	1.23
净资产收益率(%)	8.6	13.4	13.1	12.3	16.5	16.6	22.0	17.7
主营业务收入(亿元)	6.9	6.0	5.0	4.5	4.0	4.2	4.5	4.2
主营利润比重(%)	110.0	104.0	100.0	97.0	44.0	66.0	78.0	96.0
毛利率(%)	31.0	34.0	36.0	36.0	40.0	40.0	47.0	46.0
总资产(亿元)	22.0	15.0	14.0	14.0	14.0	13.0	9.0	7.0

(三) 股权结构

自1993年在深交所上市以来,佛山照明历经配股、发行B股、增发A股等,融资规模不断扩大,总资产和股本进一步扩张。公司的股权相对比较集中,截至2002年6月30日,公司第一大股东为佛山市国有资产办公室(以下简称"国资办"),持有国家法人股8 592.21万股,占总股本的23.97%,而第二大股东广州佑昌灯光器材贸易有限公司仅持有法人A股700万股,占总股本的1.95%,第二大至第十大股东合计持股仅5.63%。因此,公司中小股东的股权相当分散,实际上处于"一股独大"的状态。

公司董事长钟信才在公司中为"领袖"式人物,1964年便在公司前身佛山市灯泡厂工作,曾任技术员、生产、技术股负责人,1985年任经理,从1992年起,一直担任公司董事长和总经理一职。

从公司1993年招股说明书中的董事会、监事会构成看,公司7名董事中,只有2名来自上市公司前身之外,监事中也只有2名来自上市公司前身之外。我们考察了佛山照明历年的股东大会表决情况,发现公司股东大会出席的有表决权的股份仅在30%左右,而佛山市国资办就占了24%。历年股东大会在审议公司董事会的议案(包括利润分配方案)时,佛山市国资办均投赞成票。

从佛山照明1993~2000年董事会与监事会人员任职及变更情况看,曾任职常务董事的几乎全是上市公司前身的职员(周卫忠除外),而且常务董事很少更换;监事会主席是上市公司的工会主席;尤其是钟信才一直兼任董事长和总经理,同时又是第一大股东行使投票权的授权代表。这些表明,公司的控制权掌握在内部人手中。

(四) 研究问题

佛山照明自1993年上市后,每年派发高额现金股利(见表3.2),截至2001年末,该公司累计发放的现金股利超过10亿元。像佛山照明这样具有稳定高额现金股利政策的公司实属凤毛麟角,与愈演愈烈的上市公司不分配现象(范福春,2000)形成鲜明对比。

表3.2　　　　　　　　　佛山照明历年现金股利情况一览表

年份	1993	1994	1995	1996	1997	1998	1999	2000	2001
派发情况	10派3	10派8.1	10派6.8	10派4.77	10派4	10派4.02	10派3.5	10派3.8	10派6
派现总额（万元）	2 315	10 845	12 506	13 159	11 034	11 090	9 655	13 621	21 507
当年净利润（万元）	9 472	14 575	16 944	17 563	13 406	14 781	15 837	16 115	17 335
现金股利支付率(%)	24	74	74	75	82	75	61	85	124
公司当年自由现金流(FCF)(万元)	−29 087	−757	−54 452	4 731	14 395	15 796	10 789	−48 161	−1 710
现金股利占FCF的比例(%)	−8	−1 433	−23	278	77	70	89	−28	−1 257

持续的高额现金股利为佛山照明带来了广泛的赞誉,同时也带来了一系列的疑问:(1)这个被市场人士称为"另类"的公司,在二级市场表现平平,流通股股东似乎对公司一贯的高股利政策并不领情,为什么?(2)尽管佛山照明1994～2000年间的现金股利支付率比较稳定,但是现金股利占公司自由现金流量的比例却极不稳定,佛山照明发放现金股利的决策背景究竟如何?(3)佛山照明一方面发放现金股利,总额约10亿元;一方面又在IPO以后进行股票再融资,总额约11亿元。发放现金股利表明其缺乏投资机会,股票融资的信号则相反,为什么佛山照明会同时发放股利和股权再融资?考虑到股权融资的成本,比较经济的方法应该是直接保留自有资金,减少从股票市场募集资金,为什么佛山照明反其道而行之?

基于上述疑问,本文以下分析问题包括:(1)佛山照明的现金股利是否向市场传递了信号?如果传递了信号,那么传递的是什么信号?(2)如果现金股利政策未能向市场传递对公司有利的信息,那么,什么才是佛山照明发放现金股利的真正原因?

二、案例分析

(一)现金股利是否向市场传递信号

佛山照明的管理层是否利用公司高额的现金股利向投资者传递公司持续盈利的预期呢?二级市场上投资者的反应又是怎样的?以下我们运用累计超常收益率的方法对公司发放现金股利的市场反应进行考察。

本案例使用了1993年11月23日～2000年12月31日的深市成分指数和佛

山照明股价数据(佛山照明于1993年11月23日上市),分别以正式分配方案公告和除权日为事件基准日开设(-10,+10)的窗口,观测市场可能作出的反应。我们的实证分析方法包括:(1)拟合佛山照明股票的市场模型;(2)计算各有关时段内每日股票价格的超常收益率,以得出日均超常收益率和累积超常收益率;(3)检验有关时段内超常收益的统计显著性。

我们用于拟合的模型是 SLM 市场模型,即 $R_t = \alpha + \beta R_{m,t} + \varepsilon_t$,其中 R_t 是佛山照明股票价格在第 t 日的实际收益率,$R_{m,t}$ 是深市成分指数收益率。我们用事件基准日前40天到前11天的股票价格数据作为正常的市场表现,回归得出个股的风险因素(β)值,从而计算出事件期间内的日超额收益。为了描述超常收益率,我们设 AR_t 为第 t 日超常收益率,定义为 $AR_t = R_t - \hat{R}_t$,我们设定股利宣告日为 0 日,$CAR_{-t,t}$ 为第 $-t$ 日至第 t 日的累积超常收益率,定义 $CAR_{-t,t} = \sum_{i=-t}^{t} AR_i$,因为正式分配方案公告日和除权日相隔比较近,为此我们选取了(-5,5)这一较短的窗口进行研究。实际收益率可从股票当日收盘价与前 1 日的收盘价中估算,而预期收益率的估计则通过 SLM 模型来计算。此外,我们定义了平均的超常收益率 $\overline{AR} = CAR_{-t,t}/(2t+1)$。然后,我们对超常收益率进行 t 检验,得到 t 统计量的值,进而判断出股票的市场反应是否显著。

由样本数据算得的佛山照明股票价格在各股利宣告窗口的平均超额收益和累积超常收益率,检验的 t 统计量的值均列于表3.3。从表3.3可见,在我们所研究的佛山照明7次派发现金股利事件中,整体上看,市场对公司高额现金股利反应相当平淡,统计上没有显著性(比较显著的是1994年除权日的累积超额收益率)。

表3.3　　　　　　　　佛山照明股票的超额收益率和统计检验值

股利宣告日	$\overline{AR}$(%)	CAR(%)	t统计量	股利除权日	$\overline{AR}$(%)	CAR(%)	t统计量
1994.04.20	-0.28	-3.09	-0.574 5	1994.05.06	-1.07	-11.76	-2.268 7**
1995.07.21	-0.59	-6.53	-1.130 9	1995.07.26	-0.35	-3.88	-0.671 8
1996.05.30	-0.62	-6.78	-0.591 4	1996.06.10	1.14	12.57	0.696 6
1997.07.22	-0.03	-0.34	-0.048 9	1997.07.30	0.09	1.02	0.140 8
1998.07.11	0.29	3.24	0.635 4	1998.07.21	-0.50	-5.47	-1.001 1
1999.06.22	0.24	2.66	0.400 6	1999.06.29	0.11	1.17	0.131 4
2000.06.13	-0.94	-10.38	-1.77*	2000.06.20	0.43	-4.74	-1.054 7

注:** 表示在5%水平下显著,* 表示在10%水平下显著。

图 3.1 和图 3.2 描述了 1994～2000 年 7 年的股利宣告日和除权日的股票市场反应的算术平均值。从中可见,在选择的观测期内,市场将佛山照明的现金股利发放视作负面的消息,宣告日和除权日两个时点合计使投资者损失约 5%。

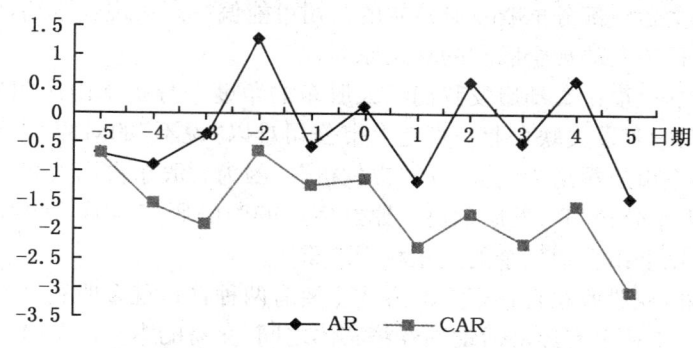

图 3.1 股利宣告日的股票市场反应

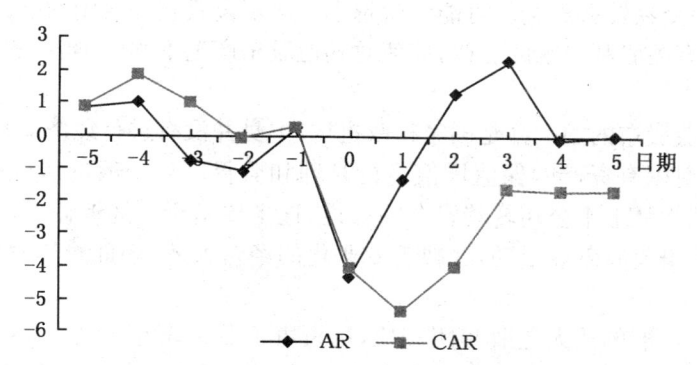

图 3.2 除权日的股票市场反应

在现有的上市公司中,把电光源作为主业的有 5 家,我们比较了各家公司以下几个指标:(1)市盈率;(2)市净率;(3)配股价格市盈率;(4)配股价格与除权日前市场价格比值。结果发现,在我们比较的这四个指标方面,佛山照明的表现均差于同行业均值,其中市盈率、市净率和配股价格市盈率与同行业的差距幅度甚大。这些比较表明不支持市场将现金股利作为好消息的假说,相反,却与市场将现金股利视作坏消息的假说一致。倘若这样的推论成立,佛山照明持续发放高额现金股利便无法提高公司价值,降低筹资成本。那么,其目的又是什么呢?

(二)发放现金股利的真正原因

Zhao(2000)检验了我国资本市场中股权结构和现金股利发放之间的关系,结果发现,相比企业控制的上市公司而言,政府控制的上市公司更加倾向于发放现金股利,而且是发放高得多的现金股利。作者在解释原因时认为政府控制的公司之所以发放高额股利,在于其希望向市场表明其对中小股东利益的保护,但作者并未说明企业控制的上市公司为什么没有同样的需要。作者意识到这种解释存在的问题,因而在论文最后部分推断政府控制的公司可能偏好高额现金股利,但没有解释原因,也没有检验发放现金股利的真正原因。

尽管如此,这篇论文却启发我们从大股东的角度来分析佛山照明发放现金股利的动机。大股东及关联企业一直是上市公司难以"说不"的对象,出于各种关系和原因,许多上市公司沦为大股东的"提款机"。因为大股东占用太多资金,许多严重"失血"的上市公司陷入发展危机。原红旗(1998)的研究表明,在我国证券市场中,母公司占用上市公司资金的问题相当严重。

一般来讲,控股股东转移资金的方式主要有两种:(1)现金股利;(2)关联交易。关联交易产生于两个有经济活动的经济实体之间,交易的本身需要有合法的基础,同时关联交易的监管程度,制约了利用交易进行现金转移,政府对关联交易监管越严,利用关联交易转移现金的可能性就越小。而现金股利是通用的财务分配方式,只要不违反有关股利分配的法律,即使对其他股东产生不利的影响,法律也无法干预或者惩罚。

作为控股股东的国资办是国家行政机构,本身并没有进行经济交易的能力,其职能主要是对国有资产的保值增值进行管理和监督。与一般的法人控股集团相比,国资办缺少从上市公司转移资金的渠道,这主要基于下述原因:国资办是一个政府机构,本身没有营业活动,并缺乏专业化的经营人才,因此难以直接依靠关联交易转移资金。

但是,与一般的法人控股集团相比,国资办面临的资金压力并不少。1992年财政部《股份制试点企业国有资产管理暂行规定》、《关于股份制试点企业所得税有关预算管理问题规定的通知》及财政部和中国人民银行颁布的《国家金库条例实施细则》规定,国家股股利收取由国有资产管理部门组织,国有法人股股利收入直接由投资入股的法人单位收取。作为控股股东的佛山市国资办对其持有的国有法人股股利享有收益权,并作为地方财政收入。在地方财政比较紧张的时候,国资办控股的上市公司可能更倾向于选择现金股利补充地方财政。

因此,作为上市公司大股东的国资办既有转移资金的动机,又缺乏运用关联交易转移资金的渠道,只能选择现金股利进行资金转移,尽管成本比较高昂。

公司的第一大股东是佛山市国资办,公司的前身也是全资国有企业,公司和当地政府之间存在着密切的关系。据初步统计,从1993年至今,佛山市政府从佛山照明近10亿元的派现总金额中分去了1/3,累计达3亿元。2001年佛山照明上缴的税金总额是1.87亿元,在佛山市是排名第一的利税大户。统计显示,佛山照明上市以来累计上缴的税金近 10 亿元。大股东曾向佛山照明借钱（如 1996 年作为佛山市国资办主管部门的财政局借款 600 万元），如果不能按期偿还借款本息，佛山照明将按协议从每年的分红中扣还。用这种方法，佛山照明处理了两次来自大股东的资金周转要求。但我们不能据此认为上市公司的价值一定受到了同等程度的损害，因为地方政府也帮助上市公司解决其他方面的问题，这可以视作资金转移后得到的补偿性收益。譬如在上市公司日常发展中，大股东会尽可能利用政府资源，配合上市公司解决问题，如 1996 年佛山照明生产规模扩大，厂房要扩张，大股东主动出面，协调解决搬迁、补偿问题，更快地为佛山照明清除外部发展障碍。

上述分析使我们比较容易理解，为什么佛山照明一边发放现金股利，一边在股票市场进行再融资。因为除了 1994 年国资办参与配股以外，1995 年发行 B 股和 2000 年 A 股增发都不需要国资办支付现金；然而，通过利益均沾的现金股利，国资办可以获得资金流入。同时也不难理解为什么我们发现的经验证据支持"市场将佛山照明发放现金股利视作坏消息"了。

三、结论

通过前面的分析可以看出，佛山照明持续、高额的现金股利令持有非流通股的第一大股东（国资办）成为上市公司成长过程中最大的赢家。因为第一大股东的股份无法流通，缺少明确的市场价格，大股东缺乏动机来抬高股价，除非抬高股价可以提高公司价值、降低筹资成本，但本案例的证据不支持这种推断。第一大股东能通过派发高额现金股利合法取得现金，同时又避免了股份的摊薄，控制权不至于丧失，从而保证未来更大的分红收益。地方政府受财政预算的约束，也希望利用国资办所持有国家股，从上市公司得到更多的资源，补充地方财政，于是分红就成了国资办的首选。

本案例对大样本经验性研究也有启发，未来的研究需要深入探讨公司治理机制及形成该治理机制的原因，才可能进一步了解我国转轨经济过程中公司的现金股利政策对公司价值的影响、市场怎样理解公司的股利政策、股利与代理成本之间的关系。

四、相关知识点回顾

（一）股利政策方式

股利政策是股份公司关于是否发放股利、发放多少以及何时发放的方针和政策。它有狭义和广义之分。从狭义方面来说的股利政策就是指探讨保留盈余和普通股股利支付的比例关系问题，即股利发放比率的确定。而广义的股利政策则包括股利宣布日的确定、股利发放比例的确定、股利发放时的资金筹集等问题。

股利政策方式有以下几种：

1. 剩余股利政策

这种方式是以首先满足公司资金需求为出发点的股利政策。根据这一政策，公司按如下步骤确定其股利分配额：(1)确定公司的最佳资本结构；(2)确定公司下一年度的资金需求量；(3)确定按照最佳资本结构，为满足资金需求所需增加的股东权益数额；(4)将公司税后利润首先满足公司下一年度的增加需求，剩余部分用来发放当年的现金股利。

2. 固定或持续增长股利政策

以确定的现金股利分配额作为利润分配的首要目标优先予以考虑，一般不随资金需求的波动而波动。这一股利政策有以下两点好处：(1)稳定的股利额可以给股票市场和公司股东一个稳定的信息；(2)许多作为长期投资者的股东(包括个人投资者和机构投资者)希望公司股利能够成为其稳定的收入来源，以便安排消费和其他各项支出，稳定股利额政策有利于公司吸引和稳定这部分投资者的投资。

采用稳定股利额政策，要求公司对未来的支付能力作出较好的判断。一般来说，公司确定的稳定股利额不应太高，要留有余地，以免形成公司无力支付的困境。

3. 固定股利支付率政策

这一政策要求公司每年按固定的比例从税后利润中支付现金股利。从企业支付能力的角度看，这是一种真正稳定的股利政策，但这一政策将导致公司股利分配额的频繁变化，传递给外界一个公司不稳定的信息，所以很少有企业采用这一股利政策。

4. 正常股利加额外股利政策

按照这一政策，企业除每年按一个固定股利额向股东发放称为正常股利的现金股利外，还在企业盈利较高、资金较为充裕的年度向股东发放高于一般年度的正常股利额的现金股利，其高出部分即为额外股利。

(二) 股利政策理论

1. 传统股利政策理论

二十世纪六七十年代，学者们研究股利政策理论主要关注的是股利政策是否会影响股票价值，其中最具代表性的是"一鸟在手"理论、MM股利无关论和税差理论，这三种理论被称为传统股利政策理论。

(1) "一鸟在手"理论

"一鸟在手"理论源于谚语"双鸟在林不如一鸟在手"。该理论最具有代表性的著作是 M. Gordon 在《经济与统计评论》上发表的《股利、盈利和股票的价格》，他认为企业的留存收益再投资时会有很大的不确定性，并且投资风险随着时间的推移而不断扩大，因此投资者倾向于获得当期的而非未来的收入，即当期的现金股利。因为投资者一般为风险厌恶型,更倾向于当期较少的股利收入,而不是具有较大风险的未来较多的股利。在这种情况下,当公司提高其股利支付率时,就会降低不确定性,投资者可以要求较低的必要报酬率,公司股票价格上升;如果公司降低股利支付率或者延期支付,就会使投资者风险增大,投资者必然要求较高报酬率以补偿其承受的风险,公司的股票价格也会下降。

(2) MM 理论

1961 年,股利政策的理论先驱米勒和弗兰克·莫迪格利安尼在其论文《股利政策,增长和公司价值》中提出了著名的"MM 股利无关论",即认为在一个无税收的完美市场上,股利政策和公司股价是无关的,公司的投资决策与股利决策彼此独立,公司价值仅依赖于公司资产的经营效率,股利分配政策的改变仅意味着公司的盈余如何在现金股利与资本利得之间进行分配。理性的投资者不会因为分配的比例或者形式而改变其对公司的评价,因此公司的股价不会受股利政策的影响。

(3) 税差理论

Farrar 和 Selwyn 1967 年首次对股利政策影响企业价值的问题作出了回答。他们采用局部均衡分析法,并假设投资者都试图达到税后收益最大化。他们认为,只要股息收入的个人所得税高于资本利得的个人所得税,股东将情愿公司不支付股息。他们认为资金留在公司里或用于回购股票时股东的收益更高,或者说,这种情况下股价将比股息支付时高;如果股息未支付,股东若需要现金,可随时出售其部分股票。从税赋角度考虑,公司不需要分配股利。如果要向股东支付现金,也应通过股票回购来解决。

2. 现代股利政策理论

进入 20 世纪 70 年代以来,信息经济学的兴起,使得古典经济学产生了重大的突破。信息经济学改进了过去对于企业的非人格化的假设,而代之以经济人效用最大化的假设。这一突破对股利分配政策研究产生了深刻的影响。财务理论学者改变了研究方向,并形成了现代股利政策的两大主流理论——股利政策的信号传递理论和股利政策的代理成本理论。

(1) 信号传递理论

信号传递理论从放松 MM 理论的投资者和管理者拥有相同的信息假定出发,认为管理当局与企业外部投资者之间存在信息不对称。管理者占有更多关于企业前景方面的内部信息,股利是管理者向外界传递其掌握的内部信息的一种手段。当他们预计到公司的发展前景良好、未来业绩将大幅度增长时,就会通过增加股利的方式将这一信息及时告诉股东和潜在的投资者;相反,当他们预计到公司的发展前景不太好,未来盈利将持续性不理想时,那么他们往往会维持甚至降低现有股利水平,这等于向股东和潜在投资者发出了不利的信号。因此,股利能够传递公司未来盈利能力的信息,从而使股利对股票价格有一定的影响。当公司支付的股利水平上升时,公司的股价会上升;当公司支付的股利水平下降时,公司的股价也会下降。

(2)代理成本理论

股利代理成本理论是由 Jensen and Meekling(1967)提出的,是在放松了MM理论的某些假设条件的基础上发展出来的,是现代股利理论研究中的主流观点,能较强地解释股利存在和不同的股利支付模式。Jensen 和 Meekling 指出:"管理者和所有者之间的代理关系是一种契约关系,代理人追求自己的效用最大化。如果代理人与委托人具有不同的效用函数,就有理由相信他不会以委托人利益最大化为标准行事。委托人为了限制代理人的这类行为,可以设立适当的激励机制或者对其进行监督,而这两方面都要付出成本。"Jensen 和 Meekling 称之为代理成本(agency cost),并定义代理成本为激励成本、监督成本和剩余损失三者之和。

3. 行为股利政策理论

到了 20 世纪 90 年代,财务理论学者们发现美国上市公司中支付现金股利的公司比例呈现下降趋势,这一现象被称作"正在消失的股利",随后在加拿大、英国、法国、德国、日本等国也相继出现了类似的现象,蔓延范围之广,堪称具有国际普遍性。在这种背景情况下美国哈佛大学的 Baker 和纽约大学的 Wurgler 提出了股利迎合理论来解释这种现象。

Baker 和 Wurgler 指出,由于某些心理因素或制度因素,投资者往往对于支付股利的公司股票有较强的需求,从而导致这类股票形成所谓的"股利溢价",而这无法用传统的股利追随者效应来解释,主要是由于股利追随者效应假设只考虑股利的需求方面,而忽略供给方面。Baker 和 Wurgler 认为有些投资者偏好发放现金股利的公司,会对其股票给予溢价,而有些投资者正好相反,对于不发放现金股利的公司股票给予溢价。因此,管理者为了实现公司价值最大化,通常会迎合投资者的偏好来制定股利分配政策。

Baker 和 Wurgler 先后完成了两份实证研究检验来检验他们所提出的理论,在 Baker 和 Wurgler(2004a)的检验里,他们通过 1962~2000 年 COMPUSTAT 数据库里的上市公司数据证明,当股利溢价为正时,上市公司管理者倾向于支付股利;反之,若股利溢价为负时,管理者往往忽视股利支付。在 Baker 和 Wurgler(2004b)的检验里,他们检验了上市公司股利支付意愿的波动与股利溢价之间的关系,检验样本期间从 1962 年至 1999 年,Baker 和 Wurgler 同样发现,当股利溢价为正时,上市公司股利支付的意愿提高;反之,如果股利溢价出现负值时,上市公司股利支付的意愿降低,以上两项均支持了股利迎合理论。

参考文献

[1] 陈信元,陈冬华,时旭. 公司治理与现金股利:基于佛山照明的案例研究[J]. 管理世界,2003(8).

[2] 陈晓,陈小悦. 我国上市公司首次股利信号传递效应的实证研究[J]. 经济科学,1998(5).

[3] 魏刚. 中国上市公司股利分配的实证研究[J]. 经济研究,1998(6).

[4] 陈济良,姚正春. 我国股利政策信号传递作用的实证研究[J]. 金融研究,2000(10).

[5] 俞桥,程谨. 我国公司红利政策与股市波动[J]. 经济研究,2001(4).

[6] 何涛,陈晓. 现金股利能够提高企业的市场价值——1997~1999年上市公司会计年度报告期间的实证分析[J]. 金融研究,2002(8).

[7] 朱武祥,杜丽虹. 股东价值取向差异与股东利益最大化实践问题——佛山照明案例分析[J]. 管理世界,2004(8).

融资篇

案例 4　首开集团整体上市案例分析

一、案例概述

(一) 行业背景

该整体上市于 2007 年完成,所处时期的房地产行业表现出了以下特点:

1. 资金链收紧。2002 年央行出台了《中国人民银行关于进一步加强房地产信贷业务管理的通知》,继续实施紧缩的房地产信贷政策,通过房地产开发贷款准入条件和房地产按揭贷款准入条件的严格控制,紧缩了房地产开发的信贷供给;大幅提高外资的房地产开发准入门槛,严格对境外机构和境外人士购房的审查,进一步减少了房地产开发的资金来源。

2. 加强土地调控。2006 年 9 月 5 日出台了《国务院关于加强土地调控有关问题的通知》,国家通过加大土地调控力度,强化对地方政府土地行为约束,进一步收紧了土地"闸门"。

3. 成本上升。通过提高新增建设用地土地有偿使用费缴纳标准、严格控制减免税、建立工业用地出让最低价标准统一公布制度等手段,提高土地征用成本。"限房价,竞地价"政策(在土地拍卖之前增设限定在该宗地上的商住房销售的最高单价的条件),要求地价必须在短期内全额支付,以上手段,使房地产开发企业的土地购置成本上升、收益下降。

政府出台政策收紧土地和信贷,使房地产行业资金门槛加高,资源向有资金实力的龙头公司集中。成本上升,利润率下降,房地产开发企业的资金压力空前加大,中小房地产公司的生存更加艰难,形成一个自动淘汰机制,房地产企业强者恒强,行业集中度进一步提高。

《2006年房地产百强企业研究报告》显示，2002～2006年，房地产行业采取积极扩张的企业的利润增长率远高于稳健型的房地产企业，而且差距逐年扩大。房地产行业的这种趋势使得首开集体制定积极扩张的战略，产生整体上市的需求。

(二)企业背景

1. 天鸿宝业

案例收购方天鸿宝业是于1993年12月29日设立的股份有限公司，公司设立时股份总额为6 825万股。2001年1月15日公司网上定价发行4 000万股A股股票，发行价格为每股10.4元；2001年3月12日在上海交易所挂牌上市。2005年启动股权分置改革工作，2006年完成股改，并以公积金转增股本8 660万股。收购之前，公司主营业务为房地产开发、商品房销售、物业管理等。2007年12月29日(收购公告日)，公司总股本25 980万股，主要股东持股情况如表4.1所示。

表4.1　　　　　　　　整体上市前天鸿宝业股权结构明细表

股东名称	持股数量(股)	持股比例(%)	股权性质	备注
发起人股东	114 256 154	48.97		
北京首开天鸿集团有限公司	73 186 815	28.17	有限售条件流通股	首开集团全资子公司
美都控股股份有限公司	34 615 384	13.32	有限售条件流通股	天鸿集团参股公司
深圳金阳投资有限责任公司	6 453 955	2.48	有限售条件流通股	天鸿集团控股公司
	12 990 000	5.00	无限售条件流通股	
社会公众股东	145 543 846	51.03	无限售条件流通股	
合计	259 800 000	100		

资料来源：《北京天鸿宝业房地产股份有限公司向特定对象发行股份购买资产暨关联交易报告书》。

可以看出天鸿宝业的第一大股东为被收购方——北京首开集团的全资子公司北京首开天鸿集团有限公司。

2. 北京首都开发控股(集团)有限公司

北京首都开发控股(集团)有限公司是经北京市人民政府批准，北京市国资委决定，由城开集团与天鸿集团合并重组，于2005年12月10日正式挂牌成立的国有大型房地产开发企业，其股东为北京市国有资产监督管理委员会，持有该公司100%股权。注册资本为10亿元人民币，总资产达到500亿元人民币，年开复工能力超过500万平方米,销售总额约100亿元人民币,员工总数近万人,其房地产开发主业综合实力在全国名列前茅。2006年公司进行内部业务重组,成立置地、置业、房产经营及经济合作四大事业部,其中置地事业部主要从事土地一级开发,置业事业部主要从事房地产开发,房产经营事业部主要从事物业经营管理,经济合作事业部主要从事酒店及北京以外各项业务的管理(见图4.1)。

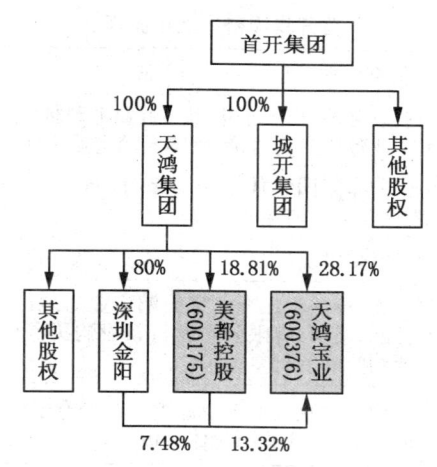

注:方框涂有背景的为上市公司。
资料来源:《北京天鸿宝业房地产股份有限公司收购报告书》。

图 4.1 整体上市前首开集团持股结构

(三)动因分析

1. 首开集团——增强市场竞争力与抗风险能力和持续发展能力

首开集团通过业务重组后资产规模大,但是整合不足,盈利能力和综合实力较低。而随着一线城市土地趋紧,二、三线城市发展机会越发明显,首开集团制定了"立足北京,辐射全国"的扩张型策略,试图在分散公司业务区域市场过于集中的风险的同时分享二、三线城市房地产市场上涨的好处。于是集团公司希望通过整体上市扩大企业规模,整合资源,使产业链更为完整,减少业务的波动性,从而增强市场竞争力与抗风险能力和持续发展能力。

2. 天鸿宝业——待开发与正在开发的项目需要大量资金

上市公司天鸿宝业股份有限公司规模小,开发能力弱,再融资能力不足。集团公司资产负债率居高不下,银行信贷不断收紧,待开发与正在开发的项目需要大量资金。

3. 整体上市,消除同业竞争,减少关联交易

整体上市前,首开集团的非上市子公司与上市子公司还存在非常严重的同业竞争。希望通过主体业务打包整体上市,消除同业竞争,减少关联交易。

总体而言,房地产行业明显的规模经济效应和资金密集的特征对企业提出了做大做强的内在要求,首开集团试图通过整体上市整合内部资源,发挥规模效应和协同效应,同时充分利用资本市场的融资功能来实现企业的积极扩张。

(四)过程描述

1. 具体流程(见表4.2)

表4.2　　　　　　　　　　首开集团整体上市流程

2007年4月5日	二级市场天鸿宝业(600376)停牌
2007年4月28日	集团董事会签订《关于集团主营业务整体上市总体方案的决议》,决定以主营业务资产为对价,收购天鸿宝业定向发行的股份
2007年6月12日	董事会公布集团整体上市方案,同日,二级市场天鸿宝业(600376)复牌,股价在7日内连续涨停
2007年6月19日	得到国资委批复
2007年12月27日	证监会签发《关于核准北京天鸿宝业房地产股份有限公司向北京首都开发控股(集团)有限公司发行新股购买资产》的批复,同日,获证监会豁免要约收购的批复
2008年4月11日	公司名称由北京天鸿宝业房地产股份有限公司更名为北京首都开发股份有限公司,完成集团整体上市

资料来源:《北京天鸿宝业房地产股份有限公司收购报告书》。

整体上市后股权结构示意图(见图4.2):

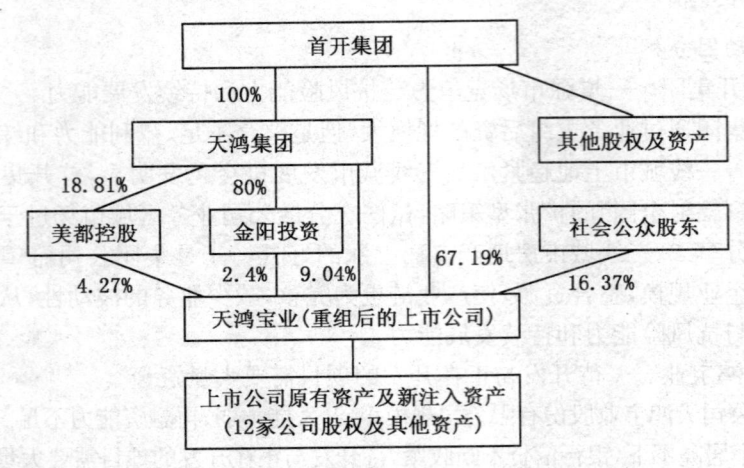

资料来源:《北京天鸿宝业房地产股份有限公司收购报告书》。

图4.2　首开集团整体上市后股权结构示意

2. 收购中的资产估价

被收购的十二家公司资产由北京中企华资产评估有限责任公司以2007年3月31日为评估基准日估价,资产账面价值总额为23.31亿元,评估值为59.39亿元,增值154.75%,并以评估值作为交易对价。在分析各公司账面价值与最终评估价值的变化情况时,可以发现资产的增值主要有两方面的原因:

(1)应收款评估净值增值。企业按比例对应收账款计提了大量坏账准备,而房地产企业流动资产中应收账款占比高,因而应收账款的估值增值对整体资产的增值贡献较大。在评估过程中评估公司对坏账准备进行了逐一核对,将认为能够收回的坏账转回。

(2)存货净额估值增值。存货中主要包括了未完工的项目以及取得土地使用权的出让金和契税等费用,土地资源的日益稀缺和房地产市场价格的上涨,导致了存货净额按照市价评估时较大的增值幅度。

由于评估的企业未上市,获得其详细的财务报表并对各增值项的增值幅度进行合理性评估不具有可行性。因而我们通过房地产上市公司收购房地产资产的交易案例进行对比分析来进行考察。在2006～2007年,类似的房地产上市公司收购资产的案例有:①万科A(000002)出资17.66亿元受让南都房产集团有限公司60%股权、上海南都置地有限公司30%股权、苏州南都建屋有限公司21%股权;②中粮地产(000031)出资2.85亿元受让厦门鹏源房地产有限公司100%股权、成都天泉置业有限公司51%股权。所收购的标的资产评估溢价计算如表4.3所示:

表4.3   同行业类似交易对比分析

被收购公司名称	标的资产净值(万元)	评估价值	评估增值率(%)
南都房产集团有限公司60%股权	20 314.2	154 972.8	662.88
上海南都置地有限公司30%股权	10 714.5	35 221.5	228.73
苏州南都建屋有限公司21%股权	9 390.8	14 943.4	59.13
万科A收购资产平均值			317
厦门鹏源房地产有限公司100%股权	5 042.8	10 263.9	103.54
成都天泉置业有限公司51%股权	12 861.4	18 254.8	41.94
中粮地产收购资产平均值			72.74

资料来源:Wind数据,截至2007年7月1日。

在本案例收购资产的评估增值率为154.75%,介于万科收购案的评估增值率和中粮地产收购案的平均增值率的区间之内,可以认为其估价具有一定的合理性。

二、结果评价

（一）市场绩效评价（见图4.3）

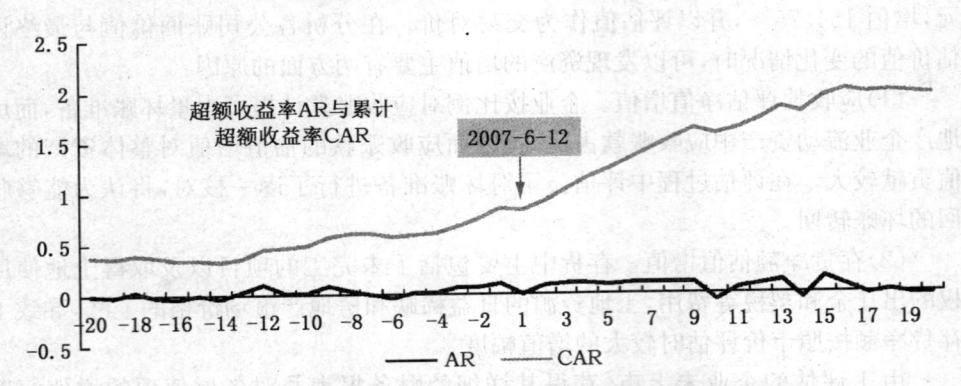

图4.3 窗口期为(-20,20)的超额收益和累计超额收益率

选取基准日（2007年4月5日）前后20个交易日运用时间研究法分析，根据超额收益率及累计超额收益率图可以看出，在基准日，也就是停牌日之前并没有明显的超额收益，可以认为不存在内幕交易。由于长时间停牌，2007年6月12日重新复牌后连续8个交易日涨停，可以看出投资者对首开整体上市非常看好。

（二）财务绩效评价方法

1. 财务指标分析法

财务指标分析法是指通过计算并对比上市公司整体上市后的财务指标，从而判断集团公司的整体上市是否提高了绩效，或者说是否显著地提高了绩效。在财务指标分析法中经常用到的几个指标包括净资产收益率（净利润/平均净资产）、每股收益（净利润/年末普通股股份总数）、市盈率（每股市价/每股盈利）、市净率（每股市价/每股净资产）等，这些指标将公司的证券市场表现和经营绩效联系起来进行考察，可以灵活地在各种绩效评价指标体系中进行应用。

在本案例中，整体上市采用天鸿宝业（上市子公司）向首开集团（非上市母公司）定向增发的方法，将母公司的资产注入上市公司。因此整体上市后，上市公司主体发生变化，上市前后的财务指标不具有可比性。所以，我们将整体上市前后的财务指标分开列示以说明绩效的变化。我们试图从盈利能力、成长能力、运营能力以及现金流量四个方面，并选取相应的财务指标，对整体上市前的子公司业绩进行描述并对首开集团整体上市后的财务绩效进行对比。

根据发改委发布的房地产风险分析报告，截至2007年前三季度也就是首开集团整体上市前夕，上市公司天鸿宝业在55家调查的样本公司中排名如下：综合实力排名为第52名,获利能力排名第40位,营运能力排名第30位,偿债能力排名第20位,成长能力排名第41位。由此可见,上市公司天鸿宝业盈利能力和成长能力都相比同时期的万科A、保利地产有相当大的差距。

首先,从盈利来看,2006年天鸿宝业的净资产收益率(ROE)为0.93%,而同期行业的指标则是7.9%,可见天鸿宝业的盈利能力远低于行业同期的指标,并且从2005年开始公司的每股收益开始下降,2006年和2005年相比下降了77.85%,销售毛利率也低于行业同期水平。

成长能力方面,我们选取了主营业务增长率和净利润增长率两个指标。我们发现自2005年开始天鸿宝业的主营业务就开始萎缩,营业收入和利润逐年下降,2006年更是达到了-89.45%和-73.36%,公司的成长前景堪忧。正如案例背景中分析的那样,2006年国家提高了房地产市场的各项准入门槛,对于中小型的房地产公司来说加大了拿地的成本、收紧了信贷额度。天鸿宝业公司规模小,开发能力弱,再融资能力不足,致使其在2005年、2006年业绩大幅下滑。

偿债能力方面,资产负债率偏高,行业平均水平在68.2%左右,这也致使天鸿宝业通过银行借贷的融资方式变得不可行,加上公司较差的经营业绩,通过资本市场二次融资的希望也很渺茫。导致从2005年开始现金流持续为负,没有足够的现金流去开发更多盈利的项目(见表4.4)。

表4.4　　　　　　　　2005~2006年天鸿宝业财务指标一览

对比年份	2005	2006
盈利能力		
EPS(元)	0.120 1	0.026 6
销售毛利率(%)	23.882 9	31.287 7
ROE(%)	3.47	0.93
成长能力		
主营收入增长率(%)	-44.401 4	-89.444 9
净利润增长率(%)	-62.059 6	-73.358 7
营运能力		
应收账款周转率(次)	173.771 9	170
存货周转率(次)	0.27	0.013 8
偿债能力		
资产负债率(%)	71.908 1	80.417 7
现金流量		
经营现金净流量对销售收入比率(%)	-1.853 8	-20.716 8

数据来源:新浪财经。

整体上市后，首开集团公司财务指标如表4.5所示：

表4.5　　　　　　　　2007~2009年首开股份财务指标一览

对比年份	2007	2008	2009
盈利能力			
EPS	0.391 7	0.708 3	0.950 9
销售毛利率(%)	28.792 2	33.671 1	35.248
ROE(%)	8.78	15.47	9.98
成长能力			
主营收入增长率(%)	56.716	−19.507 1	−11.058 5
净利润增长率(%)	121.091 1	69.389 7	57.863
净利润(元)	317 191 754.07	570 718 661.44	931 702 261.67
扣除非经常性损益后的净利润(元)	−275 177 400.53	316 288 799.70	471 320 608.93
营运能力			
应收账款周转率(次)	135.372 9	109.848 2	64.546 6
存货周转率(次)	0.413	0.286 4	0.225 7
资产负债率(%)	82.752 3	81.986 6	70.694 6
现金流量			
经营现金净流量对销售收入比率(%)	0.219 7	0.186 4	0.288 7

数据来源：新浪财经。

收购前，天鸿宝业的总资产为43.72亿元，净资产为8.04亿元，总股本为2.598亿元，集团公司资产注入后，上市公司的规模扩大，项目增加，这些指标值分别为228.06亿元、39.34亿元、8.098亿元。2007年末较2007年三季度末公司总资产、净资产、股本分别增长了422%、389%、212%。房地产开发项目从5个增加到26个，还增加了土地一级开发项目2个和持有型物业13个。从整体上市后的财务指标我们也可以看出，公司的净利润增长、现金流由负变正，每股收益和净资产收益较整体上市前增长14.7倍和9.4倍，并且整体上市后公司的ROE也要高于行业的平均水平。可见，集团公司注入的资产质量要远远好于原上市公司天鸿宝业的资产质量。

但是，优质资产的注入并没有带来成长能力的大幅提升。公司主营业务收入2008年、2009年不仅没有增加还略有下降，增长率为负，然而行业的同期水平还是正的。我们认为主要原因在于公司整体上市后内部业务进行重新整合,致使业务增长出现了一定的波动性。净利润仍保持高速增长,但是如果从2007年、2008年、2009年净利润的组成来看,有相当一部分的利润是整体上市后,公司在内部重整时出售下属公司股权收益(例如,城开集团处置重庆置业)以及土地增值税冲回等非经常性损益的流入,如果扣除这部分营业外利润,公司的净利润分别为-27.5亿元、31.6亿元以及47.1亿元。非经常性损益在会计上的持续性较差,说明整体上市后,公司并没有给整体集团带来持续增长的动力。

营运能力方面,首开股份最大的特点就是应收账款周转率远高于行业的同期水平。根据2008年年报公司的应收账款为50 378 270元,2008年万科的应收账款则为922 774 844元,是首开的18倍,而销售收入仅是首开的7倍。说明首开集团的应收账款质量高,并且公司大部分业务的发生都是直接收现,赊销的比重较少。这主要和首开股份的背景有关。首开股份是北京市国资委的房地产开发企业,其主营业务的主要部分是为北京市政府修建经济适用房,公司账上有大量的预收账款,即大部分存货款已收到。

整体上市后,首开股份的资产负债率较行业64.6%~66.4%的负债率还是偏高,即公司通过银行渠道融资的能力不足,对于一个房地产公司来说,资金量决定了项目规模和公司未来的增长前景,因此增强公司在二级市场的融资能力对公司未来的发展至关重要。在2009年公司进行了一次定向增发,并且依靠政府背景的集团母公司担保借款,2007~2009年首开集团的现金流量基本稳定。

2. 经济增加值法

(1)经济增加值定义以及在我国目前的使用状况

经济增加值(Economic Value Added,EVA),是指超过资本成本的投资回报,即公司经营收益扣除所占用的全部资本成本之后的数额。这里所指的全部资本包括债务资本和权益资本,正是由于不仅考虑了债务资本的成本,还考虑了权益资本的成本,才使得EVA在本质上与经济学意义上的利润一致,而不再是我们所常见的会计利润。

EVA目前在我国并没有广泛的应用,主要应用在对中央企业的绩效评估。2010年初,国务院国资委发布了修订后的《中央企业负责人经营业绩考核暂行办法》(下称《办法》)。该《办法》确定从2011年1月1日起在央企内全面推行"经济增加值"(EVA)考核指标,以真实反映央企是否为出资人创造了"真正利润"。

首开集团是北京市政府最大的房地产企业,其性质虽然只是地方政府企业,但是规模很大,也具有央企的部分性质,因此我们选用EVA对首开集团整体上市后的绩效进行评价。

(2)EVA的计算方法和调整项目

EVA 的计算公式：

EVA ＝调整后的税后净营业利润（NOPAT）－全部资本成本
　　＝ NOPAT－TC×WACC

其中：NOPAT 表示调整后的税后净经营利润，TC 表示调整后的投入总资本，WACC 代表加权资本平均成本。

NOPAT 的计算以净利润为起点，因为 NOPAT 衡量的是营业利润，因此所有与营业无关的收支和非经常性损益都应该从净利润中剔除，以保证核算结果真正反映公司经营状况。

资本总额是指所有投资者投入公司经营的全部资金的账面价值，包括债务资本和股本资本。其中债务资本是指债权人提供的有息负债，包括短期借款、长期借款和应付债券，但不包括应付账款、应付单据、其他应付款等商业信用负债。股本资本不仅包括普通股，还包括少数股东权益。在实务中既可以采用年初的资本总额，也可以采用年初与年末资本总额的平均值。本案例中我们在计算资本总额时选用年初和年末的资本总额平均值。

计算加权平均资本成本（WACC），根据公司金融的模型，计算 WACC 公式如下：

WACC＝债权资本权重×债权资本成本率＋股权资本权重×股权资本成本率

其中股权资本成本的确定，本案例使用 CAMP 模型来计算股权资本成本率。其中计算公式为：

$$r_i = r_f + \beta(r_m - r_f)$$

其中，r_f 为无风险利率（取央行一年期存款）。2007 年央行 6 次上调存款利率，给计算带来了不便，为了简化处理，我们取 6 次利息调整并按时间权重进行加权平均，2007 年平均一年期存款利率为 3.3％左右。β 是股票相对市场变动的风险，数据来源于 Wind。通常是根据 GDP 增长率并加以适当的调整作为资本资产定价模型中的风险溢价。因此在这里我们简化处理，取的是从 2007～2009 年的 GDP 增长率作为风险溢价。

从上述计算过程中可以看出，EVA 是对企业绩效衡量的指标，它克服了会计学上净利润的不足。若 EVA 为正，表明公司资产使用效率高，公司价值增加；若 EVA 为零，说明公司的盈利仅能满足债权人和投资者预期获得的最低报酬；若 EVA 小于零，即使会计报表上的净利润为正值，也表明公司的经营状况并不理想，公司的价值在减少，股东的财富受到侵蚀。在本案例中，我们根据房地产行业的相关特征，对税后净营业利润和资本成本进行部分调整，更能体现出房地产行业的特征：

①坏账准备和减值准备

基于谨慎性原则,公司应该及时披露可能的损失,例如对应收账款计提坏账准备,对存货和金融投资计提减值准备。提取各种准备金是上市公司防范风险、稳健经营的重要措施。对于房地产企业来说,存货即开发的住宅占总资产的比例较大。由于房地产市场价值的波动,公司需要对存货和其他资产的减值部分提取减值准备。但实际上,公司当期该项资产并没有真正减少,该项费用涉及的现金也没有实际流出企业。因此,提取减值准备不仅低估了公司的资本总额,还低估了公司的利润。所以在计算EVA时,资本总额应该加上准备金账户的余额,而税后净营业利润也应该是扣除准备金前的数额。

②营业外收支

营业外收支是与企业生产经营活动无直接关系的各项收支。这些收入和支出偶发性很强,前后不发生联系,而且每项收入、支出彼此往往是孤立的。收入没有相应的成本、费用,支出没有相应的收入。营业外收支具有两个特征:一是意外发生,企业无力加以控制;二是偶然发生,不重复出现,即不具备再生性。因此营业外收支是不可预测的,在计算税后净经营利润时应该调整,即加上营业外支出,扣除营业外收入。在前面的分析中我们可以知道首开集团在整体上市后的2007~2009年度,虽然净利润增长迅猛,但是从净利润的构成来看,我们发现2009年营业外收入占了净利润的49.5%。传统财务理论认为营业外收入是偶然获得的利润,可持续性较差,所以扣除营业外利润才能真正看出公司是否在创造价值。

③递延所得税

递延所得税是由于会计准则和税法的规定不一致引起的。递延所得税包括递延所得税资产和递延所得税负债。递延所得税资产的确认使资产增加了,费用减少了,递延所得税负债的增加使得费用增加,负债增加,总资产相应就减少。计算EVA是从股东利益的角度考虑的,因此应调整递延所得税,计算税后净营业利润时加上递延税项贷方余额的增加数;计算资本总额时加上递延税项贷方余额。

④在建工程

在建工程主要是企业新增投资项目或技改项目,在建投入期间没有回报,可以理解为股东投入资本中的一部分尚未产生效益,由于在建工程对企业的长远发展将产生积极影响,因此,为鼓励企业有持续发展能力,有必要在计算资本成本时扣除在建工程。

(3)EVA具体计算过程

①计算税后净营业利润

税后净经营利润＝息前税后净利润＋少数股东损益＋各种准备金余额的增加
－(营业外收入－营业外支出)×(1－所得税率)＋递延所得税负债余额的增加－递延所得税资产余额的增加

首开股份的税后净营业利润计算如表 4.6 所示：

表 4.6　　　　2007～2009 年首开股份税后净营业利润计算明细表　　　　单位：元

年份	2007	2008	2009
合并利润总额	414 979 991.38	702 933 823.53	1 314 975 312.23
加：利息支出×(1－所得税率)	157 227 985.88	251 348 250.00	274 076 250.00
加：各项准备增加额	(238 344.71)	(88 528 939.33)	(65 503 312.97)
加：营业外支出×(1－所得税率)	2 172 887.15	5 313 967.01	8 114 163.02
减：营业外收入×(1－所得税率)	13 274 728.89	33 076 377.41	1 469 582.58
加：递延税款贷方	(215 991 487.00)	(366 710 287.94)	(431 145 800.00)
税后经营利润	308 344 767.78	592 441 854.62	1 028 866 822.08

数据来源：新浪财经。

②计算资本总额

资本总额＝普通股权益＋少数股东权益＋各种准备金(坏账准备、存货跌价准备等)＋递延税项贷方余额(借方余额则为负值)＋短期借款＋长期借款＋一年内到期的长期借款＋应付债券－在建工程－金融资产

首开股份的资本总额计算如表 4.7 所示。

表 4.7　　　　2007～2009 年首开股份资本总额计算明细表　　　　单位：元

股东权益合计	3 933 572 256.85	3 990 630 187.69	6 845 735 094
加：递延税款贷方	－215 991 487	－366 710 288	－431 145 800
加：各种减值准备	397 191 000.00	480 391 000.00	404 375 000
加：长、短期借款	10 550 210 000	10 001 000 000	11 890 000 000
加：应付债券	0	0	0
减：在建工程	12 493 677.29	0	0
投资总额	14 652 488 093	14 105 310 900	18 708 964 294

数据来源：新浪财经。

③计算加权平均资本成本

WACC＝债权资本权重×债权资本成本率＋股权资本权重×股权资本成本率

首开集团加权资本成本计算如表 4.8 所示。

表4.8　　　　　2007～2009年首开股份加权资本成本计算明细表

资产负债率	82.75%	81.99%	70.69%
权益比率	17.25%	18.01%	29.31%
Rb	5.89%	5.89%	5.89%
RS	15.23%	13.55%	16.13%
风险溢价	11.90%	9%	8.70%
无风险利率	3.30%	2.25%	2.25%
BETA值（调整）	1.002 5	1.255 6	1.595 3
WACC	7.50%	7.27%	8.89%

数据来源：新浪财经。

④计算EVA

EVA＝税后净经营利润－资本总额×加权平均资本成本

首开集团2007～2009年的EVA如表4.9所示：

表4.9　　　　首开集团2007～2009年的EVA计算明细表　　　　单位：元

年份	2007	2008	2009
税后经营利润	14 068 794 839.61	13 780 590 513.59	18 233 044 241.77
WACC	7.50%	7.27%	8.89%
投资总额	14 652 488 093	14 105 310 900	18 708 964 294
EVA	－790 754 023.89	－432 963 192.21	－634 562 748.10

(4)EVA指标计算的相关说明

本案例中EVA指标的计算，是在EVA计算的一般公式基础上，根据房地产行业的特点，对具体的会计科目进行调整得出的结果。EVA指标计算没有一套特定的标准，可以根据计算对象的特点进行相应的调整。例如，国资委对央企进行EVA考核时，考虑到央企可能受到国家的一些政策上的优惠，将央企的加权资本成本(WACC)定为5.5%；而本案例中首开股份的WACC是根据传统的计算公式计算而得。因此，不同EVA指标的计算方法可能得出不一样的EVA值。本案例中计算得出的EVA值可能和其他方法下计算出的EVA值有所差异，但是我们试图通过对财务指标的进一步分析，证实我们EVA计算的结果。

(5)EVA指标分析

通过计算我们发现首开集团从2007～2009年EVA为负，而2009年房地产行业的 EVA 平均为 1 亿元左右,说明在整体上市后的两年内,公司并没有真正地创造价值,而是在毁损价值。我们认为主要原因有以下几个方面:

①公司的营业利润的创造与公司的资本投入不匹配。通过上文的财务数据我们发现,在整体上市后的两年中公司的主营业务收入是在逐年下降的,2008 年为 －19%,2009 年为 －11%,但是 2009 年公司在二级市场进行定向增发,每股价格 13.96 元,发行 339 950 000 股,共募集资金 4 745 702 000 元,也就是说,公司的投入资本增加了 47 亿元,但是公司创造的利润较 2008 年只增加了 3.6 亿元(详细数据见表 4.5),如果扣除非经营性损益,净利润只增加了 1.5 亿元。在 EVA 的计算中,提出了非经常性损益的影响,因此营业利润的增加和公司 2007~2009 年在资本成本上的收入不成正比,至少在 2009 年,首开股份的股东并没有获得与之风险相匹配的收益。

②在财务指标分析中,我们发现首开集团有着远高于行业水平的应收账款周转率,但是存货周转率较行业水平还偏低,2007 年、2008 年、2009 年分别为 41.3%、28.64%、22.57%,而行业中的龙头老大万科的存货周转率则一直维持在 40%~50% 左右。首开股份相比同行业的其他公司,房地产存货的周转速度更慢,周期更长,单位时间内创造的利润水平较低。正如公司在 2008 年年报中披露的那样,"与行业内先进企业相比,公司项目开发周期长,成本费用高,盈利模式有待清晰,盈利能力相比先进企业还有一定差距"。这也从一个侧面反映出公司营运效率低下。

(三)关联交易分析

整体上市能够解决上市公司与集团公司之间产业链割裂的问题,将上下游高度相关的经营环节纳入一体,纵向整合业务流程,从而将原公司之间的关联交易转化为公司内部的资源配置,有利于企业更加灵活自主地调度资源和利用资源,避免关联交易费用定价不规范的痼疾,同时减少交易成本。

整体上市还能有效减少大股东通过资产置换等方式掏空上市公司,进行不正当的利益输送,或与关联方合谋进行利益操纵来包装业绩等行为,使公司的运作更加规范和透明,提高公司业绩,保护处于弱势地位的中小股东的利益。

此外,通过减少关联交易,大股东通过关联交易转移利润逃避税赋,或者利用上市公司担保获取甚至骗取银行贷款能够得到有效避免,提高监管的效率和效力,防止社会福利的流失。

总而言之,整体上市通过减少关联交易能够降低各类违法违规风险,实现多方利益的共赢。通过整理天鸿宝业(首开股份)财务报表,得到各年度关联交易情况,如表 4.10、图 4.4 所示(2007 年、2008 年商品、劳务关联交易情况报表中未披露)。

表 4.10　　　　2004～2009 年首开集团和上市公司关联交易明细表

年份	2004	2005	2006	2007	2008	2009
商品、劳务	22.13	27 009.98	57 049.67	—	—	2.81
关联债权增加	4 705.06	44 174.24	100 022.17	58 033.00	(57 949.44)	53 372.50
关联债务增加	249.45	18 192.97	193.51	70 394.00	50 124.28	109 735.03
提供担保	53 900.00	55 000.00	120 500.00	5 476.00	35 000.00	19 700.00
接受担保	152 000.00	260 000.00	426 500.00	0.00	0.00	0.00

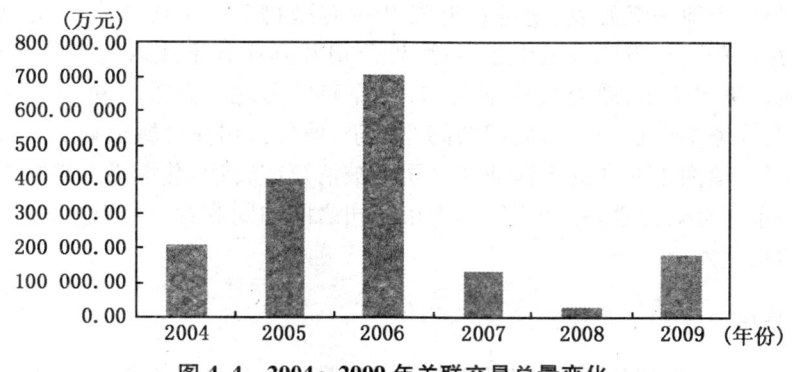

图 4.4　2004～2009 年关联交易总量变化

从表 4.10 和图 4.4 中可以看出 2007 年整体上市前后关联交易的总量出现了明显的降低。

一方面,整体上市之前,天鸿宝业业务集中在房地产开发与销售,主要是商品住宅类房地产开发上,而首开集团业务范围广,覆盖了整个产业链的土地一级开发、房地产开发、物业经营与管理,所以天鸿宝业与首开集团下属的众多子公司之间不可避免地存在着大量商品劳务方面的交易;而整体上市后由于产业链的整合,征地拆迁费、工程设计、工程勘察等商品劳务交易费用能够得到有效降低。

另一方面,整体上市前,天鸿宝业规模小、整体实力弱、融资能力不强,而房地产行业是存在着明显规模经济效应的资金密集型行业,天鸿宝业的存在和发展要靠与首开集团及下属子公司之间频繁的资金往来、债务担保来满足其资金需求,而在整体上市后集团公司大量资产得以在资本市场上盘活,融资能力的大大增强明显减少了因资金流动而产生的关联交易。

(四)同业竞争分析

整体上市对同业竞争的影响主要是通过资产的整合,使原属于不同公司的同类业务归为一家公司协调控制，实现统一采购、统一生产、统一研发，发挥规模经济效益的同时有效降低同业竞争，实现资源的有效配置。

整体上市前，天鸿宝业的主营业务为房地产开发与销售，具体为商品住宅类房地产开发，另有少量商业物业开发业务，业务集中在北京和天津地区。首开集团及其下属全资、控股子公司主要从事土地一级开发、房地产开发、持有型物业经营业务，业务分布在北京地区和其他地区。天鸿宝业与其实际控制人首开集团及其下属子公司之间在房地产开发业务方面存在同业竞争。

整体上市过程中采取了一系列措施来整合资源消除同业竞争，主要体现在对于资产是否注入的原则以及处理不注入资产的方法上。注入资产为首开集团的主营业务，包括土地一级开发、房地产开发和持有型物业。未注入资产主要分为三类：非主营业务资产不注入上市公司；海外公司及其业务不注入上市公司；已结束或处于项目收尾阶段、政府代建项目、其他障碍的房地产开发。对于未注入的资产，非主营业务不存在与上市公司的同业竞争，境外公司在区域上与上市公司不存在同业竞争，境内未注入的主营业务公司将被清算或转让，并承诺不再从事主营业务。这一系列有效处理，首开集团与上市公司之间的同业竞争得以大大降低，有利于公司的长远发展。

三、结论

通过以上的案例分析，我们可以发现无论是从首开集团的背景、整体上市的具体操作流程，还是整体上市的动因都是一个典型的由相关政府部门主导的"中国式"整体上市。我们认为此次整体上市有以下积极的影响：

（一）构建完整产业链，减少关联交易，避免同业竞争

整体上市之后，上市公司的业务由原来单一的房地产开发与销售扩张到了涵盖土地一级开发、房地产开发、持有型物业经营的整个房地产产业链，并有效消除了与原集团公司及其下属子公司之间在同一业务领域的同业竞争。原先公司之间的交易转化为公司内部的资源配置，从而减少了关联交易成本，公司能够更灵活地调度资源和更充分地利用资源。同时由于集团公司的资产注入大大增强了上市公司的实力，使其能够更充分地发挥资本市场的融资平台功能，减少了因债权债务产生、接受提供担保等资金往来产生的关联交易，为公司的发展注入了强劲的血液。

（二）改善上市公司财务指标、打开日后的融资通道

从整体上市前后的财务指标对比我们可以发现，集团公司优质资产的注入大大改善了公司的财务状况。盈利能力得到了大幅度的增加、财务现金流由负变正，上市公司有足够的资金投入新的房地产开发项目，这对于原天鸿宝业的中小股东

来说无疑是一个利好的消息。首开集团整体上市另一个重要的意义在于，整体上市为资产负债率居高不下的首开集团重新打开了新的融资通道——二级市场的股权融资，这对于首开集团的发展战略来说至关重要。2009年，首开股份就完成了整体上市后的第一次定向增发，募集资金47.5亿元。

（三）整体上市增强了企业的核心竞争力

整体上市之后，首开股份扩张势头明显。截至目前首开在北京拥有开发类项目未结算权益面积高达440多万平方米，远高于一线地产商万科、保利等在北京的土地储备量。2009年以来加快了京外布局的扩张速度，至目前已进入环渤海、华东、中西部等区域，初步形成了立足北京、辐射全国的合理布局。即使是在2008年，房地产行业整体不看好的情况下，首开集团仍逆市增加土地储备，5月底以来总共花费59.25亿元新增项目5个，新增权益建筑面积305.39万平方米。目前公司项目总的规划建筑面积约1500万平方米，可保障未来几年的开发需要。并且在整体上市后，首开股份在2008年出具的房地产行业分析报告中，房地产企业的综合竞争实力中名列前十，真正具有了和万科、保利竞争的实力。

在案例的动因分析中，我们认为首开集团的整体上市，意图在将首开集团打造成一个北京市的"房地产航母"，发挥规模经济效益和协同效应。综观整个案例，我们认为首开集团的整体上市基本达成了集团在整体上市初期的目的。在整个整体上市的过程中，我们还可以看到北京市政府和北京市国资委起到了相当大的作用。首开集团的整体上市，其实是北京市政府和北京市国资委整合旗下房地产资源，"三步走"战略中的其中一步。早在2005年，国务院下发的《关于2005年深化经济体制改革意识》中就提到，"积极支持资产或主营业务资产优良的企业实现整体上市"、"加快国有大型企业的调整和重组，促进企业资源优化配置"等用市场化的手段对国有企业资源进行整合。北京市人民政府和国资委积极响应国务院号召，将旗下两大房地产集团城开集团和天鸿集团进行合并，形成了首开集团，将较为分散的房地产资源整合打包便于今后的资产注入。首开集团整体上市后，公司积极准备在二级市场融资。2009年公司完成了其整体上市后的第一次定向增发，募集资金4 745 702 000元，全部用于新的房地产项目的开发。这次融资使得公司流动资金充裕，公司正积极地向着其"立足北京、辐射全国"的发展战略迈进。

四、问题讨论

（一）定向增发的价格制定以及证券市场停牌制度问题

2006年5月8日起实施的《上市公司证券发行管理办法》对定向增发的价格做出了规定，要求上市公司制定定向增发股票价格时不得低于基准日前20个交易日的90%，但是对于定价"基准日"没有具体规定。加上目前我国二级市场停牌制度的不规范,对上市公司停牌时间的选择、时间长度没有明确的规定,因此这就给了上市公司很大的操作空间。上市公司对于公司股价的预期闪电停牌,侵害了中小股东持股的流通权。

根据Wind数据库统计,至2010年11月,全部78家整体上市的公司中,69家公司的基准日都定在"董事会决议公告日"。剩余9家公司分别以"股东大会决议通过日"以及"其他日期"为定价基准日。

首开整体上市却在尚未召开董事会股东大会,甚至没有任何先兆的情况下停牌,并且把停牌日4月5日定为"基准日"。2007年是房地产行业发展巅峰的一年,房地产行业的股票价格也一路走高。首开选择停牌日为"基准日",显然市场还未吸收首开整体上市的信号,定向增发价格明显偏低。直到6月12日股东大会发出定向增发公告,首开停牌长达两个月,也损害了流通股股东的流通权。6月12日复牌后,连续8个交易日涨停,股价从15.9元涨至31元,涨幅近1倍(见图4.5)。

图4.5 首开停牌前后股票价格

(二)定向增发导致了"一股独大"问题

整体上市前,天鸿宝业的股权较为分散,第一大股东天鸿集团持股28.17%;整体上市完成后,首开集团成为公司的控股股东,持有公司80.16%的股权,处于绝对控股地位。"一股独大"能够导致很多公司治理上的问题,首开集团完全可以利用其控股地位,并通过董事会的影响干预上市公司的经营管理,也可能通过和子公司的关联交易掏空上市公司资产,损害上市公司和中小股东的利益。

(三)整体上市后公司的绩效有待提高

从前文的案例分析中我们可以看到,首开集团的整体上市消除了同业竞争和关联交易,发挥了协同效应和规模经济效益,我们可以发现公司的成长能力,较其他财务指标来看并没有显著地提高。并且在EVA的分析中,公司在整体上市后的EVA连续三年都为负,说明公司在上市后的三年中并没有在创造价值,而是在毁损价值。我们认为这是因为公司的盈利产出和公司的投入资本不匹配造成的,也从一个侧面说明了集团公司对于优质资产运营效率的低下。正如公司在其2008年财务报告中所说的"与行业内先进企业相比,公司项目开发周期长,成本费用高,盈利模式有待清晰,盈利能力相比先进企业还有一定差距。"因此要真正地实现整体上市的协同效应和规模经济效益,公司运营效率的提高至关重要。

首开集团的整体上市是近年来集团公司上市的典型案例,反映出整体上市在整合产业链、实现规模经济效应、提高上市公司质量、做大做强国有企业的过程中发挥的重要作用。集团整体上市后,构建完整产业链,减少关联交易,避免了同业竞争;改善上市公司财务指标、打开了日后的融资通道;整体上市增强了企业的核心竞争力。但是从中我们还是可以发现些许问题,为日后集团公司的整体上市如何在规范的定价制度,规避整体上市后一股独大的问题,以及改善整体上市后公司经营绩效低下等问题提供了许多实践的经验。

五、相关知识点回顾

(一)整体上市历史沿革

在证券市场建立的初期,市场容量有限而且市场机制还不成熟,申请上市的公司质量参差不齐。1993年,国务院颁布了《股票发行交易与管理暂行条例》,证监会掌握了新上市公司审批权。审批制主要体现在额度管理,地方政府和证监会两级审批,以及发行价格限制。在中国特色的"额度制"实施的背景之下,发行的额度有限,要求上市的公司远超过审批下来的额度,在地方利益平衡的考虑下,很多上市公司在上市过程中,不得不分拆出一部分进行上市。分拆上市可能是一个分公司,一个车间,甚至是一个生产环节,分拆出来上市的一般都是企业的优质资产。然而分拆上市存在一些隐患:

1. 上市公司的资产是母公司分离出的优质资产,上市公司的经营业绩并不能反映出母公司的实际经营情况。

2. 上市公司的业务与母公司的业务有重叠或关联,存在比较严重的同业竞争和关联交易、不利于上市公司的发展;母公司也可能通过关联交易、债务担保等行为转移公司的利润,或利用上市公司融资圈钱损害中小股东的利益。

3. 上市公司的业绩要求非常严格,母公司可能通过资产转移等方式美化上市公司的业绩,以实现继续融资的目的,然而这会掩盖上市公司的实际经营情况,损害中小股东的利益。

审批制产生的分拆上市后遗症日益显现,随着证券市场的不断完善,实行股票发行核准制的条件基本成熟。2000年3月16日《中国证监会股票发行核准程序》

颁布实施,核准制取代了审批制,对于发行股票的数量和额度不再进行具体的限制,这就为整体上市扫清了制度障碍。

2004年TCL集团筹备多年后,成功实现了中国第一例集团公司整体上市,拉开了后续的央企整体上市的序幕。2004年,武钢、宝钢两家钢铁企业先后完成主业资产整体上市。在股权分置改革后,整体上市进入了一个新的高潮,最有代表性的是沪东重机定向增发、整体上市,并更名为中国船舶,完成之后公司业绩大幅提升,一度成为沪深两市第一高价股。

2006年12月国资委出台的《关于推进国有资本调整和国有企业重组的指导意见》中要求:"大力推进改制上市,提高上市公司质量。积极支持资产或主营业务资产优良的企业实现整体上市,鼓励已经上市的国有控股公司通过增资扩股、收购资产等方式,把主营业务资产全部注入上市公司。"表明了政府积极支持和鼓励整体上市的态度。

(二)整体上市的理论意义

通过研究整体上市的相关资料,可以总结出整体上市的理论优势主要有:

1. 集团整体上市有利于减少上市公司与母公司之间的关联交易、债务担保等利益输送行为,保护中小股东利益;也有利于消除上市公司与母公司之间的同业竞争。

2. 分拆上市人为地割裂了集团的产业链,整体上市有利于整个集团重新整合产业链,优化资源配置,实行统一管理,降低交易成本,提高企业的运行效率和质量。

3. 整体上市后集团的规模扩大,实现规模经济效应,有利于企业做大做强。

4. 由于分拆上市,上市公司的规模受到限制,融资能力也受限。实现整体上市后规模扩大,资源整合后盈利能力提升,有利于拓宽再融资的渠道。

5. 有利于改善我国上市公司的公司治理结构,使股权多元化,降低国有股的持股比例。

同时,整体上市存在着如下理论弊端:

1. 我国还没有对资产注入质量的具体规范机制,整体上市的资产注入水平参差不齐,注入不良资产反而会降低公司的价值,损害原有股东的利益。

2. 整体上市需要注入资产,涉及资产价值评估的问题,然而我国的资产评估机制仍然不规范,收购定价缺乏统一的标准,整体上市给了大股东利益输送的空间。

3. 在股权分裂状态下,整体上市无法解决上市公司"一股独大"的现象,控股股东与流通股股东之间也未能建立起共同的利益指向,反而整体上市会为大股东的恶性"圈钱"打开空间。

4. 虽然很多公司都将减少关联交易作为整体上市的原因,但是实践中仍然有公司的关联交易不降反增,关联交易仍然难以避免。

5. 整体上市后公司的治理结构并没有得到实质性的优化,政府的控制力仍然会影响上市公司的治理结构改善。

(三)整体上市的模式分析

目前整体上市模式的分类方法并不统一,一般有三分法、四分法、五分法(具体分类还有区别),每种分类方法的角度都不同。这次案例分析中我们选择了四分法,即定向增发反向收购、换股 IPO、换股吸收合并、自有资金反向收购。表 4.11 为各种模式的部分现有案例举例。

表 4.11　　　　　　　　　　整体上市模式

模式分类		举例
定向增发反向收购	非公开发行模式	首开股份,鞍钢股份,徐工科技,中国船舶,深能源
	再融资反向收购	宝钢,武钢,济南钢铁
换股 IPO		TCL集团,上港集团
换股吸收合并		东软集团,葛洲坝,东方电气
自有资金反向收购		中国软件

各种模式的具体内容和特征:

1. 定向增发反向收购即通过向股东增发股票反向收购控股股东全部主业资产,实现控股股东主业整体上市。其主要特点有:(1)上市公司向股东定向增发一定数量股票,控股股东或其子公司用目标资产全额认购新股;(2)如果公开发行新股募集的资金与收购价款存在差额,则要求收购方定向增发股票收购资产完成后,以现金或承债方式支付;(3)交易完成后,上市公司的资产通常会在横向或纵向实现一体化,产业链完善,资产规模扩大;(4)定向增发前后,公司的实际控股人一般不发生变化,而持股比例上升触发要约收购义务,控股股东一般会向证监会申请豁免义务;(5)控股股东新增持有的股份设置 36 个月禁售期。

2. 换股 IPO 即控股股东以一定比例和上市公司流通股股东换股,吸收合并上市公司。其主要特点有:(1)两步走——改制,吸收合并和 IPO;(2)控股股东一般采用吸收合并方式合并上市公司,为保护中小股东利益,设置现金选择权,一旦股东未实行现金选择权,则强行换股;(3)换股完成后,原上市公司注销法人资格,成为控股公司的全资子公司。

3. 换股吸收合并即通过同一控制人的各上市公司通过换股方式进行吸收合并。其主要特点有:(1)按照协议约定换股价格和换股比例换股,新增股份通常为有36个月限售期的流通股;(2)为保护股东利益,合并方案设计现金选择权;(3)合并完成后,被合并方注销法人资格,上市公司作为存续公司继续存在;(4)定向增发前后,公司的实际控股人一般不发生变化,而持股比例上升触发要约收购义务,控股股东一般会向证监会申请豁免义务。(《上市公司收购管理办法》第49条:有下列情形之一的,收购人可以向中国证监会提出豁免申请(一)上市公司股份转让在受同一实际控制人控制的不同主体之间进行,股份转让完成后的上市公司实际控制人未发生变化,且受让人承诺履行发起人义务的……)

4. 自有资金反向收购即上市公司直接用现金购买控股股东资产,收购完成后控股股东注销法人资格。需要大量现金,目前采用比较少。

参考文献

[1]路林丽. 中国企业整体上市问题研究[J]. 山东商业会计,2007(01).
[2]邓舟. 浅析我国企业整体上市[J]. 经营管理者,2009(01).
[3]夏瑾. 我国整体上市模式的理论综述及典型案例[J]. 现代商业,2010(02).
[4]张振. 我国企业整体上市五种模式及适用性分析[J]. 商业会计,2008(11).
[5]尹筑嘉,黄建欢. 中国企业整体上市的模式比较与策略选择[J]. 金融与经济,2008(03).
[6]戴欣苗. 定向增发与整体上市的利益路径分析[J]. 金融理论与实践,2009(02).
[7]陈丽萍,李盼. 国有企业整体上市对企业价值影响的实证分析[J]. 黑龙江对外经贸,2009(01).
[8]赵冬梅. 国有企业整体上市需重点关注的几个问题[J]. 经济研究参考,2008(12).
[9]张逊. 整体上市股东博弈研究[J]. 科学技术与工程,2009(01).
[10]王恒银. 企业集团整体上市问题研究[J]. 黑龙江对外经贸,2008(04).
[11]刘森垚,吴琼. 整体上市模式探析与案例分析[J]. 商业文化(学术版),2009(03).
[12]章卫东. 定向增发新股、整体上市与股票价格短期市场表现的实证研究[J]. 会计研究,2007(12).

案例5　国美借壳上市案例分析
——谈民营企业的资本运作之道

一、案例概述

（一）行业背景

2000～2004年期间，家电行业市场容量不断扩大。与此同时，连锁经营已经成为国外家电零售企业的主要组织形式，占领连锁门店数量优势等于占领市场先机。而当时中国的家电零售市场现状混乱，流通零售企业超过3.2万家，以国美为首的几家大型家电零售企业的规模及其在中国所占的市场份额，同美国、日本的家电零售企业在其本国所占市场份额相比，仍有很大的增长空间，尚未真正达到规模性连锁的需求，但是其市场扩张和区域发展的潜力十分巨大，发展速度、经营模式以及对相关产业的带动等都充分显示出了连锁经营组织形式的现代性和优越性。

此外，由于家电行业属于金融经营模式，即它们依靠拖欠应付账款形成的短期借贷来维持经营，因此财务压力比较大，面临发展机会和融资需求也较大。

因此，案例发生的背景是家电行业发展前景好，发展空间大，可以说处在一个发展的关键时期。门店的数量直接对其今后市场份额的占有起了很大的影响，因此企业有融资发展的需求，加上家电行业本身的资金来源不稳定，融资需求就更为突出。

（二）企业背景

1. 国美

国美电器是中国的一家连锁型家电销售企业，也是中国内地最大的家电零售连锁企业，成立于1987年1月1日。

2. 京华自动化

京华自动化是一家早先从事成衣生产,后来主要从事电脑辅助设计系统的生产、销售以及物业发展等业务的公司。1992年4月在香港联交所上市。公司长期处于亏损状态,股价也长期在低价徘徊。

(三)动因分析

除了行业的因素外,国美选择快速借壳上市很重要的因素是其竞争对手苏宁的先行上市。国美上市的探索期很长,曾有可选的上市方案为:H股IPO、A股IPO、H股借壳以及A股借壳,以下对国美最终匆忙借壳港股反向收购实现上市的原因进行阐述。

H股上市是国美此前一直努力的一个方案,后来却走了红筹股借壳上市的路线。究其原因:第一,出于时间成本的考虑,选择IPO方案,需要走很长的一段路,完成IPO的全部审批程序,即使在很顺利的情况下,至少也需要9个月的期限,时间成本很大,因此,借壳上市便成了最好的选择和捷径。第二,H股的流通性有限,融资能力有限,并不是最优的选择。第三,IPO条件相对苛刻,国美需要具备一定的实力,例如对上市公司的净资产、税后利润和筹资额作出了严格的限制,其中对净资产要求不少于4亿元人民币的条款国美电器就不能满足。上市要求高,程序繁琐,这也是很多民营企业迟迟不能上市融资的重要原因。

此外,国美也曾经探索过A股市场IPO或者借壳。但是在A股市场找到净壳相对较难,国美曾经探索借壳ST宁窖,但以失败告终。另外,考虑到香港资本市场相对宽松,融资效率也较高,黄光裕抓准时机通过资本运作成功上市,巧妙绕过诸多政策的限制。通过在国际市场上市,同时还提升了国美的品牌形象。

综上所述,国美最终选择港股借壳上市的理由可以概括为以下几点:

1. 可以为企业发展提供充足的资金。

香港资本市场融资效率高,加上其对国内企业的认知度和认可度较高,在香港上市可以获得企业下一步发展所需的资金。

2. 有利于扩展融资渠道、改善融资结构。

上市融资可以扩展企业的融资渠道,改变目前以短期债务为主的融资结构,从而提高企业的资信度,有利于企业的进一步扩张。

3. 有利于引入战略投资者,为走向国际化做准备。

香港资本市场开放性和国际化程度高,可以吸引来自世界知名的机构投资者,有利于国美电器引入战略合作伙伴,加强自身实力,为走向国际市场做好准备。

4. 有利于扩大企业影响力,提升企业品牌。

在香港上市面向国际市场融资,有利于企业扩大影响力,提升企业的品牌价值。

5. 有利于改善公司治理,实施期权激励。

在香港借壳上市,股票可以实现全流通,有利于改善公司治理,实施对高管的股权激励计划。

6. 有利于风险资本退出。

在香港借壳上市,股票可以实现全流通,有利于控股股东的资本退出。

7. 有利于规避监管。

在香港借壳上市,可以规避国内大部分的监管及审批程序,在当时(2003年4月~2004年10月)基本上只受国内外商投资政策的限制。而且企业借壳上市对企业的信息披露要求也没有直接上市(即申请首次公开发行股票)的要求严格。

以上这些因素也是未来民营企业在上市方案选择时需要考虑的因素,针对不同的上市地、上市方式的特点选择适合企业发展和符合当前形势的方案。

黄光裕成功借得京华自动化作为上市壳公司的步骤通过两步运作完成:进入壳公司、巧借地产注入获得上市公司控制权。

1. 借得壳公司

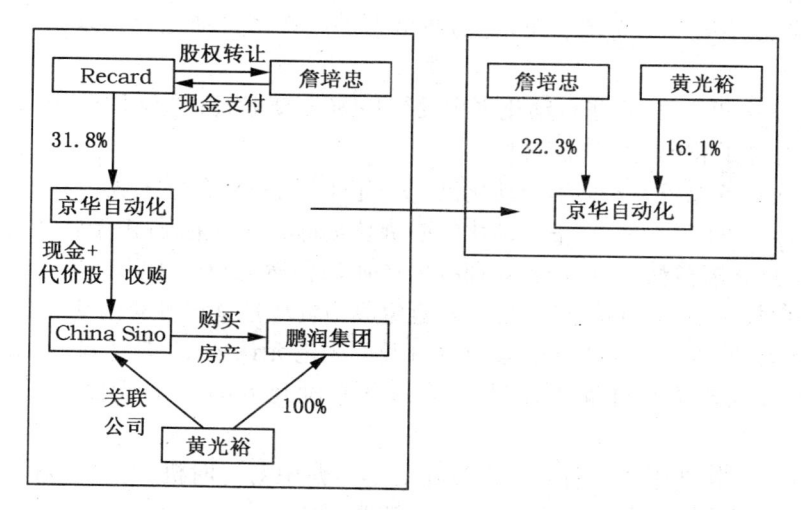

图 5.1 借壳过程

(1) 2000年7月28日,詹培忠(黄光裕同乡,绰号香港壳王)独自控股的 Golden Mount Limited 以每股1.12港元收购京华自动化股份5 000万股,总计5 600万港元,占总股本(15 700万股)的31.8%,成为京华自动化第一大股东,通过控制京华自动化之后几次发行新股等方式,为黄光裕取得壳公司创造了条件(如图5.1左图上部所示)。

(2) 2000年9月7日,京华自动化以全数包销供股(上市公司董事会受股东大会之命,定向增发已发行总股本20%之内的新股份,这实际上稀释了股本,增加了詹培忠的实际控制权)。

(3)2000年12月6日,黄光裕通过关联公司China Sino向鹏润集团购买鹏润大厦1388平方米的房产。鹏润集团是黄光裕名下的两大产业(国美、鹏润)之一。同时,京华自动化以25 681 330港元收购China Sino全部股份。具体支付方式:1 200万港元以现金支付(第二步中新股发行募集的资金),其余1 368万港元以向卖方China Sino发行代价股(西方发达国家全流通证券市场,上市公司最常用的并购支付方式,即收购某一资产时,不以现金支付,而以增发的本公司股份支付,该笔股份的价格,原则上以当时该公司股票市场交易价为准,经买卖双方讨价还价,也可以在交易价的基础上溢价或折让,该笔用于购买资产的股份称为代价股份)的形式支付,以停牌公告前一天收盘价略溢价后的每股0.38元发行。这样,代价股1 368万港元合360 035 000股,折合公司发行股份的19.2%,又恰好不超过20%。

通过这种操作,黄光裕以持股3 600万股(16.1%)成为京华自动化的第二大股东。通过这一步操作,黄光裕等于用自己的一块地产换取了京华自动化第二大股东的地位,没有任何现金流支出,也为詹培忠退出京华自动化打好基础(如图5.1所示)。

(4)2001年9月,京华自动化再次发行4 430万新股,占总股本的19.8%,不足20%,又避过了股东大会决议过程。

(5)此时黄光裕进入京华自动化已经一年了,他并没有急于成为第一大股东。一年后,即2002年4月,京华自动化的股价跌至每股0.2港元(由于置入房产带来的利好消息逐渐被淡忘,投资者对拥有地产业后仍然无所作为的京华自动化彻底失望,预期收益很低,股价下降,已经接近每股净资产),京华自动化发行新股,黄光裕独资拥有的Shinning Crown公司以每股0.1港元认购13.5亿新股。自此,黄光裕独资控股公司及自身持股,共拥有京华自动化85.6%的股份(如图5.2所示)。

从这一步操作中可以看出黄光裕在资本运作中对待时机的把握,对市场形势的积极引导及准确判断。地产换股份,不涉及现金流。

2. 巧借地产得净壳

黄光裕成为京华自动化第一大股东之后,2002年4月10日,京华自动化以现金及代价股的方式收购黄光裕控制的一家注册在百慕大的公司Artway Development(该公司拥有北京朝阳区一处物业的39.2%,通过此项操作,黄光裕将京华自动化账面上几乎所有现金1.2亿元转入自己账户,并通过给壳公司装入优质地产(聘请香港某评估公司对土地重新评估,估值为收购价格的两倍),为京华自动化带来利好消息,股价大幅上涨,4月25日以0.445港元收盘。此时,黄光裕已经成为

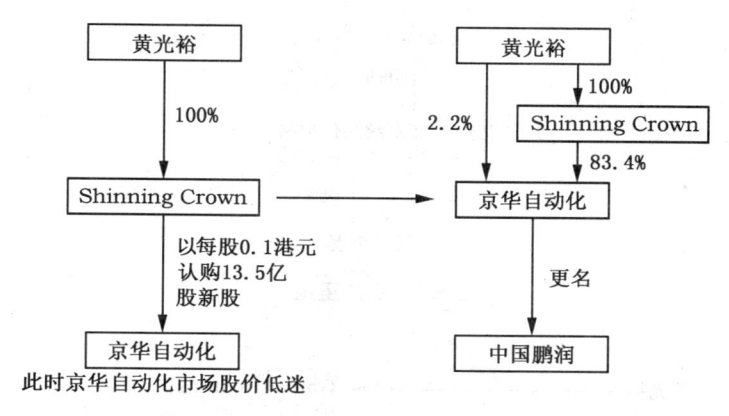

图 5.2　2002 年 4 月黄光裕的股份持有情况

京华自动化的大股东,持股比例高达 80% 多,而联交所守则(大股东持股比例超过 75% 则公司退市,视为上市公司私有化)规定,京华自动化要保持上市地位则其个人持股比例应低于 75%,否则需要退市,于是黄光裕趁着京华自动化被抬高的市价,售出手中 11.1% 的股份,套现 7 650 万港元,其持股比例降到 74.5%。自此,黄光裕解除了收购京华自动化所支付的 1.35 亿元现金带来的资金链压力。

整个借壳的过程黄光裕不仅成功持有京华自动化 75% 的股份,得到了一个"净壳"(一个上市公司把资产和负债都转移给大股东,即打造所谓的"零资产、零负债"净壳),并且还通过出售股份套得了不少现金,把上市公司账面的现金也都成功套入自己的口袋。

2002 年 7 月,京华自动化发布公告正式更名为"中国鹏润"。

自此,黄光裕在詹培忠的帮助下,成功进入京华自动化,并通过巧妙的资本运作得到了对京华自动化的绝对控股权,为国美电器上市创造了基本条件。

3. 借壳上市

黄光裕成立了"北京鹏润亿福网络技术有限公司",由其拥有 100% 股权。国美集团将 94 家门店全部股权装入"国美电器"。之后由鹏润亿福持有国美电器 65% 股权,黄光裕直接持有国美电器剩余 35% 股权。鹏润亿福网络技术有限公司借用国内高科技企业免税的优惠政策,回避出售股权需要支付的巨额所得税。而 65% 的比例,则是为了之后的借壳上市过程中的步骤,回避我国商务部关于外商零售企业外方股份比例必须在 65% 以下的限制(见图 5.3)。由此也可以看出黄光裕出色的合规能力,他善于回避相关的管理规定,最大化资本运作的利益。除此之外,他还善于利用优惠政策,降低交易的成本。

① 中外合资——红筹股之路。

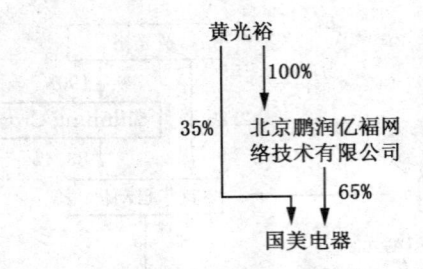

图5.3 资产重组

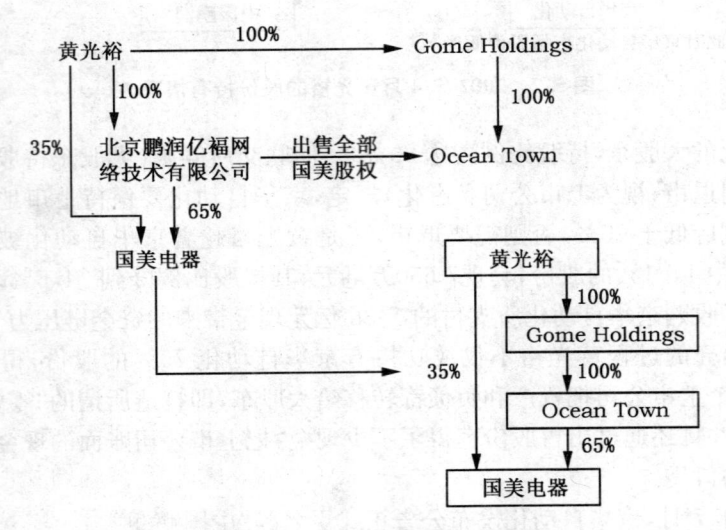

图5.4 中外合资股权结构示意

Ⅰ. 把国美电器转型为中外合资企业。

Ⅱ. 在英属维尔京群岛注册成立一家离岸公司Ocean Town,也是利用了当地的股权自由交易与免税优惠。黄光裕通过在该地注册的国美控股(Gome Holdings)100%掌控Ocean Town。

Ⅲ. 2004年4月,北京鹏润亿福网络技术有限公司把股权全部出售给了Ocean Town,至此,Ocean Town成为控制国美电器核心业务的第一大股东,所占股份为65%(如图5.4左上部分所示)。

Ⅳ. 中国鹏润收购Ocean Town公司。

2004年6月,中国鹏润(壳公司)以83亿港元的代价,通过全资BVI子公司China Eagle,从Gome Holdings手中买下Ocean Town(如图5.5所示)。中国鹏润收购Ocean Town时支付方式包括三种:一是向黄光裕定向配发及增发价值

2.435亿港元的不受任何禁售期限制的代价股份;二是向黄光裕定向发行第一批价值70.314亿港元的可换股票据,相关换股权可在自票据发行日起三年内的任何时点随时行使,满三年后强制行使;三是向黄光裕定向发行第二批价值10.269亿港元的可换股票据,相关换股权仅于北京国美偿还所欠国美电器相关债务后方可行使。

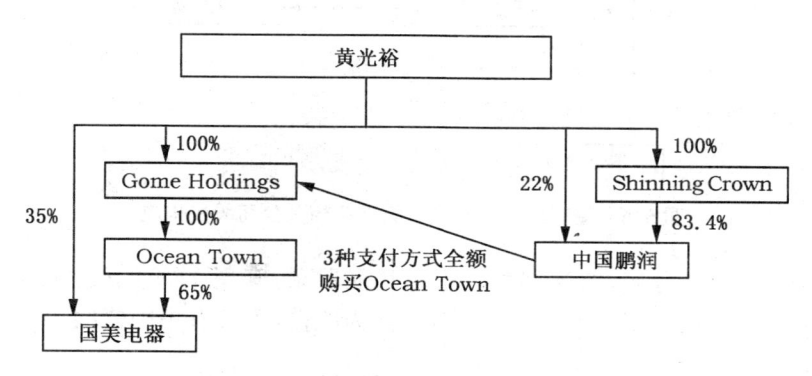

图 5.5　中国鹏润收购 Ocean Town 公司

关于黄光裕先将国美装入北京鹏润亿福,又将其转让给 Ocean Town,最后将 Ocean Town 注入京华自动化的壳子里而非直接将鹏润注入京华自动化,我们总结出以下两点原因:

一是国美在准备好持有国美股份的 Ocean Town 时打算让 Ocean Town 直接上市,可能还是在走香港 IPO 路线,寻求上市机会。但是随着竞争对手苏宁电器的成功上市,国美不能再耗时间等待漫长的审批过程。因此其临时改变初衷,选用借壳上市,期望尽快融资抢占市场先机。二是红筹股的操作模式不论今后选择 IPO 还是借壳都需要先将国内资产打包入境外企业,这也是惯用做法。

83 亿港元的定价恰到好处:一方面这个定价使得公众股东的原有权益受到稀释,而黄光裕左手高价倒右手却享受了最大的利益;另一方面,这个定价经过之后股价的验证表明符合投资者预期,因为这么高的收购价格,不但没有使股价下跌,反而使其涨幅可观,反映出投资者对国美优质资产的信心。

国美电器成功借得中国鹏润(原京华自动化)的上市资格之后,黄光裕及其旗下各相关公司的股权构成如图 5.6 所示。

至此,黄光裕通过以上各个步骤的实施,成功的将打包的国美电器集团装入了上市壳公司——中国鹏润中,在香港顺利上市。并通过上市过程中支付代价的操作,仍然紧握对上市公司的控制权。

②上市后套现。

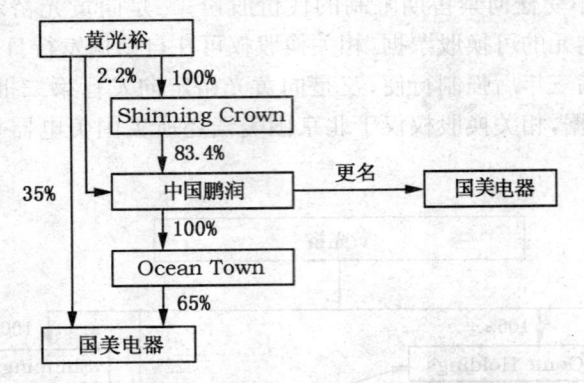

图 5.6 借壳后黄光裕及其旗下各相关公司股权构成

Ⅰ.2004 年 9 月底,黄光裕配售了 3 亿股股票,套现 11.94 亿港元。随后不久,将第一批 70 亿可转换票据中大部分转换为股份,仍持有中国鹏润 74.9%的股份(如图 5.7 所示)。

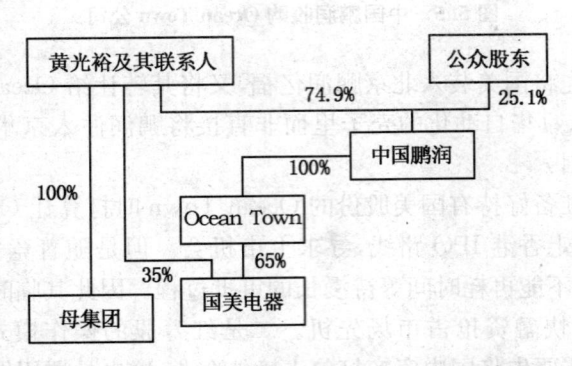

图 5.7 2004 年 9 月底黄光裕的股份持有情况

而若黄光裕将手中持有的可转换票据全数转为股份,其对国美电器的持股比例将高达 97.2%(如图 5.8 所示)。

Ⅱ.2004 年 12 月 15 日,黄光裕进行第二次配售,出让 2.2 亿股股票,套现 13.75 亿港元。同时将剩余的可转换票据全数转为股份。配售成功后,黄光裕所持股权减至 66.9%,依然处于绝对控股地位(如图 5.9 所示)。

至此为止,国美成功完成了借壳上市并套现融资的过程,其资本运作方式之复杂,每一个数字、每一步操作都暗藏玄机。

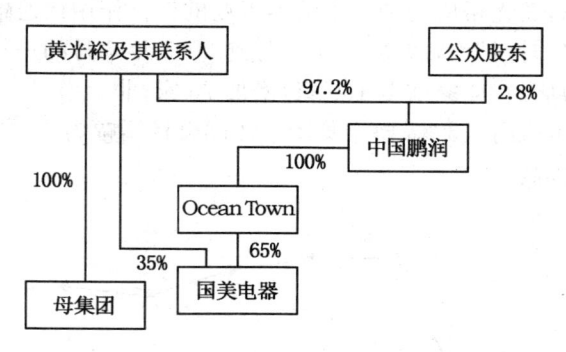

图 5.8　黄光裕通过转换持股比例达 97.2%

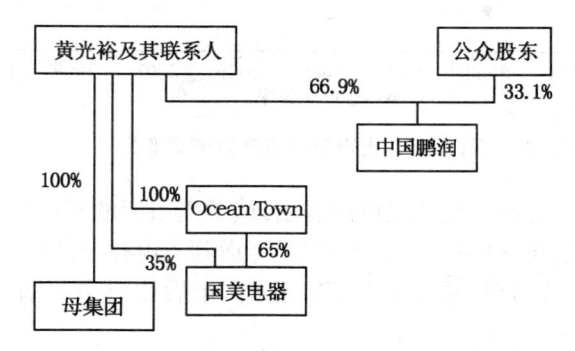

图 5.9　2004 年 12 月 15 日黄光裕的股份持有情况

二、结果评价

（一）财务业绩分析

既然资本运作是能够使企业价值增值、效益增长的经营方式,那么我们就首先结合国美借壳上市案例中的资本运作,从财务角度以数据分析为基础对国美资本运作的意义进行阐释。

（1）上市后规模急剧扩大,实现了融资目的

表 5.1　　　　　国美电器集团上市后门店数目的扩张

时间	上市目标集团		非上市目标集团		合计	
	门市店	数码店	门市店	数码店	门市店	数码店
2004.6	94		37		131	
2004.12	144		74		218	
2005.6	169	19	112	7	281	26

如表 5.1 所示,黄光裕成功利用了资本市场的杠杆作用快速融资,支持其电器零售业务规模的爆炸性扩大,从 2004 年 6 月到 2005 年 6 月的一年间,国美电器上市目标集团的门市店由 94 家增至 169 家,增加 75 家;非上市目标集团的门市店由 37 家增至 112 家,增加了 75 家;整个集团一年间合计增幅为 150 家之多。

(2)偿债能力提高

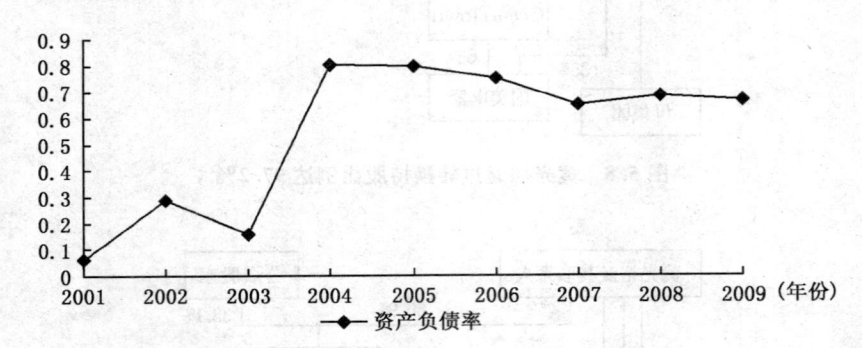

图 5.10　上市前后资产负债率变化

从图 5.10 中曲线的变化情况可以看出,国美上市后的资产负债率基本稳定在 70% 左右,但依然偏高,财务风险较大,但是考虑到家电行业的运营模式,较高的资产负债率也属于正常情况,重要的是,该指标上市后相对上市前的情况则有所好转。

(3)盈利能力提高

表 5.2　　　　　　　　　2001~2004 年盈利能力

报表日期	2001—09—30	2002—09—30	2003—09—30	2004—09—30
营业额(千元)	2 823	3 641	4 205 451	6 102 813
经营溢利(千元)	-4 333	-7 895	-165 355	415 781
销售净利率	-1.53%	-2.51%	-3.69%	0.07%
每股盈利—基本(元)	-0.02	-0.01	-0.05	0.15

如表 5.2 所示,国美上市前经营净利润一直为负数,2003 年甚至是-3.69%。而上市之后,充分利用了零售行业的规模经济效应,净利润率虽然还是不高,但已经摆脱了总体亏损的情况,一直保持着较稳定的盈利状况。

(二)股价分析

图 5.11 为从 2003 年开始国美在资本市场上的股价变化情况,明显可以看出国美上市后市场反映很好,股价在一定波动情况下整体是上扬的,也侧面说明了投

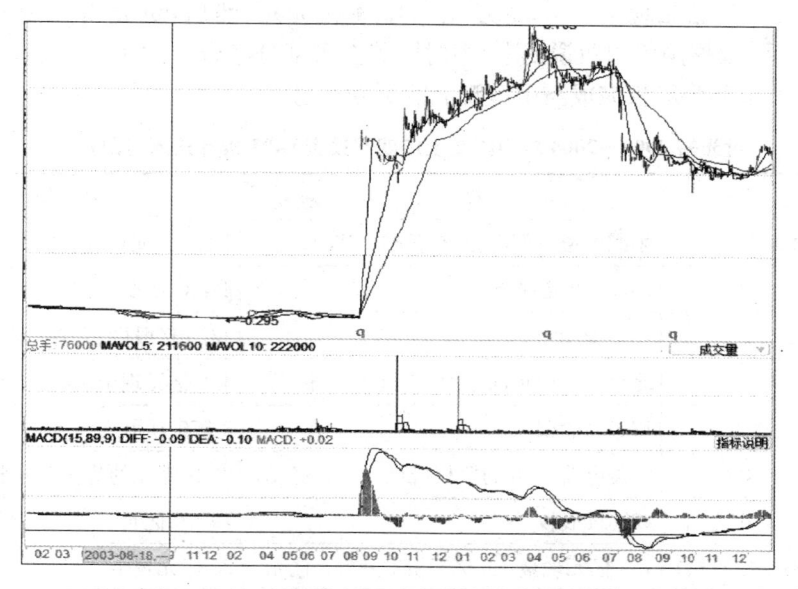

图 5.11 股价走势

资者对国美的未来发展及价值增长有信心。

综上所述,通过对国美上市前后的基本财务指标的分析,我们得出结论,国美上市融资后毫无疑问成功获得了资金并且投入企业的发展运营中,从门店的数量及企业的规模就可以判断出来。因此,资本运作对企业的成长起了不可忽视的作用。其次,我们还发现国美的偿债、营运、盈利等各项财务指标均有不同程度的提高,我们认为资本运作包括其中对国美电器的资产重组优化了企业的资源组合,改善了企业的整体经营。除此之外,上市后的国美还提升了自己的品牌价值。

三、特点

(一)支付方式巧妙

地产换股份,避免现金流出,减少现金压力。

回顾黄光裕自 2000 年入股京华自动化以来的若干次资本运作,其本质都是为了通过注资而获得相应股权,以逐步控制壳公司。

2000 年 12 月及 2002 年 4 月黄光裕分两次先后投资两家物业(鹏润大厦三间办公室和北京朝阳西坝河土地)(见表 5.3),作为回报,黄光裕获得大量股权另加累积 4.32 亿元现金的净现金流(1 200 万元+4.2 亿元)。

此外,黄光裕于 2001 年 9 月和 2002 年 2 月两次低价增持 0493 新配售的股票,投入1.5亿元现金(797.4万元+1.34亿元)。然后,黄光裕又投入了价值0.75亿元(根据国美招股说明书,当时国美上市部分净资产约1.2亿港元×65%)的国美上市部分股权完成与中国鹏润的买壳交易。

表5.3　黄光裕2000~2004年中国美上市期间投资0493累计投入与回报一览

时间	投入	回报
2000/12	鹏润大厦三间办公室(价值2 568万元)	1 200万元现金+3 600万股
2001/09/12	797.4万元现金	4 430万股
2002/02/05	1.35亿元	13.5亿股(后套现7 650万元)
2002/04/10	北京朝阳西坝河土地(价值4.95亿元)	4.2亿元现金+0.75亿代价股
2003/06/26	12.4%股权	3 870万元
2004/06	国美电器65%的股权(价值0.75亿元)	83亿港元的代价股和股权证
2004年上市之后	22.5%股权	19.59亿元
总计(不计控股权)	1.5亿元现金+6亿元资产=7.5亿元	25亿元现金

至此,我们可以清楚地看到,在将近5年的资本运作之中,黄光裕个人仅仅投入了7.5亿元,但却惊人地通过套现等方式累计获得了25亿元现金回报以及0493国美控股的上市地位。事实证明:黄光裕是这一系列以国美上市为目的的资本运作的幕后策划人和最大赢家。

(二)巧妙合规,回避相关政策及法律,利用优惠政策

由于大量吸纳中国鹏润股票,使得黄光裕个人持股多次超过75%,意味着公众持股量低于25%。如前文所述,25%是香港联交所规定的上市公司最低公众持股量,因此黄光裕不得不屡次减少套现以维持壳公司上市地位。于是,2002年2月后以及2003年6月黄光裕两次以当时市价分别减少套现京华自动化11.1%和12.4%的股权,净得1.15亿元(7 650万元+3 870万元)。根据国美上市协议,若加上所收购的国美的代价股和票据,黄光裕持股将达到97.2%,因此国美上市后黄光裕迅速减少持有至75%,股权减少22.2%。以总市值88.2亿港元计算,共累计套现19.59亿港元(88.2亿港元×22.2%)。

另外,国美还成功绕过《反向收购法》的约束实现了借壳上市。2004年4月1日,香港联交所适用新修订的《上市规则》,对"反向收购"上市公司进行了重新界定。其中对反向收购的一种界定是:注入资产值达到壳公司资产的100%,且收购事项发生后,上市公司控制权发生变动。中国鹏润2003年年报显示,截至2004年3月31日,公司总资产约7.1亿港元,而注入国美电器截至2004年3月31日的总

资产约 31.9 亿元人民币（约合 29.6 亿港元），远远超过 100% 的比例。但在收购国美电器之前，中国鹏润的控制权已掌握在黄光裕手中，而收购后黄光裕的持股量不减反增，不存在壳公司控制权变动的情况，因此并不符合反向收购的界定。反向收购的另一种界定是：在上市公司控制权发生变化的 24 个月内，上市公司向取得控制权的人士收购的资产值达到壳公司资产的 100%。黄光裕取得中国鹏润（原名"京华自动化"）控制权是在 2002 年 2 月，至此已超出 24 个月的时限，也不符合反收购的界定。因此，如此明晃晃的借壳上市却没有受到任何反收购条例的约束。

此外，利用北京鹏润亿福高科技公司的身份进行国美的股权置换、成功避税等也体现出其利用优惠税收政策将资本运作的利益最大化。

（三）重视把握时机利用股价波动进行套现、掌握市场形势制造高市盈率泡沫

综观黄光裕的资本运作过程，他不断使用如下技巧：

1. 尽量使用可换股票据进行收购，其实质是自己低价增发股本作为注入个人资产的回报，并为日后套现做准备。

2. 低价入股，高价套现。

3. "左手倒右手"，人为制造市值泡沫。

4. 充分运用资本市场，灵活控制控股比例，减持套现。

在以上技巧的运用中，充分体现了黄光裕对于时机和市场的把握。此外，最后国美 83 亿元的收购价也表明其对市场的掌控能力。如前面分析，巨额的收购款不但没有造成国美股价的下跌（黄光裕通过向公众表态不减持），反而使得股价一路飙升，市盈率泡沫应运而生，炒高了股价，也为日后抛售减持做准备。其实对国美电器进行定价也是整个上市过程中至关重要的一步。一方面由于中国鹏润与国美电器的实际控股股东均为黄光裕，在收购价格制定方面他有很高的自主权。另一方面，收购价格的确定关系到公众股东的利益，定价也必然将受到来自市场方面的制约：由于对国美的定价直接影响到收购完成之后黄光裕对中国鹏润的股权比例，因此定价高低其实影响到了黄光裕与大众股东之间的利益分配。定价越高，黄光裕在收购之后的股份比例越高，其收益越大。而较低的定价则在上市之后市场将很快反应，股价可能迅速攀升，而其中的收益则由全体股东一起分享。所以从黄光裕的角度来看，有抬升收购价格的动机，但定价过高则会使市场消极对待，之后股价下跌等将给上市公司的形象与市场信心带来负面影响。黄光裕在本次收购中对国美电器市场价值进行大胆定价，充分体现了国美电器的价值。国美电器于 2004 年 3 月 31 日净资产 65%（即 Ocean Town 所持股份）约 2.27 亿港元，与收购价 83 亿港元相差巨大，市盈率约 49.5。以 2004 年国美净利润 3.54 亿元为计算依据，则国美电器的市盈率为 24.8。但是考虑到国美电器的利润增长速度及其在国内家电零售业的领导地位，其估值属于合理范围之内且这样的高市值容易吸引到国

际投资,因为高市值通常被认为资产具有很高的价值以及很好的未来长期发展能力。

综上所述,本案例中体现出来的资本运作的技巧具有一定的参考价值,值得其他的企业借鉴和学习,利用好资本运作实现企业的增值和发展。

四、启示

(一)资本运作配合合理经营可以带来企业增值

简而言之,资本运作优化企业的资产组合,提供更多的融资机会,但是光会圈钱不会用钱是不行的。

从价值创造的角度看,资本需要通过资本所有者的投资活动和企业的筹资活动进入企业,在企业内根据选定的投资项目转化为资产(具体的经济资源),用于某种生产经营活动(这就是企业的资产经营活动)。这种生产经营活动创造出的产品或服务通过销售获得销售收入,扣除各项经营成本(其他要素应得的报酬)及政府税收后即为资本的回报。显然,只有企业的投资和经营取得成功,资本才能得到足够的回报。相反,得到的只是亏损。企业创造出的价值或损失,是以资本结构为依据进行分配或分担的。由此不难看出,资本虽然具有增值性,但本身是不能直接创造价值的,离开了企业的成功投资与经营,资本所有者的投资就不可能成功,更不可能增值。因此对企业而言,不存在资本经营问题,因为它不创造价值(也不毁损价值),只是分配或转移价值的依据,也就不能称之为经营活动。所以,资本运作是一把双刃剑,其的成功离不开企业的良好经营。

(二)加强资本运作的监管,才能保证企业健康发展

国美的资本运作之所以成功一个很重要的因素是黄光裕始终在法规之内运作,没有进行违法的操作。资本运作所涉及的利益之广使得其的实施也波及企业经营成败,因此,企业在进行资本运作的过程中也要加强自身监管,保证企业长期健康的发展。

总之,在国美电器此次借壳上市的操作中,产生了多方共赢的良好局面。首先,国美电器通过上市扩大了融资渠道,为公司未来的发展做好准备;其次,中国鹏润及其原有股东可以分享一部分国美电器高速发展带来的资本收益;最后,可以判断,国美电器及中国鹏润的控股股东黄光裕在此次资本营运中得到的收益最大。这个案例对其他企业有很高的借鉴价值,民营企业应该学会运用资本运作实现自身增值,优化自身管理并且拓宽融资渠道。

参考文献

[1] 许定河. 国美电器:黄光裕手中的"提款机"[J]. 中国投资,2002(07).
[2] 董杰. 国美上市后整合难题[J]. 新财经,2004(08).
[3] 金凡. 国美黄光裕的资本手腕[J]. 国际融资,2004(12).
[4] 李晓蕾. 国美缘何曲线上市[J]. 互联网周刊,2004(20).
[5] 王吉舟. 资本荒漠中的国美上市——解读民营企业上市新路[J]. 经济导刊,2004(10).
[6] 叶秉喜,庞亚辉. 国美上市折射家电连锁企业竞争战略转型[J]. 现代家电,2004(16).
[7] 孙杰,李鹏. 现代资本运作理论及其发展影响因素分析[J]. 企业导报,2010(06).

案例6 当当网海外上市案例分析

一、背景概述

(一) 行业背景

中国拥有目前世界上最庞大的互联网用户。据互联网数据中心IDC数据显示,2009年中国互联网用户量达3.848亿户,2013年有望达5.745亿户。互联网用户的增长推动了电子商务的发展。据艾瑞咨询的数据,中国B2C和C2C用户量从2007年的5 500万增长到了2009年的1.09亿,预计2013年将达2.45亿。与此相应,中国B2C和C2C电子商务交易额有望从2009年的2 630亿元增长至2013年的12 690亿元。

当当网(www.dangdang.com)属于中国B2C行业。B2C是英文Business-to-Consumer(商家对客户)的缩写,而其中文简称为"商对客"。"商对客"是电子商务的一种模式,也就是通常说的商业零售,直接面向消费者销售产品和服务。这种形式的电子商务一般以网络零售业为主,主要借助于互联网开展在线销售活动。

1. 当当网在B2C市场排名第三

从表6.1中可以看出,2009年中国B2C整体市场格局是,京东商城以37亿元的营业收入、16.5%的市场份额居首,卓越亚马逊、当当网、凡客诚品分别以9.4%、8.5%、5.4%的市场份额位列第二至五位。当当网实际上是中国第三大B2C公司,而麦考林是第七位,其50%以上的营业收入来自于线下。

表 6.1　　　　2009 年中国电子商务 B2C 行业厂商市场份额

厂商	销售额(亿元)	市场份额(%)
京东商城	37	16.5
卓越亚马逊	21	9.4
当当网	19	8.5
凡客诚品	12.2	5.4
新蛋网	6	2.7
北斗手机网	3.9	1.7
戴维尼	3.6	1.6
红孩子网站	3.3	1.5
麦网	3.5	1.6
易迅商城	2.8	1.3
云网	2.9	1.3
世纪电器网	2	0.9
梦芭莎	1	0.4
玛萨玛索	0.8	0.4
其他	105	46.9

表 6.2　　　　2009 年中国 B2C 市场出版物产品份额

厂商	销售额(亿元)	市场份额(%)
当当网	13.7	52.7
卓越亚马逊	8.7	33.5
99 网上商城	1	3.9
互动出版网	0.8	3.2
其他	1.7	6.7

2. 当当网在出版物市场高居首位

从表 6.2 中可以看出,2009 年,在出版物市场,当当网以 13.7 亿元人民币的营业收入,占据了 53%的市场份额,高居首位;其次为卓越亚马逊,营业收入为 8.72 亿元,占比约为 33%。另外,在 3C 市场,当当网 2009 年营业收入为 1.3 亿元,占比 1.4%;京东商城以 37 亿元的营业收入、37.4%的占比名列第一;卓越亚马逊营业收入为6亿元,市场占比6.1%,名列第二。在服装市场,当当网2009年营业收入为1.7亿元,占比4.4%;凡客诚品以12.2亿元的营业收入、31.3%的占比名列第一。

(二)企业背景

当当网是全球最大的综合性中文网上购物商城,由国内著名出版机构科文公司、美国老虎基金、美国IDG集团、卢森堡剑桥集团、亚洲创业投资基金(原名软银中国创业基金)共同投资成立。1999年11月,当当网正式开通。当当网在线销售的商品包括图书音像、美妆、家居、母婴、服装和3C数码等几十个大类,超过100万种商品,在库图书近60万种,百货近50万种,当当网的注册用户遍及全国32个省、市、自治区和直辖市。当当网的使命是坚持"更多选择、更多低价",让越来越多的顾客享受网上购物带来的方便和实惠。

当当网于美国时间2010年12月8日在纽约证券交易所正式挂牌上市,成为中国第一家完全基于线上业务、在美国上市的B2C网上商城,交易代码为"DANG",融资规模为2.72亿美元。自路演阶段,当当网就以广阔的发展前景而受到大批基金和股票投资人的追捧,上市当天股价即上涨86%,并以103倍的高PE和3.13亿美元的IPO融资额,连创中国公司境外上市市盈率和亚太区2010年高科技公司融资额度两项历史新高。

(三)动因分析

1. 不符合创业板上市条件

国内上市规定要连续2年盈利,当当网达不到创业板上市的财务要求。当当网属于互联网技术的创新型企业。这类企业因为股权架构以及盈利能力等问题只能去美国市场融资。美国资本市场强调以创新为核心,这类企业去美国上市就像找到了"组织"。大量创新型中国企业赴美上市融资,除了达不到A股的上市标准外,也和企业的发展战略有关。传统行业在A股估值水平更高,而创新型企业更容易在美国市场获得高估值。

2. 募集基金用途

(1)扩大产品品类。当当网以书籍及音像制品等标准化产品起家,2010启动百货战略,正从书籍转型成为综合性的网上商城,当当网此次融资的用途排在第一的是扩大产品品类。

(2)扩大物流配送能力。

(3)提高技术基础设施。这一般包括服务器、贷款、技术研发等方面。

(4)企业一般用途,包括日常业务运营及可能存在的潜在收购。

(四)过程描述

1. 融资历程回顾

中国当当电子商务公司在英国开曼群岛注册,通过100%全资控股北京当当

```
        ┌─────────────────────────┐
        │   中国当当电子商务公司      │
        │     （开曼群岛）          │
        └──────────┬──────────────┘
           100%    │  ┌────────────────┐
        ┌──────────┤  │  李国庆与妻子俞渝 │
        │          │  └────────┬───────┘
        │          │       100%│
┌───────▼────────┐ │  ┌────────▼────────────┐
│北京当当网信息技术│ │  │北京当当科文电子商务  │
│有限公司（中国）  │◄─┤  │有限公司（中国）      │
└───────┬────────┘ │  └────────┬────────────┘
     99%│       1% │           │100%
┌───────▼────────┐ │  ┌────────▼────────────┐
│无锡当当网信息技术│ │  │无锡当当科文电子商务  │
│有限公司（中国）  │ │  │有限公司（中国）      │
└────────────────┘    └─────────────────────┘
```

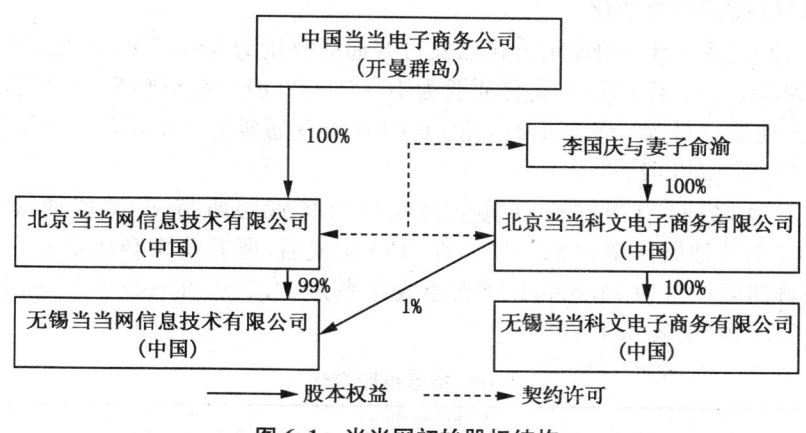

→ 股本权益   ┄→ 契约许可

图6.1 当当网初始股权结构

网信息技术有限公司在中国境内开展业务。1999年11月李国庆与俞渝共同创办当当网上书店，各自拥有北京当当科文电子商务有限公司50%的股权（见表6.3）。

表6.3　　　　　　　　　　当当网融资日程回顾

融资时间	融资轮数	融资规模	投资机构信息
2000年2月	第一轮	—	IDGVC、SBCVC、Luxembourg Cambridge Holding Group、Rakuten投资当当网，占59%股权
2004年2月	第二轮	750万美元	老虎基金
2006年7月	第三轮	2 700万美元	DCM、华登国际和Alto Global联合投资

2. 上市过程

2010年5月17日，当当网上市项目召开了第一次工作会议，上市承销商是瑞信和摩根斯丹利。2010年11月23日，当当网向美国证监会提交了红鲱鱼招股书，招股书当时的价格区间是11～13美元。2010年11月24日～2010年12月7日在美国、新加坡等地进行路演。2010年12月6日当当网向证监会提交文件，将价格调高到13～15美元（根据惯例，定价在价格带上浮20%是被允许的，以13美元为例，当当网可以定的最高价是15.6美元，在15美元，可以定的高限是18美元）。当当网在2010年12月8日晚间在纽约证券交易所（NYSE）上市，以24.5美元开盘，股票代码为DANG，发售数目为1 700万股，定价为每ADS16美元，上市首日市值约23.30亿美元，融资约2.72亿美元，主承销商为瑞士信贷、摩根斯丹利、Piper Jaffray。

3. IPO前后持股变化

在IPO之前,当当网设定公司已发行普通股总量为323 554 210股,其中B类普通股为313 494 210股,A类普通股为10 060 000股。在IPO完成之后,该公司已发行普通股总量为389 554 210股,其中B类普通股为297 870 870股,A类普通股为91 683 340股。

在IPO之前,当当网所有董事会成员及高管层所持A类普通股比率为61.1%,B类普通股比率为51.5%。在IPO完成后,所有董事会成员及高管层所持A类普通股比率为14.8%,B类普通股比率为54.2%,在有投票权股票中所持比率为53.0%(见表6.4)。

表6.4　　　　　　　　　　　　IPO前后持股变化

董事及管理层	本轮IPO前 A类普通股股数	占比	B类普通股股数	占比	将在IPO中出售部分 A类普通股股数	占比	本轮IPO后 A类普通股股数	占比	B类普通股股数	占比	IPO后投票权	备注
俞渝	3 135 840	11.20%	15 270 000	4.9%	—	—	3 135 840	3.30%	15 270 000	5.10%	5.10%	
李国庆	13 755 770	44.90%	118 876 660	37.90%	6 500 000	7.60%	7 255 770	14.20%	118 876 660	39.90%	39.00%	通过科文和科技&文化控股公司持有
卢蓉	*		27 371 400	8.70%					27 371 400	9.20%	8.90%	通过DCM控股持有
Hsien Tal	3 660 000	13.60%	—				3 660 000	3.90%				
姚丹赛	*	*	—				*	*				
姜胜青	*	*	—				*	*				
管理层合计	21 419 110	61.10%	161 518 060	51.50%	6 500 000	7.60%	14 919 110	14.80%	161 518 060	54.20%	53.00%	
主要股东												
科技&文化国际有限公司	—		97 000 000	30.90%					97 000 000	32.60%	31.70%	李国庆控股60%
科文控股有限公司	6 500 000	25.30%	21 876 660	7.00%	6 500 000	7.60%			21 876 660	7.30%	7.10%	李国庆控股
老虎全球私募基金	—		75 000 000	23.90%					75 000 000	25.20%	24.50%	
DCM	—		27 371 400	8.70%					27 371 400	9.20%	8.90%	卢蓉控股
美国IDG集团	—		21 428 570	8.70%					21 428 570	7.20%	7.00%	
LCHC(Asia)	12 500 000	48.70%	—		12 500 000	14.70%						
AGI-GTA			10 948 560	3.50%					10 948 560	3.70%	3.60%	
China Emerprise Intesetnets			14 285 710	4.60%					14 285 710	4.80%	4.70%	

二、结果分析

(一)股票价格分析

图6.2为从2010年12月8日开始当当网在美国资本市场上的股价变化情况,从中可以看出当当网上市后市场反映很好,上市首日股价涨86.94%,上市次日涨7.72%,2011年1月14日达到历史高点36.4元。但股价在之后发生了较大的波动,特别是2011年第二季度股价持续下跌。

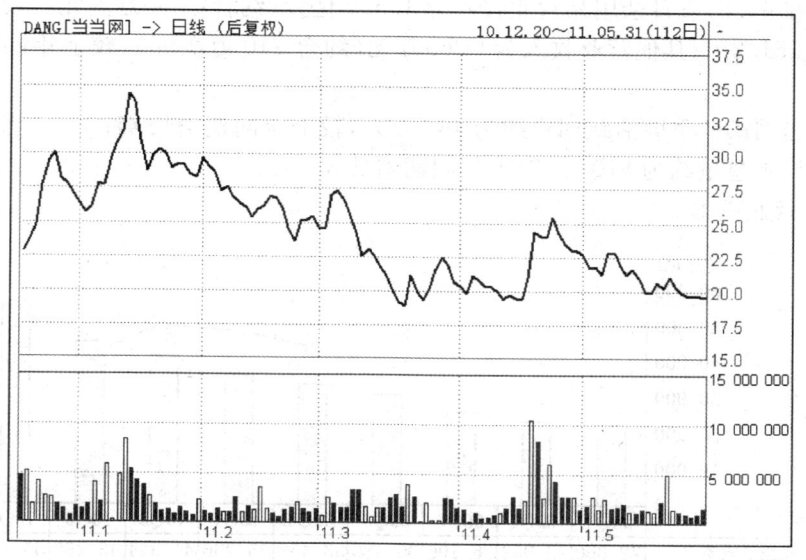

图 6.2 股价走势

(二) 财务绩效评价

1. 营业收入

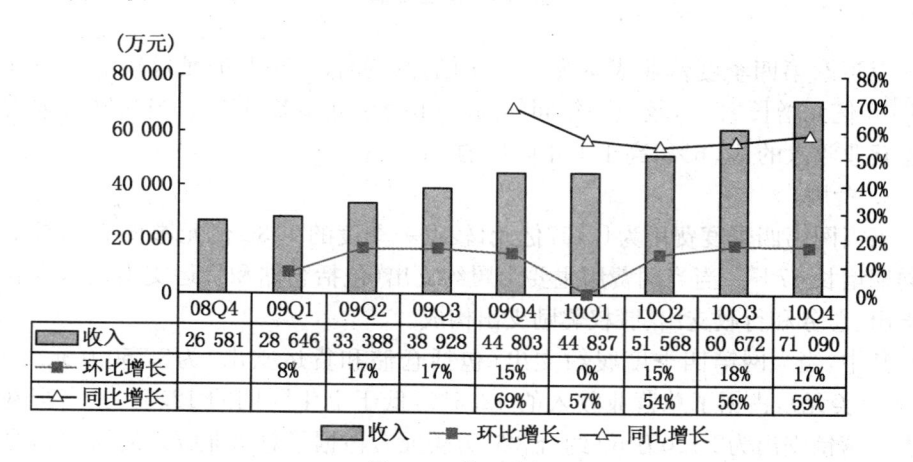

	08Q4	09Q1	09Q2	09Q3	09Q4	10Q1	10Q2	10Q3	10Q4
收入	26 581	28 646	33 388	38 928	44 803	44 837	51 568	60 672	71 090
环比增长		8%	17%	17%	15%	0%	15%	18%	17%
同比增长					69%	57%	54%	56%	59%

图 6.3 营业收入

当当网第四季度总净营业收入为 7.109 亿元(约合 1.077 亿美元),较上年同期 4.480 3 亿元上涨 58.7%,较上一季度的 6.067 2 亿元增长 17%。

当当网第四季度媒体产品营业收入为 5.414 亿元(约合 8 200 万美元),较上年同期上涨41.8%;日杂用品营业收入为1.559亿元(约合2 360万美元),较上年同期上涨151.2%;其他营业收入为1 360万元(约合210万美元),较上年同期增长220.9%。

当当网第四季度活跃用户约为440万人,较上年同期增长47.3%。当当网第四季度订单总量约为870万,较上年同期增长33.5%。

2. 营业成本

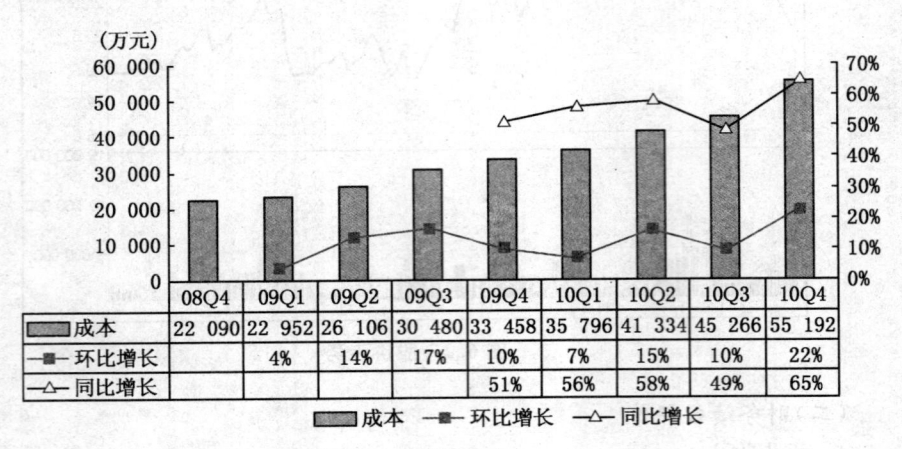

	08Q4	09Q1	09Q2	09Q3	09Q4	10Q1	10Q2	10Q3	10Q4
成本	22 090	22 952	26 106	30 480	33 458	35 796	41 334	45 266	55 192
环比增长		4%	14%	17%	10%	7%	15%	10%	22%
同比增长					51%	56%	58%	49%	65%

图6.4 营业成本

当当网第四季度营业成本为5.519亿元(约合8 360万美元),较上一季度的4.526 6亿元增长22%,较上一年同期的3.345 8亿元增长65%。当当网成本占据了总营业收入的77.6%,高于上年同期的74.7%。

3. 费用

当当网第四季度费用为1.457亿元,较上一季度的1.36亿元增长7%,较上一年同期增长57%。当当网费用主要由履约支出(包括仓储和货运支出)、技术和内容支出、总务和行政支出、股权奖励支出构成。

其中,当当网第四季度履约支出(包括仓储和货运支出)为8 750万元(约合1 330万美元),占据了总营业收入的12.3%,低于上年同期的12.9%。当当网第四季度营销支出为2 120万元(约合320万美元),占据了总营业收入的3.0%,高于上年同期的2.5%。

当当网第四季度技术和内容支出为2 050万元(约合310万美元),占据了总营业收入的2.9%,高于上年同期的2.7%。当当网第四季度总务和行政支出为2 130万元(约合320万美元),占据了总营业收入的3.0%,高于上年同期的2.6%。当当网第四季度股权奖励支出为260万元(约合40万美元),较上年同期

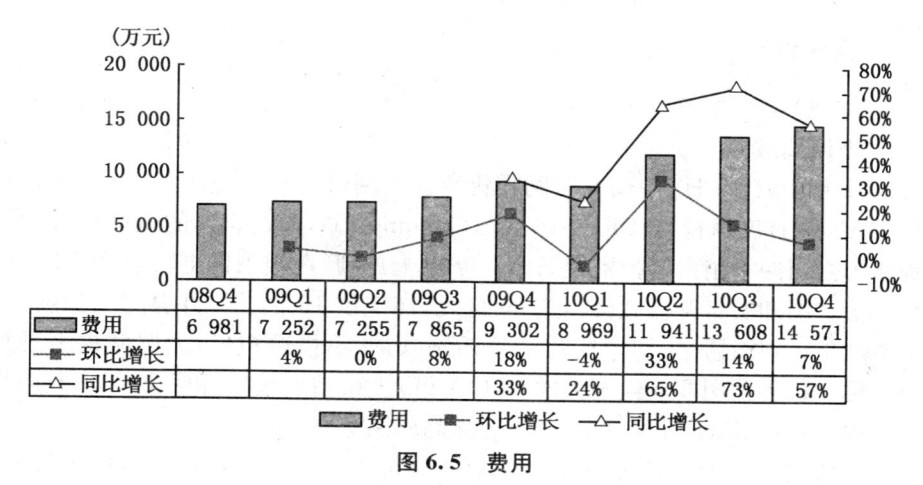

(万元)	08Q4	09Q1	09Q2	09Q3	09Q4	10Q1	10Q2	10Q3	10Q4
费用	6 981	7 252	7 255	7 865	9 302	8 969	11 941	13 608	14 571
环比增长		4%	0%	8%	18%	-4%	33%	14%	7%
同比增长					33%	24%	65%	73%	57%

图 6.5 费用

的 120 万元增长 124.6%。

4. 净利润

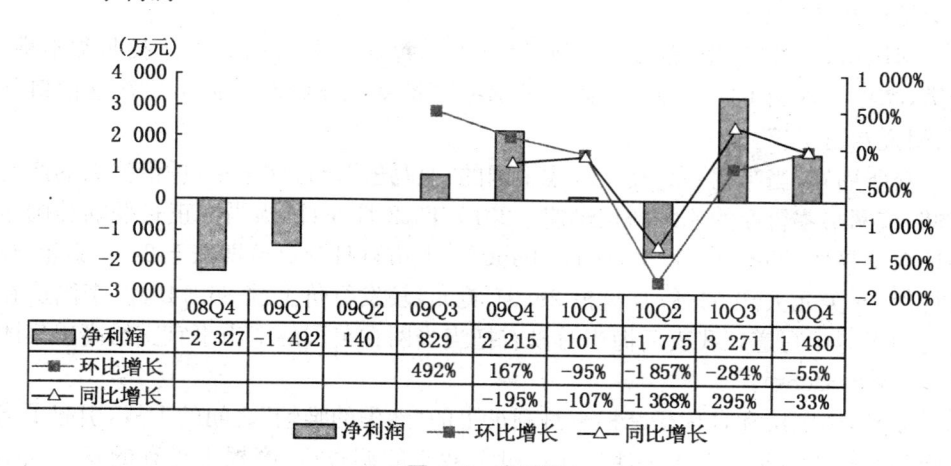

(万元)	08Q4	09Q1	09Q2	09Q3	09Q4	10Q1	10Q2	10Q3	10Q4
净利润	-2 327	-1 492	140	829	2 215	101	-1 775	3 271	1 480
环比增长				492%	167%	-95%	-1 857%	-284%	-55%
同比增长					-195%	-107%	-1 368%	295%	-33%

图 6.6 净利润

当当网第四季度净利润为 1 480 万元（约合 220 万美元），较上年同期下滑 33.2%。当当网第四季度每股美国存托凭证基本和摊薄收益为人民币 0.11 元和人民币 0.10 元。

排除股权奖励支出（不按照美国通用会计准则），当当网第四季度净利润为 1 740 万元（约合 260 万美元），较上年同期下滑 25.2%。

三、问题讨论

（一）IPO 定价是否过低

1. 微博骂战

2011年1月15日，中国互联网零售商当当网（E-Commerce China Dangdang Inc.，DANG）首席执行官（CEO）李国庆（Guoqing Li），通过自己的微博正式发飙，指责作为当当网承销商的投资银行——摩根士丹利，在当当网上市过程中故意压低发行价，"明知次日开盘就会达到20亿元，却定价16亿元"，并自曝当当网曾备受资本欺负。在微博中，李国庆写了首摇滚歌词，不惜爆粗口，大骂摩根士丹利。李国庆称："很多公司职业经理人的CEO、CFO上市前后被投行算计，但不敢声张，一来怕股东骂，二来不得罪投行，今后另谋高就路宽些。"

李国庆对摩根士丹利的"炮轰"，引起了微博上一个资料显示为摩根士丹利员工的女网友的极度不满，该女网名为"迷失的唯怡"。随后，两人开始对骂。"迷失的唯怡"声称，投资银行并没有做出任何不当的事情，并含沙射影地指出"小心做假账会被整到四肢不全"。

李国庆说："在这里，我公开批评投资银行，摩根士丹利的做法让我非常不满。难道，摩根士丹利不应该为自己做出的那些事情受到批评吗？你不要在这信口开河、胡说八道了！"。

众所周知，当当网一直被比喻成中国的"亚马逊"。近些年来，凭借强大的产品范畴，该网络零售商的业绩增长迅速。2010年12月8日，当当网正式登陆美国纽约证券交易所（New York Stock Exchange），上市首日开盘价即涨至24.5美元，较发行价16美元大涨53%，收盘报29.91美元，较发行价上涨86.94%。李国庆在自己的微博中写道："我真后悔当时没有把当当网在美国的上市事宜交给高盛集团（Goldman Sachs）！"

显然，李国庆和自称是摩根士丹利员工的"迷失的唯怡"之间的舌战，引起了当当网和摩根士丹利的极大关注。在经过了初步的调查后，摩根士丹利的发言人指出，该投行不相信会有这样的女员工。当当网则表示，李国庆创作摇滚歌词为个人文学爱好，与公司行为无关，而他在微博上的激烈言辞只代表了他个人的观点而已。

2. 企业利益与投资银行利益矛盾

按理，投资银行为了承销费用最大化，应该尽量提高发行价以扩大融资额，但事实却并非如此。一般情况下，投行会按照"公平市场价"（Fair Market Value）来定。然而，投资银行也有自己的考虑。在定价过程中，除了正常的估值计算，同时也要考虑到风险因素与其他外在因素，如申报投资人的回报问题。投行为了吸引投资人的申购,会把新公司的 PE 在行业同类公司 PE 的基础上打折扣。试想,如果发行的股票没人买,开始跌破发行价,那么这家投行的名声恐怕也被毁了。而对于希望募集资金越多越好的发行人来说,自然是不愿意的。

实际上,在国外,投行并非仅是赚取承销费用。共同投资条款(买入 IPO 股票参与后市)、股票交易费以及二级市场的股票升值都是利润来源。正如李国庆所指责的"投行是什么玩意儿呢?他们从要上市的公司获得手续费;可他们公司还有其他部门管理基金,获得理财收益;所以他们其实和基金利益是情人,和要上市的公司是一夜无情。总想压低发行价"。

(二)美国市场为什么能够吸引和吸纳中国的"蓝海企业"

第一,美国市场对"蓝海企业"风险的理解能力强。美国经济社会已经具备显著的"后工业化社会"特点,各种层面的创新已经成为企业生存与发展的常态,美国市场对于生长于中国的"蓝海企业"理解得反而会更全面、更深入。在早期,包括三大门户网站在内的中国"网络公司",其商业模式最早是由美国的风险投资和证券市场认同的。近期,可以归入"专业服务"领域的,从事钻石网上直销业务的一家美国公司"Bluenile"(蓝色尼罗河),成立不到一年就被 NASDAQ 接纳,并成为过去三年 NASDAQ 成长最快的上市公司之一(2007 年底市值已超过 10 亿美元);反观国内,几乎是同时成立、商业模式完全相同的"九钻"离国内上市门槛还很远,国内的风险投资也不关注,反倒是美国的风险投资开始扶持它。

第二,美国市场对"蓝海企业"的风险定价能力强。蓝海企业商业模式千差万别,大多数情况下企业估值没有成熟的参照系可用。面对蓝海企业,证券市场的风险定价能力会遇到挑战,市场成熟发达如美国一样。2000 年前后,在网络股风起云涌时,NASDAQ 就遇到过这样的问题,这个时期开发出来的一些网络股定价模型差异很大:有的应用效果较好,有的不理想,有的事后看完全是一个笑话。尽管美国市场对蓝海企业的风险定价能力也有缺陷,但在全球范围内仍然是水平最高的。例如,57 家赴美上市企业 IPO 市盈率,高者超过 600 倍,低者不足 10 倍,如此大的差异从一个侧面反映出美国市场的风险定价能力。作为一个成熟市场,美国证券市场更深入、全面地实践了一个可以由价格机制理论推导出来的命题:市场中没有卖不出去的股票,关键是价格;市场中也没有承担不了的风险,关键是与之匹配的预期收益。

第三,美国市场对"蓝海企业"的风险承受能力强。作为激进的创新实践者,"蓝海企业"的成长与各种风险形影不离,经营大起大落、经营失败导致退市并非罕事,二级市场的股价巨幅波动也会考验投资者风险承受能力的极限。在美国上市的这 57 家企业,有些在二级市场上高奏凯歌,股价一路走高,已经成为"10 倍牛股";有些在上市后的两年里演绎"慢熊"行情,股价跌幅已经比上市时最高点跌去了80%多；有些则跌宕起伏，下跌时股价跌幅超过90%，上涨时股价涨幅超过30倍。NASDAQ如走马灯式的上市公司退市，或股价的巨幅波动发生在国内市场，国内投资者能否以"平常心"看待？

第四，美国市场的风险管理能力强。经过上百年的发展，美国证券市场从监管者到市场中介机构、投资者都积累了丰富的风险管理经验。基于风险管理能力，美国证券市场敢于去，甚至热衷于去挑战"蓝海企业"，并能够以积极的风险管理去防范风险。

四、相关知识点回顾

(一)境外上市

境外上市是指国内股份有限公司向境外投资者发行股票，并在境外证券交易所公开上市。我国企业境外上市主要有直接上市与间接上市两种模式。

1. 境外直接上市

境外直接上市即直接以国内公司的名义向国外证券主管部门申请发行的登记注册，并发行股票(或其他衍生金融工具)，向当地证券交易所申请挂牌上市交易。即我们通常说的H股、N股、S股等。H股，是指中国企业在香港联合交易所发行股票并上市，取Hong Kong第一个字母"H"为名；N股，是指中国企业在纽约交易所发行股票并上市，取New York第一个字母"N"为名；S股，是指中国企业在新加坡交易所发行股票并上市，取Singapore第一个字母"S"为名。

通常，境外直接上市都是采取IPO(首次公开募集)方式进行。境外直接上市的主要困难是：国内法律与境外法律不同，对公司的管理、股票发行和交易的要求也不同。进行境外直接上市的公司需通过与中介机构密切配合，探讨出能符合境内、外法规及交易所要求的上市方案。

境外直接上市的工作主要包括两大部分：国内重组、审批(目前，证监会已不再出具境外上市"无异议函"，即取消对涉及境内权益的境外公司在境外发行股票和上市的法律意见书的审阅)和境外申请上市。

2. 境外间接上市

由于直接上市程序繁复、成本高、时间长，所以许多企业，尤其是民营企业为了避开国内复杂的审批程序，以间接方式在海外上市。即国内企业境外注册公司，境外公司以收购、股权置换等方式取得国内资产的控制权，然后将境外公司拿到境外交易所上市。

间接上市主要有两种形式：买壳上市和造壳上市。其本质都是通过将国内资产注入壳公司的方式，达到拿国内资产上市的目的，壳公司可以是上市公司，也可以是拟上市公司。如中信泰富在香港买壳上市、浙江金义在新加坡买壳上市。北美特别是加拿大市场一般采用反向收购(RTO)的方式实现挂牌上市。

间接上市的好处是成本较低,花费的时间较短,可以避开国内复杂的审批程序。但有三大问题要妥善处理:向中国证监会报材料备案,壳公司对国内资产的控股比例问题和上市时机的选择。

3. 其他境外上市方式

中国企业在海外上市通常较多采用直接上市与间接上市两大类,但也有少数公司采用存托凭证和可转换债券上市。如青岛啤酒、上海石化、仪征化纤等八家,它们挂牌在香港,同时通过全球存股证方式(GDR)和美国存股证方式(ADR)分别在全球各地和美国纽约证券交易所上市。

(二)中国公司海外上市条件

我国企业赴境外直接上市,除了要满足上市地法律法规的要求和有关交易所对企业发行上市的具体规定之外,还要满足我国证监会的以下规定:

(1)符合我国有关海外上市的法律、法规和规则;

(2)筹资用途符合国家产业政策、利用外资政策及国家有关固定资产投资立项的规定;

(3)净资产不少于4亿元人民币,过去一年税后利润不少于6 000万元,并有增长潜力,按合理预期市盈率计算,筹资额不少于5 000万美元,俗称"456"要求;

(4)具有规范的法人治理结构及较完善的内部管理制度,有较稳定的高级管理层及较高的管理水平;

(5)上市后分红派息有可靠的外汇来源,符合国家外汇管理的有关规定;

(6)证监会规定的其他条件。

参考文献

[1]朱伟一. 当当网上市定价的启示[J]. 新民周刊,2011—02—16.
[2]i美股投资研报——当当网(2010年12月IPO版). http://www.imeigu.com.
[3]当当网登陆纽交所. http://tech.163.com/special/dangipo/#rongzi.
[4]俞渝. 当当上市敏感和计较得不够[J]. 中国经营报,2011—01—19.

案例7 华菱管线可转债风波

一、案例概述

(一)企业背景

华菱管线(000932)于1999年7月29日在深圳交易所上市,是国内最大的无缝钢管、金属制品原料及铜盘管专业化生产基地之一。与大多国有大型企业上市历程相同,大股东华菱钢铁集团剥离其部分优良资产,组建华菱管线,以满足上市要求。因此,矿石烧结、焦炼、炼铁及日常生产经营所需的水、电、气、运等重要的辅助生产服务并没有进入上市公司,导致生产过程被人为分割,公司关联交易金额较多且成本高昂。为减少关联交易、实现主业资产一体化运作,公司积极收购母公司资产,以实现整体上市的目标,并于2004年发行20亿元可转债为其整体上市融资。

在华菱管线可转债这一案例中,涉及的最重要的概念就是回售条款,即通常发行人承诺在正股股价持续若干天低于转股价格或非上市公司股票未能在规定期限内发行上市,发行人以一定的溢价(高于面值)收回持有人持有的转债。然而,由于回售条款的触发比例通常较转股价格修正条款的触发比例低,如果发行人不希望回售出现,可以在标的股价下跌至满足条件回售的规定前,向下修正转股价格以避免回售。

(二)可转债纠纷

华菱管线的可转债纠纷,实质上是发行人与机构投资者通过回售条款和转股价格修正条款的矛盾进行的利益争夺战。在这场激烈的战争中,有四个关键的时间点概括了整个事件的发展进程。2004年8月3日,华菱管线发行可转债;2005

年4月21日,华菱管线收盘价跌破回售条款触发价;2005年5月18日,华菱管线紧急下调转股价;2005年6月6日,华菱管线收盘价终于突破修改后的回售条款触发价,渡过难关。

1. 2004年8月3日,发行可转债

先看第一个时间点。2004年8月3日,为公司整体上市融资考虑,华菱管线发行了总额为200 000万元的可转债,起止日期为2004年8月3日～2009年7月16日。根据初始转股价格＝公布募集说明书之日前30个交易日本公司A股股票的平均收盘价格×(1+0.1%)的公式和当前股价,决定了初始转股价格为5.01元。

这时候的发行条款,决定了回售条款和转股价格修正条款的矛盾,从而成为日后纠纷的起始条件。回售条款规定在公司可转债转股期内,如果公司A股股票收盘价连续15个交易日低于当期转股价格的85%时,可转债持有人有权将持有的全部或部分可转债以面值107%(含当期利息)的价格回售予公司。而转股价格修正条款规定,当公司A股股票在可转债转股期内连续5个交易日收盘价的算术平均值低于当期转股价格的95%时,公司董事会有权向下修正转股价格。明显可以看出,回售条款的触发比例低于转股价格修正条款的触发比例。回售条款触发价为5.01元×85%＝4.258 5(元)。

2. 2005年4月21日,收盘价跌破回售条款触发价

再看第二个时间点。2005年4月21日,华菱管线收盘价为4.13元,跌破回售条款触发价4.258 5。如图7.1所示,从这一天起,股价持续下跌,至2005年5月17日,收盘价为3.97元,已连续14天低于转股价格,只要5月18日这一天再低于4.258 5元,则回售条款触发,发行人以面值107%(含当期利息)的价格收回持有人持有的转债。

3. 2005年5月18日,紧急下调转股价

接着看第三个时间点。2005年5月18日,在15天的最后一天,华菱管线发布公告,紧急下调转股价。如图7.2所示,这一天的收盘价为3.94元,低于原先回售价格4.258 5元,已符合回售触发条件。但公司却在2005年5月18日停止公司可转债转股一天,5月19日开始恢复转股并执行修正后的转股价进行转股,从而中断了连续14天的股价低于回售触发价。

华菱管线董事会2005年第一次临时会议决议公告宣称:我公司股票连续5个交易日收盘价低于当期转股价格的95%,已符合公司在《可转债募集说明书》发行条款中的有关"转股价格修正条款"的条件,公司董事会决定,将公司转股价格从5.01元修正为4.50元,调整幅度为10.18%。

对于这一决议公告,继股票为何持续下跌后,我们可以提出第一个疑问,那就是华菱管线迟迟才公告降低转股价的内因何在?

图7.1 华菱管线股价

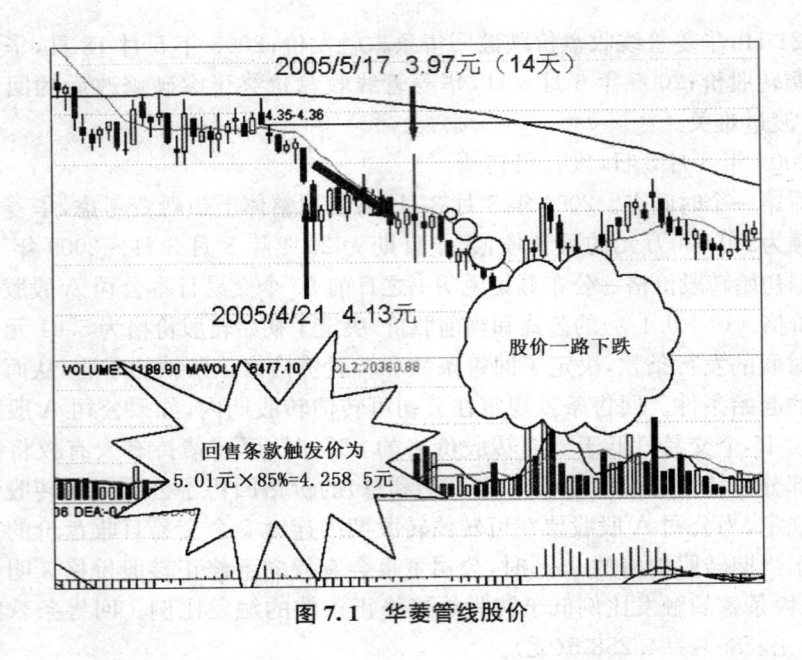

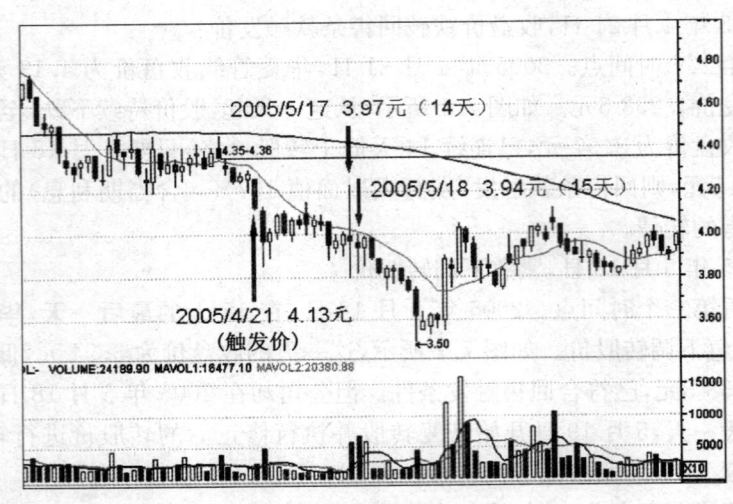

图7.2 华菱管线股价

4. 2005年6月6日,收盘价突破回售条款触发价

最后是第四个时间点。2005年6月6日,华菱管线收盘价终于突破修改后的回售条款触发价,渡过回售危机。转股价格修正后,回售条款触发价为4.5元×85%=3.825元。如图7.3所示,即使修正了华菱管线转股价格,华菱管线的股价

仍在持续走低,很快便低于 3.825 元,华菱管线的危机仍未解除,警报持续拉响。一直到第 12 天,即 6 月 6 日这一天,股价大幅上涨到 3.88 元,从此摆脱了回售困境危机。分析背后的原因,我们可以提出第二个疑问,是什么支撑了股价一跃而上,化险为夷?

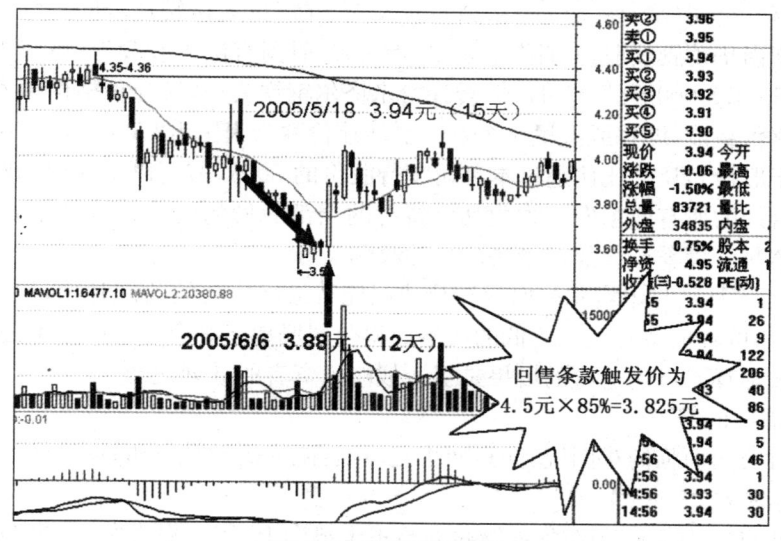

图 7.3 华菱管线股价

二、问题讨论

回顾时间的发展,我们总结出了四大关键时间点,自第一个时间点可转债发行以来,针对这三个时间点,我们产生了两个疑问。分析这两大疑问并进行思考,就是分析了这场可转债风波的全过程,从而得出对我国可转债市场的一些启示。

(一)第一个疑问:为何迟迟公告降低转股价

1. 回售成立

如果回售成立,公司将要支付大量的现金,华菱管线能承担得起吗?分析华菱管线的资金状况,公司的货币资金是 30.086 5 亿元。流动比率=流动资产/流动负债=76.645/87.968=0.87,而速动比率=$\frac{流动资产-存货}{流动负债}=\frac{76.645-22.286}{87.968}=$ 0.61,已经远低于正常的流动比率和速动比率。而公司发行的可转债是 2 000 万张×面值 100 元=20 亿元,一旦回售,按照条款规定,需支付 2 000 万张×107 元= 21.4 亿元,由此可见,华菱管线的短期偿债能力远不足于应对 21.4 亿元的巨大现金流。

2. 回售不成立，公司下调转股价

调整转股价，则股东利益会受到损害。雪上加霜的是，此时，华菱管线正处于一个关键性的时刻，公司正在试图引入米塔尔钢铁公司为战略投资者。

2005年1月14日，华菱管线提示性公告：湖南华菱钢铁集团有限责任公司与米塔尔钢铁公司(Mittal Steel Company N. V.)签订《股份转让合同》，华菱集团将持有的湖南华菱管线股份有限公司656 250 000股国有法人股股份(占华菱管线总股本1 765 375 000股的37.17%)转让给米塔尔钢铁公司，转让价格由基本价加净资产调整价组成，即每股人民币3.96元，转让价款为人民币2 598 750 000元。

由于股份转让的比例超过本公司发行股份的30%，需要以全面要约收购方式向华菱管线的所有股东发出收购其所持有的全部股份的要约。最终完成交易：中国证券监督管理委员会豁免米塔尔要约收购义务。

因此，5月是与米塔尔的股权转让协议能否最终成功的关键时刻，如果此时调低转股价，可转债持有人以更低的成本获得公司股票势必会对米塔尔不公，同时使其股权被稀释。可能造成的后果是引入战略投资者的计划流产。

3. 最后的努力

此时公司面临两难困境：同意回售，公司将陷入流动性危机；调整转股价，则会损害股东利益。

2005年5月17日，在华菱管线的历史走势图上，用一根大"十字星"永远记载着这次激烈空前的战役。

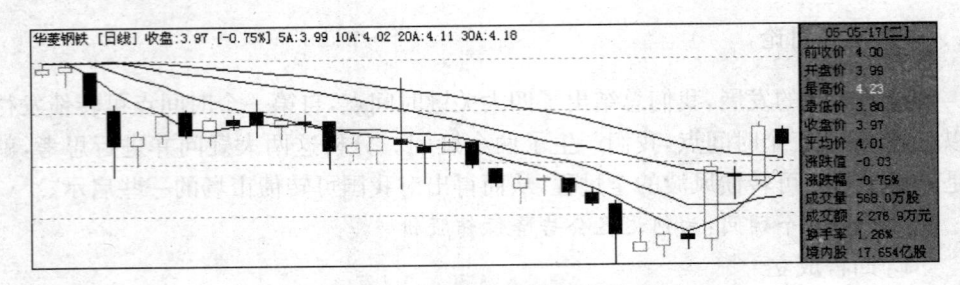

图7.4 华菱管线股价走势

收盘前1分钟(14:59)，"战争"打响：多方迅速吃下上方积压的卖单，股价上冲到当天的最高价4.23元。眼看股价即将上摸到临界价格4.26元，埋伏已久的空方顷刻间发力，以迅雷不及掩耳之势，阻击多方上攻去路。500万股左右的封单压在盘面上，价格是在4.00元左右。最终，500万股封单成交了400万股左右，此时多方后备资金明显不足，股价逐渐回落。前后只有1分钟的激烈战斗，在15:00戛然而止。股价收在3.97元，如图7.5所示，盘面依然可以看到卖单上4.00元的

卖五	4.10	119
卖四	4.07	545
卖三	4.06	29
卖二	4.01	10
卖一	4.00	12680
买一	3.95	20
买二	3.93	1932
买三	3.92	7548
买四	3.91	1550
买五	3.90	13

图7.5 华菱管线买卖盘

100多万股,显示着这场战争的激烈。战斗失利,多方输掉一城。

4. 下调转股价——无奈之举

最后的努力失败,无奈之下华菱管线不得不选择调低转股价格,因此一直到5月18日回售触发日期最后期限才发出公告:股票连续5个交易日收盘价低于当期转股价格的95%,已符合公司在《可转债募集说明书》发行条款中的有关"转股价格修正条款"的条件。

华菱管线声称因当日的转股价调整,应重新计算股价低于约定比例的时间。而在华菱可转债的募集说明书中并没有写明公司股价低于转股价时,如何计算起讫时点,以及转股价变更日是应继续计算还是重新计算。华菱管线成功地利用了募集说明书的漏洞化险为夷。

当然,虽然暂时渡过危机,这一行为却并不稳妥,引发了争议,被机构投资者认为是耍赖行为。2005年5月30日,持有华菱转债的六家机构投资者[包括兴业基金管理有限公司、海富通基金管理有限公司、大成基金管理有限公司、长江证券有限责任公司、北京国际信托投资有限公司和中国平安保险(集团)股份有限公司]联合发布关于要求华菱管线履行可转债回售义务的声明,要求华菱管线回售可转债。

声明指出,鉴于《募集说明书》规定的转股期为2005年1月16日至2009年7月16日,且华菱管线发布的2005年第一次临时董事会决议公告,将公司转股价格从5.01元修正为4.50元,并从5月19日开始执行修正后的转股价进行转股。故截至2005年5月18日,华菱管线A股股票收盘价已连续15个交易日低于当期转股价格的85%(即5.01元×85%=4.2585元),满足回售条件。《募集说明书》规定,在回售条件满足后的5个交易日内,公司将在中国证监会指定报刊和互联网网站连续发布回售公告至少3次。然而,截至2005年5月25日(回售条件满足后的第5个交易日),华菱管线并未发布回售公告。

这六家机构在声明中称,作为华菱转债的持有人,要求湖南华菱管线尽快启动可转债回售程序,履行回售义务,保护转债持有人的合法权益,维护市场秩序。若湖南华菱管线股份有限公司不依据《募集说明书》的约定履行上述义务,他们将保留通过法律途径要求其履行约定义务,并承担相应的法律责任。

(二)第二个疑问:为何股价一跃而上,化险为夷

调整转股价格后,一方面是最后一天调低转股价的后患未解决,机构投资者联合发起声明要求回售。如表7.1所示,2005年社会公众股增加很少,说明进行债转股的人很少,可转债仍在机构投资者手上大量持有。另一方面,股价毫无起色,一路下探至最低的3.50元,跌破每股净资产3.78元和与战略投资者签订的法人股转让价为3.96元,出现流通股和非流通股比价严重倒挂现象,华菱管线回售压力依旧巨大。

表 7.1　　　　　　　华菱管线流通股与非流通股对比

项目		国有法人股	社会公众股	合计
2004 年度末		1 315 375 000	450 000 000	1 765 375 000
2005 年	一季度增加	0	9 978	9 978
2005 年	二季度增加	0	199	199
2005 年	三季度增加	0	0	0
2005 年	三季度末	1 315 375 000	450 010 177	1 765 385 177
占股本比例(%)		74.51	25.49	100

与此同时,股价即将连续15天低于回售价格,回售危机再次临近。由于不能再调低转股价格,华菱管线不得不采取新的对策,一直到第12天,即6月6日这一天,股价大幅上涨到3.88元,才摆脱了回售困境。

1. 回购条款

《湖南华菱管线股份有限公司关于回购社会公众股的预案》声称,目前公司股价已被市场低估,股价被低估的原因主要是信息不对称造成的。因此,公司董事会希望通过回购部分社会公众股,向市场传递反映公司真实投资价值的信息。公司董事会相信,如果股份回购能使公司股价水平与公司的真实投资价值趋于一致,将有利于保护公司股东特别是流通股股东的利益,保护可转债持有人的利益,并保持公司在资本市场中的良好形象。

回购价格:不超过每股4.50元,在2005年第一季度每股净资产值基础上溢价13.64%。

回购比例:不超过10 000万股。在不考虑可转债摊薄效应的情况下,回购比例为目前总股本的5.67%,流通股本的22.22%;如果考虑公司目前可转换债券全部转股的摊薄效应,则回购比例为总股本的4.74%,流通股本的12.59%。

回购资金:不超过 4.50 亿元的自有资金。

回购期限:回购报告书公告之日起 12 个月内。

2. 回购效应

很显然,这次股票回购取得了显著的回购效应。

财务指标:公司每股收益从 0.57 元上涨至 0.6 元,净资产收益率从 15.06% 上涨至 16.15%,市盈率提高 5%。

资金压力:本次回购资金不超过 4.5 亿元,占货币资金的 14.96%。回购后,流动比率=0.82,速动比率=0.56,仅下降约 0.05,资产负债率仅上升 1.13%。比起回售的 21.4 亿元,资金压力大大减轻。

转股规模:2005 年第三季度,有 51 000 元转成公司股票。截至 2005 年 12 月 31 日,已有 1 294 907 700 元转换成公司股票,股份增加 294 295 599 股,转股规模扩大。

股价走势:最直观、最直接的效应就是股价的止跌反升。从图 7.6 的股价走势图上可以看到,这一天,股价上涨至 3.88 元,摆脱了回售危机,并从此一路呈走高趋势。

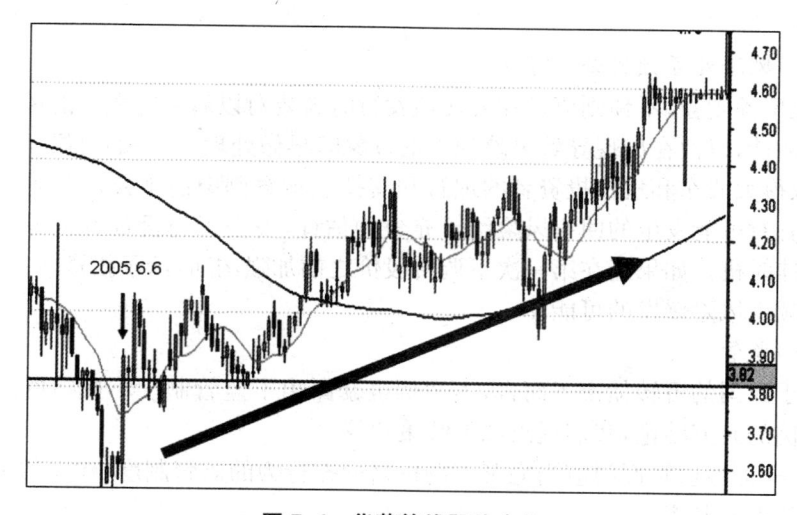

图 7.6 华菱管线股价走势

三、结论

回顾整个案例的分析,总结这场可转债纠纷发生的源头,可以得出:这场危机完全是华菱管线在融资中未能全盘考虑、导致事后发生重大财务风险。

(一)转债条款的设计要科学合理

合理的转债条款是保护股东权益、降低企业融资风险的重要保证。在华菱管线的条款设计上,回售价格定得过高,回售条款设计难度偏小,在股价发生下跌的情况下,债权人无论回售可转债还是调低转股价,他们都有利可图。

如果是回售,由于约定回售价格是107元,而华菱管线可转债的现有市价一直在101元左右浮动,由此能获得约5%~6%的收益。如果下调转股价,则可转债的市价将大幅提高,一样可以获利。这样的条款客观上导致了可转债持有人利用打压股价来实现其投机获利的目的。

为了避免投机给企业带来不必要的风险,企业在发行可转债时一定要慎重研究可转债的回售条款。回售条款是给予转债投资者的看跌期权(put option),其本身是有价值的,等于是上市公司给予转债投资人的价值。不能为了单纯谋求发行成功而过高地设置约定回售价格,也不能将初始回售的价格比例(股票收盘价和当期转股价格的比例)设置过高,本案例中为85%,设置如此高的比例极易导致投机者打压股价来达到回售的目的,导致公司承担回售风险。从同期发行的其他可转债条款来看,这个比例设置在70%~80%是合适的,发行可转债的企业应慎重选择。

(二)风险处置预案必不可少

"凡事预则立,不预则废。"在可转债发行时就要对以后可能面临的风险因素作出充分估计,以便在出现导致风险加大的迹象时早做处理,必要的时候需进行危机攻关,取得大股东和机构投资者的理解和支持。本案例中由于公司在股价持续下跌时没有对可能发生的回售风险给予充分的估计,失去了与投资者进行沟通和对话的最佳时机。如果能在第一次下调转股价之前加强沟通,给予投资者以信心,将会大大减少风险爆发的可能性。

(三)监管

对于我国的可转债市场而言,本案例也暴露出了监管制度不成熟的问题。根据本案例的研究结论,我们提出如下政策建议。

第一,证券监管部门应当完善市场价格操控行为的监管制度,建立相关法规体系和信息披露制度。

第二,应当完善融资筹划的制定体系,加强对证券条款合理性的科学评估,以维护股东合法权益和上市公司可持续发展。

四、启示

(一)可转债回售条款与转股价格修正条款的矛盾的解决

1. 转股价格

转股价格是指可转换公司债券转换为公司每股股份所支付的价格,当未来一定时间内股价高于转换价格时,可转债的持有人将可转债转换成股票才有利可图,可转债的期权价值才能真正得以体现。

我国当前要求转股价格的确定是以公布募集说明书前三十个交易日公司股票的平均收盘价为基础,并上浮一定幅度,形成初始转股溢价率,这个溢价水平的高低取决于公司未来增长的预期以及过去的经营业绩,经营业绩好的公司其转股价格的溢价水平可能会高些,效益较差的公司溢价水平会低点。

2. 转股价格修正

转换价格的修正条款包括自动修正条款和有条件修正条款。自动修正条款是必然的,在本案例中则是有条件修正条款,即当股票价格连续数日低于转股价时,发行人以一定的比例修正转股价格。

转股价向下修正条款是发行人拥有的一项权利,其主要目的是保障投资人在持有期内,由于标的股票价格持续走低而无法行使转换权利时,仍能在约定的时点进行转股价格的重新设定,促使调整后的转股价接近于当时的股票价格,鼓励转债投资人选择转股来获利。

如果条款设计中的转股价格修正条件容易达到,那么转股价的向下修正就会刺激转债的转股,对于转债的投资者来说,找准时机将转债转换成股票后抛售赚取差额无疑是一个利好机会。

对于转债的发行公司来说,容易达到转股价格向下修正条件也就意味着转债转换成股票的可能性大大增加,发行转债最终转股或许是所有转债发行公司的真实愿望。因此,如果在投资者的判断中,转股修正条件容易达到,势必激发起投资者认购该转债的欲望。

但另一方面,转股价格一调再调,大量的转股必定带来公司股本的扩大和流通股的稀释,与可转换债券投资者相比,现有流通股股东价值受到了损失,得到更加不公平的对待。

转股价向下修正会稀释公司的原有股权,从而一定程度上摊薄了公司利润。此外,转股价向下修正在催促投资人转股的同时也起到了下拉股价的作用,这会使附有可转换债券的 A 股股价上涨困难。同时,公司股价长期低迷,最终也会影响转债投资者的信心。

3. 回售条款

回售条款是相对赎回条款而设置的赋予投资者的一项特权,当公司标的股票价格持续低于转股价格的一定幅度时,投资者可以按事前约定的价格将可转债回售给公司,从而避免遭受更大的损失。回售保护期是回售条款的重要变量,回售保护期平均为 1～3 年,最高为 4～5 年。可见,相对于赎回保护,回售保护明显增强。

回售条款为投资人提供了一项安全保障,当股价过低、转股可能性极为渺茫时,投资人可以将手中的转债按约定的价格卖给发行人;它在一定程度上保护了投资人的利益,是投资人向发行公司转移风险的一种方式。

4. 对转股价向下修正与回售的辩证分析

转股价向下修正与回售都是为了保障在公司股票持续低迷的情况下投资者的利益的条款。而由于回售条款的触发比例通常较转股价格修正条款的触发比例低,如果发行人不希望回售出现,可以在标的股价下跌至满足条件回售的规定前,向下修正转股价格以避免回售。因此,选择用哪种方式取决于发行人。

结合中国可转债市场的状况来看,在没有回售压力的条件下,发行人不会主动向下调整转股价格。只有当发行人面临回售压力时,才会修正转股价,使转债的价值超过回售价格,从而诱使投资人放弃回售权。本案例中,华菱管线就没有选择用现金去回购转债,而是采用转股价格大幅向下修正。通常回售会给公司带来资金压力,而转股价向下修正会使公司原有股东的权益稀释效应变大,并使公司股价受到拖累,投资者信心进一步受到抑制。

如何辩证地看待转股价向下修正与回售之间的关系呢?在公司股价持续下跌的情况下,可转债的发行公司应该在考虑风险与收益的基础上,权衡转股价向下修正与回售之间的利弊,从而做出最优选择。

对可转债的发行公司来说,转股价向下修正必然会导致融资成本的增加,如果公司接受回售的成本小于转股价向下修正所增加的成本,回售也许是一种最好的解决办法。因为通过回售,既可以避免转股价向下修正所导致的可转债发行人融资成本的过度增加,也可以减少可转债持有人的损失。但当公司财务负担不起一次性回售所需资金或者公司接受回售的成本大于转股价向下修正所增加的成本时,就会采用转股价向下修正。

(二) 回售价格触发比例应如何设置

除了华菱管线外,其他各上市公司转债在股票市场处于熊市时也都遇到了同样的问题。以雅戈尔转债的发行为例,雅戈尔在发行可转债时,修改了此前设定的一些条款以吸引投资者,特别是其在回售条款中规定,将回售门槛由公司股票收盘价连续15个交易日低于转股价格的70%增至85%,回售价格由此前面值的102%增至107%,由此在修订完转债条款后,其可转债顺利得以发行。

然而虽说勉强发行了可转债,但进入转股期后市场的持续低迷又使得它面临了"回售"的尴尬。雅戈尔转债自2003年10月8日进入转股期,其公司股价始终在回售门槛8.05元左右徘徊。为了避免实施回售条款,公司2004年3月2日公布了10股转增7股派5元的大比例送转方案,由此公司股价在利好的预期之下走上了漫漫的上涨路途。而雅戈尔转债也就此脱离了险境。

再比如,山鹰转债也在2004年7月26日和2005年1月6日曾经两次向下修正转股价来摆脱回售命运,等等。

然而,如果设置过低,则很难吸引到投资者,达不到融资的目的。经过几年的摸索,我国可转债市场已日趋规范,回售门槛基本都设置在70%~80%之间,以75%最多,回售价格在103%~105%之间。

因此,回售价格触发比例应综合考虑到吸引投资者达到融资目的和回售风险易触发的两方面因素,根据公司的实际情况进行设置。如果公司股价有上升预期,则可以考虑设置得高一些。除此之外,可转债发行的时期也很重要,如果预计之后大盘走势低迷,则要设置得低一些。

五、相关知识点回顾

(一)可转债介绍

公司的融资渠道是多种多样的,有公司债券、银行贷款、上市IPO、配股增发、发行可转债,等等。根据优序融资理论(Pecking-order theory),公司筹集资金首选内部资金,其次是银行借款以及发行债券,最后是发行股票。

可转换债券是一种投资者可按一定的转换价格或转换比率将债券转换为公司普通股的债券,兼具债权和股权的双重属性。对于筹资者而言,它筹集资金成本低,减少权益和债券投资者之间的矛盾,还可以起到延缓股本稀释的作用,对于投资者而言,可转债又兼具债券、股票和期权三种金融工具的部分特征,使可转债客观上具有了投资和避险的双重功能。因此,可转债是一种非常受欢迎的融资方式,在债券市场上占有重要的份额。本案例即是通过华菱管线可转债这一事实,来研究我国可转债市场的现状、发展和存在的问题。

(二)我国可转债市场发展历史

2001年,国内可转债市场开始试点。《上市公司发行可转换公司债券实施办法》颁布,从政策上保证了可转换债券的市场合法性。2002~2004年,国内可转债市场得到较快发展。2003年、2004年的可转换债券融资额分别为185.5亿元、209.03亿元,占各年再融资总额的比例分别为49.87%、46.54%。2005年,可转债发行暂停。由于股权分置改革的启动并全面铺开等原因,可转债一级市场没有新券发行。2006年,可转债市场迎来新转机。中国证监会正式发布实施了《上市公司证券发行管理办法》,标志着再融资政策的重启,其中对可转债的发行及上市条件作了进一步规范,并允许上市公司发行分离式可转换债券。

2007年9只可转债发行,融资104.48亿元。2008年5只可转债发行,融资77.2亿元。2009年6只可转债发行,融资46.61亿元。而2010年8只可转债发行,我国可转债融资规模倍速扩大,融资竟达717.3亿元。如此高的数额,更应该大力研究我国可转债背后的问题,规范可转债的融资流程,维护我国的市场秩序。比起欧美发达资本主义市场,我国可转债发展历史并不长,华菱管线可转债这一成熟的案例,更值得人们研究思考。

参考文献

[1]张高擎,廉鹏.可转债融资与机构投资者侵占行为——基于华菱管线可转债案例研究[J].管理世界,2009(S1).

[2]戴璐.华菱管线玩火![J].英才,2005(08).

案例8 定向增发"盛宴"背后的利益输送：现象、理论根源与制度成因
——基于驰宏锌锗的案例研究

一、案例概述

我们选取的驰宏锌锗,是云南省百家重点骨干企业之一,被该省列入"用高新技术改造传统产业,重点支持八大产业"中的5个重点企业之一。2006年4月24日,在经历了长达50多天的股改停牌后,该公司公布了其股改方案:流通股股东每10股将获非流通股股东支付的2.7股股份,并且与定向增发收购公司控股股东的资产相结合,公司以每股19.17元的价格向控股股东云南冶金集团增发3 500万股股票,用于收购云冶集团拥有的昭通铅锌矿100%的权益,收购价格为8.018亿元。驰宏锌锗此份股改方案的与众不同之处在于其首次将股改和定向增发结合起来进行,按照该方案的表述,两者是"互为前提,同步推进"。

图8.1中所标记的2006年2月24日是公司决定实行定向增发的董事会决议日(2006年4月24日)前的最后一个交易日。我们可以发现,在公司公布定向增发的决议后,其股价相对于增发前迅速上涨,复权后的价格最高达到了215.62元,相当于2006年2月24日股价的10倍左右。

从图8.2中我们可以发现,2005年该公司的累积收益率与行业和市场的累积收益率并无显著的差别。而2006年开始,驰宏锌锗的累积收益率则已显著高于行业和市场的速度增长,并且这一趋势在公司公布定向增发决议后的期间尤为显著。

同时,通过进一步分析该公司的年报会发现,2006年该公司的每股收益及其增长速度要远高于行业平均水平,并且这一现象在其公布增发决议后的第2季度

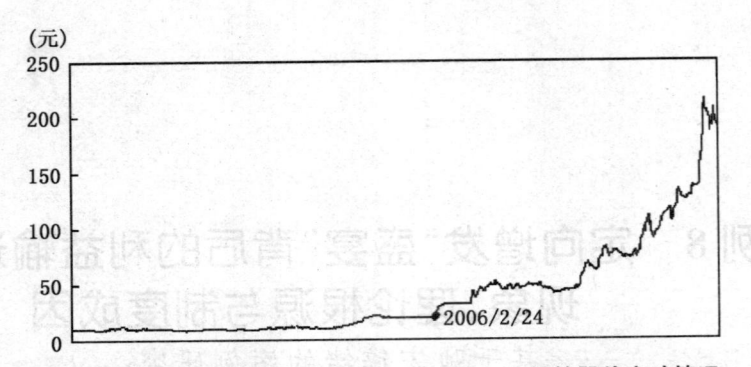

图 8.1　驰宏锌锗在 2005 年 1 月～2007 年 4 月间的股价变动情况

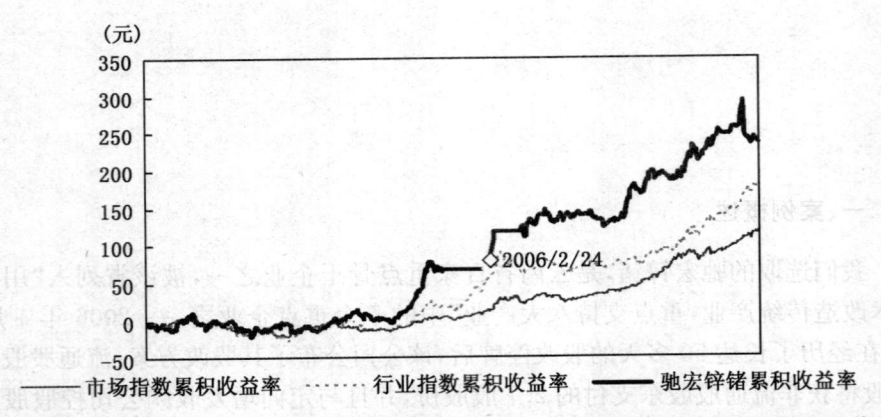

图 8.2　2005 年 1 月～2007 年 4 月驰宏锌锗和其所属行业的累积收益率和市场的累积收益率

至第 4 季度尤为明显。驰宏锌锗公布的 2006 年年报显示其当年的每股收益达到了惊人的 5.32 元,为当年我国上市公司之最。

二、案例分析

(一)基准价格确定的"学问":为何要长时间地停牌

驰宏锌锗在其股改方案出台前引人注目的一点就是经历了长达两个月的股改停牌。

从图 8.3 中我们可以发现,股改停牌时间为 10 天以下的公司最多,并且绝大多数公司的停牌时间在 30 天以下,而停牌时间超过 50 天的公司仅为 3 家。这一结果说明驰宏锌锗的停牌时间要远多于在其之前发布股改预案的公司。

随之而来的一个疑问是,为何驰宏锌锗要在其推出股改和定向增发方案前进

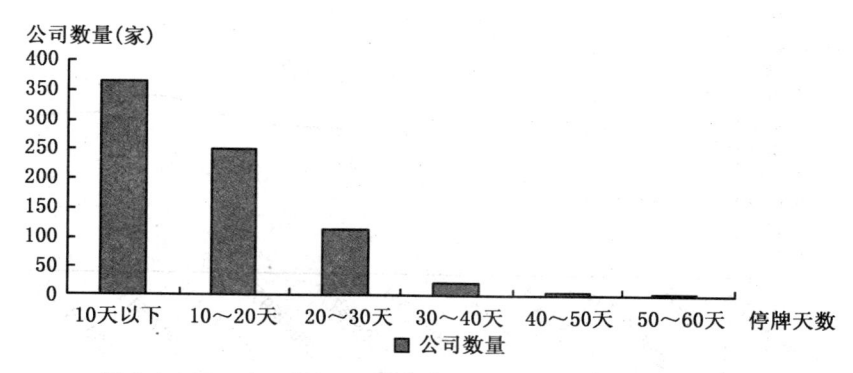

图8.3　2006年4月24日前发布股改预案公司停牌时间的分布

行如此长时间的停牌,其中又隐含着怎样的问题?我们的研究发现,这要涉及定向增发基准价格确定的有关规定和驰宏锌锗当年经营业绩的巨大变化。

由于驰宏锌锗定向增发时使用的《再融资管理办法》规定,"发行价格不低于定价基准日前20个交易日公司股票均价的90%"。这就使得定向增发基准日的确定和基准日前的股价成为影响增发基准价格的关键因素。如果基准日前的股价较低,则大股东就能以较低的价格购买增发的股票,或者以相同的成本获得更高的持股比例,反之亦然。驰宏锌锗的定价基准日虽然是公司董事会决议公告日即2006年4月24日,但由于之前其已经经历了长达两个月的停牌,因此按照规定该公司作为定价基准的股价则相应的为两个月前的2006年2月份的股价,而不是正常情况下的2006年4月份的股价。我们的分析发现,驰宏锌锗对这一政策的"巧妙"利用,使得大股东节省了巨额的购买定向增发股票的成本。

从图8.2中我们可以发现,2006年以来,驰宏锌锗的累积收益率已经有了比较明显的持续增长趋势,且要高于行业和市场的平均水平。而支撑这一优异表现的是市场资源价格的飞速上涨:2005年下半年,随着锌库存大幅减少,伦敦金属交易所(LME)锌价格开始加速上涨,由于国际锌供给受到锌矿供给"瓶颈"的制约,但需求却呈现稳步增长的态势,因此锌受到越来越多投资者的青睐,2005年7月伦敦金属交易所3个月起锌价格从每吨1 200美元起步,至2006年2月27日达到了每吨2 245美元。

如图8.4所示,国内锌价也从2005年7月的每吨14 000元上升到了2006年2月的将近每吨20 000元。此时,市场普遍预期资源价格在今后的一段时间内还将持续上涨。而驰宏锌锗的大股东云冶集团不可能不知道资源价格的这一变动趋势及其对公司业绩和股价的影响。我们发现,公司分别于停牌期间的2006年4月6日和2006年4月22日公布的一季度和上半年业绩预增的提示性公告显示其业绩

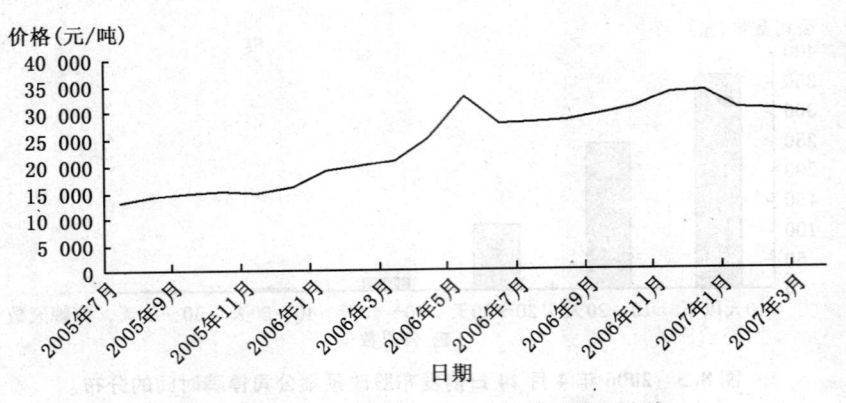

图 8.4　2005 年 7 月～2007 年 3 月锌锭的月均价

较上年同期分别预增 150% 和 300%。这从一个侧面印证了大股东云冶集团作为内部人在停牌前早已知道公司业绩的巨大改进。

大股东选择在股改方案尚未成形之时和相关业绩预增公告公布前突然停牌，其真正的目的在于锁定定向增发的成本，防止锌价格进一步上涨导致股价猛涨而使增发基准价格迅速上升。事实也进一步验证了我们的观点。我们发现，在其停牌的 2 月 27 日～4 月 24 日期间，伦敦金属交易所锌价格由每吨 2 245 美元大涨至每吨 3 330 美元。图 8.4 也显示在公司停牌后的几个月，国内锌价也是急速上升，且其涨幅要远高于停牌前。在此期间，受资源价格上涨的推动，与驰宏锌锗同为有色金属行业的其他股票整体大涨。

从图 8.5 中可以发现，该期间有色金属矿采选业的累积收益率达到了 48.1%，采掘业的累积收益率为 18.19%，而与驰宏锌锗主营业务相近的锌业股份和中金黄金这两家公司的平均累积收益率更是高达 93.27%。然而，这两家公司的业绩增幅却要逊于驰宏锌锗，其中锌业股份 2006 年第一季度业绩增长 55.14%，中金黄金第一季度业绩增长 101.34%，而驰宏锌锗一季度业绩却是大增 182%，半年报预增 300%。这表明如果驰宏锌锗不在股改方案出台前进行长时间的停牌，则其定向增发的基准价格要远高于实际价格。

图 8.6 显示了按照相关公司和行业的涨幅模拟后的驰宏锌锗在停牌期间的股价。从中可以发现，在停牌期间，驰宏锌锗的模拟价格总体上呈现出上涨的趋势，按照主营业务相近公司涨幅模拟后的停牌前最后一日价格达到了 38.30 元，而按照有色金属矿采选业涨幅模拟后的价格达到了 28.95 元，即使按照采掘业涨幅模拟后的价格也达到了 22.27 元。我们同时发现，驰宏锌锗复牌交易 5 天后于 2006 年 5 月 8 日再一次停牌，其第二次复牌后相对稳定的股价已达到了 32.79 元，与我

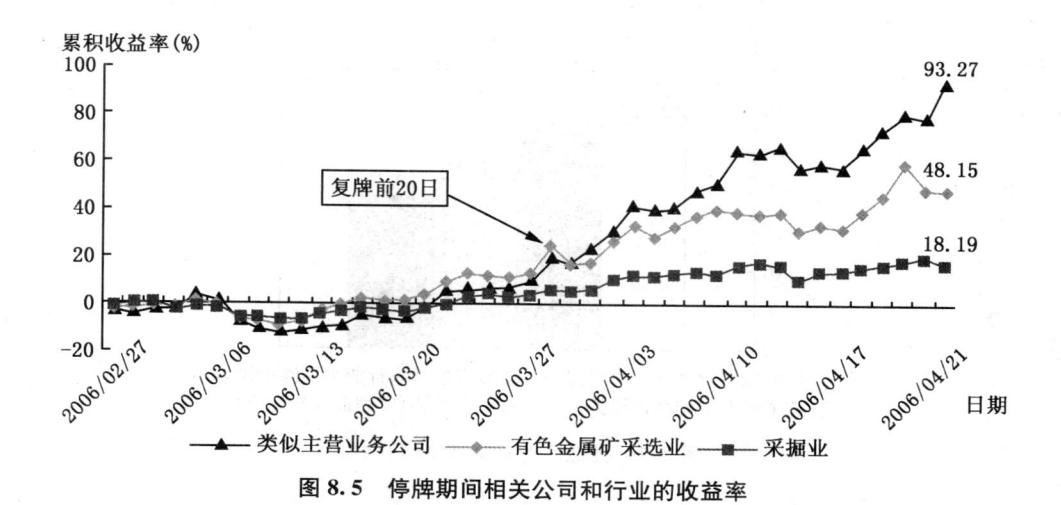

图 8.5 停牌期间相关公司和行业的收益率

图 8.6 停牌期间的模拟价格

们按照有色金属矿采选业和主要业务相近公司涨幅模拟后的价格较为接近。

此外,我们还计算了模拟的驰宏锌锗复牌前 20 日均价。

根据图 8.7 显示,按照主营业务相近公司涨幅模拟后的前 20 日均价为 29.25元,比实际发行价格要高 10.08 元,而按照采掘业涨幅模拟后的前 20 日均价也达到了 26.04 元,要比实际发行价格高 6.87 元。按照向大股东云冶集团定向增发的 3 500 万股计算,则此次停牌使得大股东节省了 2.405 亿元至 3.528 亿元的购买增发股票的成本。

（元）

```
29.25   26.04   21.33   19.17
```

□ 按类似主营业务公司模拟　　■ 按有色金属行业平均涨幅模拟
■ 按采掘业平均涨幅模拟　　　■ 增发价格（停牌前20日均价）

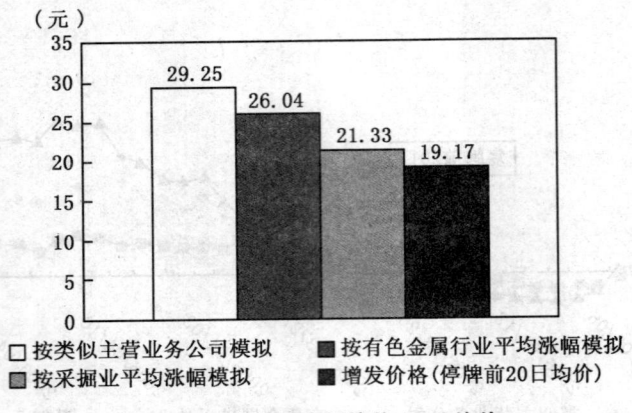

图 8.7　模拟后的复牌前 20 日均价

（二）定向增发注入的资产是创造了价值，还是摊薄了已有的价值

驰宏锌锗在定向增发的相关报告中多次提及增发注入的资产有利于增加每股收益，提升公司的价值，然而我们的研究却发现，事实上注入的资产起到了相反的作用。

驰宏锌锗定向增发收购的是云冶集团旗下的昭通铅锌矿和冶炼资产。然而，昭通铅锌矿及其全资企业云南立鑫有色金属有限公司与驰宏锌锗的资产质量却相差悬殊。公司于 2004 年公布的招股说明书显示驰宏锌锗拥有矿山厂和麒麟厂两座自备矿山，所属矿山资源储备量大、品位高（铅加锌品位在 25% 以上），且富含稀贵金属锗和银，矿石储量共计 1 196.67 万吨，其中铅锌金属为 314.77 万吨，银 892 吨，锗 400 吨，锗的储量为全球第一，资源优势明显。而在 2006 年公布的《资产收购和关联交易说明书》，却显示昭通铅锌矿是一家成立于 1956 年的老矿，昭通铅锌矿石总量为 164.4 万吨，其中铅锌金属为 30.56 万吨，铅锌的品位为 18.58%，按照规划年采矿 30 万吨来计算，仅仅能维持约 6 年。并且，驰宏锌锗在 2005 年的年报披露，昭通铅锌矿产量小，2005 年的产量不到 5 000 吨。从锌铅矿山储备量以及矿石品位来说，收购进来的昭通铅锌矿低于现有的矿山。由于驰宏锌锗采用向大股东定向增发的方式收购昭通铅锌矿，因此看似大股东注入所谓的优质资产，实际上却是摊薄了原有股东所拥有的优质矿产资源。而在资源价格飞速上涨的情形下，每股矿资源的摊薄对中小股东价值的毁损不可谓不严重。

表 8.1 比较了驰宏锌锗增发前后的总体矿资源和每股矿资源。我们可以发现，相对于增发前，增发后驰宏锌锗的每股铅锌量和每万股白银含量均明显下降。

表 8.1　　　　　　　　驰宏锌锗增发前后总体矿资源和每股矿资源比较

	增发前	增发的股份和注入的资产	增发后
股份数	16 000 万股	3 500 万股	19 500 万股
铅锌含量	314.77 万吨	30.56 万吨	345.33 万吨
每股铅锌含量	19.67 千克	8.73 千克	28.4 千克
银含量	892 吨	163.25 吨	1 055.25 吨
每万股银含量	55.75 千克	46.64 千克	102.39 千克

另外,昭通铅锌矿全资企业云南立鑫有色金属有限公司的整体状况更不容乐观。这家投资 10 亿元巨资的冶炼公司截至 2005 年 11 月 30 日的资产负债率竟高达 242.51%,该公司 2005 年 1～11 月实现销售收入 31 121 万元,净利润 584 万元,销售净利润率为 1.87%。而无矿石自给的豫光金铅的销售净利润率有 3.02%。该公司的整体状况与大股东所标榜的优质资产相去甚远。

值得注意的是,大股东云冶集团聘请的评估单位山东乾聚会计师事务所执业声誉存在着比较严重的问题,该事务所曾是东方电子著名造假案的审计单位,这使得相关评估报告的真实性和准确性难以保证。《大众证券》的报道引用湖南有色销售经理的观点表示"经过 50 年开采,现能有 20 万吨的探明储量就不错了。并且昭通矿的矿石品位很差,其中锌含量约 10%,铅含量约 5%",比公司披露的铅锌品位 18.58%还要低。这意味着注入资产对中小股东价值的毁损可能更加严重。

同时,我们也计算了定向增发对驰宏锌锗 2006 年每股收益的影响,其结果如表 8.2 所示。从中可以发现,与大股东标榜的定向增发可以增厚每股收益相反,公司的每股收益反而因增发下降了 0.56 元。上述证据都表明驰宏锌锗对大股东的定向增发实际上摊薄了其他股东的原有价值,损害了中小股东的利益。

表 8.2　　　　　　　　定向增发对驰宏锌锗 2006 年每股收益的影响

	驰宏锌锗(定向增发后)	昭通铅锌	驰宏锌锗(若未进行定向增发)
净利润	103 646.88 万元	11 172.04 万元	92 474.85 万元
股份数	19 500 万股	3 500 万股	16 000 万股
每股收益	5.32 元	3.19 元	5.78 元

(三)确保控制权是否必然要使用定向增发

1. 质疑

驰宏锌锗在其股改和定向增发的公告中反复强调,采取股改和定向增发相"捆绑"的原因是要确保大股东云冶集团继续保持绝对控股地位,实现国家对重要战略资源的绝对控制,但事实果真如此吗?

2. 数据分析

云冶集团在驰宏锌锗股改前控股比例51.49%,经过向流通股股东每10股送2.7股的股改后持股比例仍高达40.67%,居于遥遥领先的一股独大地位,其他九大股东持股比例均不超过2%,云冶集团对驰宏锌锗的控制地位仍难以撼动。因此,是否一定要在股改的同时通过定向增发获取控制权值得商榷。

3. 理论上较为合理的做法应该是大股东以现金支付对价

如果单纯为了确保大股东的控制权,驰宏锌锗完全可以先以现金收购大股东资产,让云冶集团获得现金,再以现金而不是送股的方式支付对价。这样既可以确保大股东的持股比例又可以节省采用定向增发导致的资产评估等高额费用,同时避免增发带来的繁琐手段。

4. 结论

驰宏锌锗将股改与定向增发"捆绑"进行,并与长期停牌等方式结合起来,真实的目的在于向控股股东发售低于真实市价的股票,变相给大股东输送利益。

(四)定向增发为何还要高额分红

1. 数据分析

驰宏锌锗公布的2006年年报显示,该公司以定向增发后的公司总股本19 500万股为基数,向全体股东每股送红股10股并派发现金红利30元(即每股3元的现金股利)。由此驰宏锌锗创下了在中国资本市场派送现金第一的纪录。

图8.8显示了驰宏锌锗派发的2004~2006年度现金红利与行业均值的比较,可见,该公司派发的2004年度与2005年度每股现金股利与行业均值并没有太大差别。而与之成鲜明对比的是2006年度每股现金股利比行业均值高出2.73元(3元-0.27元=2.73元)。

2. 质疑

然而,如此高的现金红利背后却无明显高于行业均值的现金流进行支撑,相反,其经营现金流占资产的比例反而低于行业均值(见图8.9)。耐人寻味的是,驰宏锌锗高额的分红却是发生在当年度刚刚完成定向增发这一融资行为的背景之下。这似乎很难从公司正常的融资决策角度加以解释。

3. 理论上较为合理的做法

既然有如此多的现金可以用来分红,为何还要向大股东进行股权融资?最为合理的方法应该是用现金直接向大股东收购资产以节省相关费用。而这样反复进行融资、高额分红,在融资上显然不符合成本效益原则,在一定程度上损害了公司价值和中小股东利益。

计算显示,驰宏锌锗的分红总额58 500万元,而其定向增发的融资额为67 095

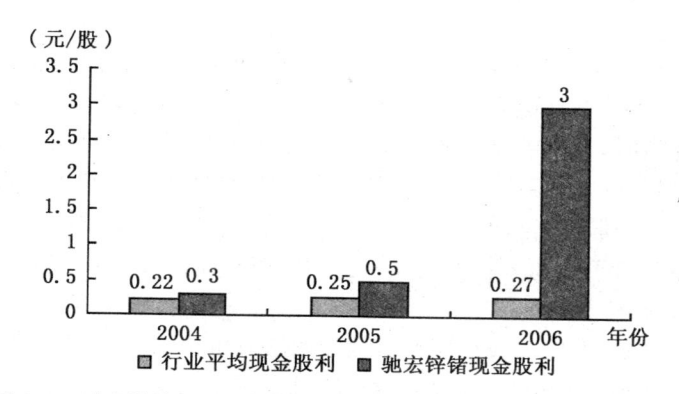

图 8.8 驰宏锌锗 2004～2006 年度派发现金红利与行业均值的比较

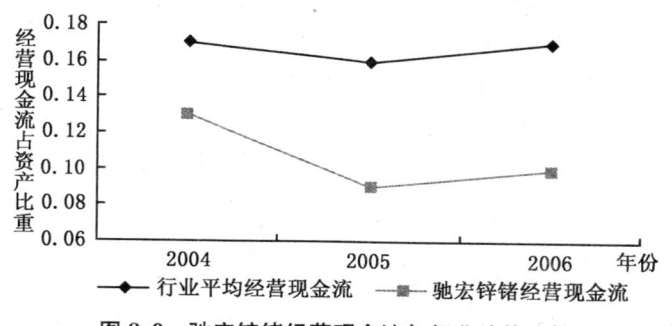

图 8.9 驰宏锌锗经营现金流与行业均值比较

万元,前者与后者只有不到 10 000 万元的差额。

4. 结论

从如此大幅度的分红中唯一得益的是其大股东云冶集团,在以低价购入上市公司的股票后又获得高额的分红,其从中获得了巨大的收益。因此,高额的分红与低价的定向增发相配合,使得大股东有效实现了套现和利益输送的意图,并在一定程度上造成了利益协同的假象。

三、结论

(一)理论根源

定向增发有别于配股的关键一点是它们涉及不同主体之间的利益,而这会影响不同融资方式的定价和发行时机。当公司的管理者代表所有股东的利益时,其会制定公平的价格来进行定向增发,而当公司的管理者只代表部分股东的利益,增发设计时,其价格制定的公平性自然难以保证。大股东主导下的定向增发正好符合了后者的条件。

在信息不对称的情况下,大股东比中小股东更了解公司的价值,他们利益分离程度越大,大股东越有动机采取侵害中小股东的行为来为自己谋求利益。因此,当公司价值被低估时,它就有动机按照现行的价格或者更低的价格对其进行增发。即当大股东从较低的购买价格中取得的获利与它作为原有股东之一承受的损失之间的差额越大时,其通过定向增发实现其私有利益的动机越强烈,这种控制性大股东的私有利益来自于其他未获得增发机会的股东利益的转移。

(二)现实条件

首先,在定向增发中大股东能够有效控制增发价格和增发时机的选择。

其次,缺乏相应的制度来约束大股东的机会主义行为。

我国目前的制度背景恰好在一定程度上满足了这两个条件。由于大股东是公司的内部人且处于一股独大的地位,这使得他能够操控增发定价和增发时机的选择,且缺乏相关的政策法律机制对其进行限制。

(三)本案例对完善定向增发的相关政策法规的启示

1. 提高定向增发的标准。

在向大股东定向增发时,应提高资产评估公司的准入门槛以及实质性审查的标准,而不仅仅限于形式审查,断绝大股东通过向上市公司注入不良资产进行利益输送的可能。

2. 规范定向增发基准价格的确定。

本案例中,大股东通过在基准日前停牌、操纵利润、释放利空消息等措施来达到抑制股价,从而实现低价增发的目的。因此,相关政策应该限制基准日前停牌天数,对于基准日前股价有显著低于合理价值的应重新确定基准日,建立定向增发的询价制度,第三方竞价引入制度等,防范增发公司通过操控股价实现低价增发。

3. 提高与定向增发相关事项的信息披露程度。

4. 为定向增发中中小股东自我救济创造条件。

本案例中,值得指出的是,驰宏锌锗的中小股东曾经质疑过大股东的低价增发并联名上书证监会,同时起诉上市公司,但相关方案还是得到顺利通过。

四、相关知识点回顾

(一)定向增发

定向增发是再融资中增发的一种形式,是指上市公司在增发股票时,其发行的对象是特定的投资者。

自股权分置改革以来,定向增发开始成为中国资本市场最主流的权益再融资方式。截至2007年8月,已有将近10%的上市公司进行了定向增发,而已发布增发预案的公司数目还要远胜于此。定向增发之所以成为监管机构恢复上市公司再融资"三步走"的第一步,并受到市场的广为推崇,在于其较之其他融资方式具有不可替代的优势。首先,定向增发的对象是公司主要股东和机构投资者,无需向中小股东融资,因此可以避免市场对上市公司"圈钱"的担忧,有助于恢复对市场的信心。其次,定向增发的股票具有一定时间的锁定期,不会增加即期扩容压力,在当时的市场环境下,可以减少对二级市场的冲击。更为重要的是,如果大股东通过定向增发向上市公司注入优质资产,能够提升公司的质量,增厚公司的收益,并且从根本上避免大股东和上市公司的关联交易和同业竞争,实现大股东和中小股东的"双赢"。此外,定向增发还有利于上市公司引入战略投资者和机构投资者,改善公司的经营和治理。因此从整体而言,这一融资方式的推出对于资本市场的发展具有积极的意义。

尽管如此,由于定向增发的方案和过程涉及公司利益在获得增发的股东(包括部分原有股东和新股东)和没有获得增发的原有股东之间的重新分配,因此在我国目前较为集中的股权结构下,其在理论上为大股东提供通过支付较低的对价、注入不良资产等实现利益输送的途径。尤其需要指出的是,定向增发与配股、增发等其他再融资的方式相比,还属于中国资本市场上的新生产物,因此相关的法律规范和监管、审核政策及制度也不如其他的再融资方式健全,这使得潜在的利益输送问题可能更为突出。无疑,上述问题的存在会影响到定向增发作用的发挥以及资本市场融资的效率。

为了规范定向增发的行为,证监会已先后出台了《上市公司证券发行管理办法》、《关于上市公司做好非公开发行股票的董事会、股东大会决议有关注意事项的函》和《上市公司非公开发行股票实施细则》,其核心之一就是规范定向增发价格的制定,以及如何更好地保护中小投资者的利益,防止利益输送。鉴于目前对定向增发相关理论研究的缺乏,特别是缺少实证研究的支撑和市场的反馈,上述政策中的一些具体操作和应用尚处于继续完善的状态。因此,如何更好地规范定向增发的操作,使其能够以公平合理的方式发挥再融资的优势,仍将是监管层未来需要重点解决的课题。这使得研究大股东主导下的定向增发,特别是通过现有的定向增发理论和代理理论分析大股东在定向增发中与中小股东的利益冲突,并具体参考大股东的行为是更多的符合利益输送的假说还是利益协同的假说,显得尤为迫切。研究本案例可以为我们提供更为深入的证据,并且为相关政策的具体改进和规范提供一定的方向和依据。

(二)基于公司治理角度对定向增发的相关研究

虽然金融领域已有大量文献研究了股权再融资时的配股行为,但对定向增发的理论研究却为数不多,并且几乎没有文献研究美国之外市场的定向增发问题。

而与之形成鲜明对比的是,在实务界,定向增发作为一种重要的融资方式,却日益受到市场的推崇,采用定向增发进行融资的公司及其融资规模都在增加。

定向增发中一个有趣的现象是增发价格相对于增发时的市价有着较高的折价。SEC(1971)早在其报告中就指出在美国定向增发的发行价格相对于发行时的市价有大约30%的折价。其后,学者针对不同的期间和样本的研究也都验证了这一发现,表明定向增发存在不同程度的折价,且折价率要远高于配股(Arneson,1981a,1981b; Friedlob,1983; Johnson and Racette,1981; Wruck,1989; Silber,1991; Hertzel and Smith,1993; Barclay, Holderness and Sheehan,2007)。

现有的文献对于定向增发的折价(discount)主要从基于代理理论的利益协同效应、信息不对称理论和管理层的机会主义行为等几个方面进行解释。Wruck(1989)的研究发现定向增发后主要股东的所有权会增加,这意味着其与公司的利益会更加一致,监督公司管理层的激励会因此增强,从而能够减轻代理问题,提升公司的价值。而定向增发的折价则是对投资者未来监督公司管理层所付出成本的一种补偿。Hertzel 和 Smith(1993)的研究则认为在信息不对称的条件下,新的投资者需要成本来鉴定公司所处的状态,不对称的程度越大,公司的情况越难判断,投资者需要的鉴定成本越大。而定向增发的折价则是对投资者在信息不对称的条件下搜寻信息成本的补偿。他们的研究还指出信息不对称对定向增发的解释要优于利益协同效应的解释。Barclay、Holderness 和 Sheehan(2007)则认为管理层的机会主义行为是增发折价最重要的解释。他们的研究发现管理层主要将公司的股票定向增发给那些消极的投资者(passive investor),即在购买公司股票后不会参与或监督管理行为的投资者,以达到控制公司的目的。定向增发的折价是管理层对这些消极投资者实现的补偿,并且损害了没有获得增发机会的原有股东的利益。

我国上市公司定向增发的总体折价率要高于美国在不同时期的研究所发现的结果,这表明不同的制度环境下约束条件的改变可能会影响定向增发的折价。我国上市公司的治理结构有别于西方国家的一个显著特征是股权结构相对比较集中。因此,上市公司中的代理问题主要的表现为大股东和中小股东之间的利益冲突。已有的文献表明,由于法律保护和监管制度的相对落后,存在着比较严重的大股东掏空上市公司,从而损害中小股东利益的现象。我们可以将控股股东的利益输送方式归结为两个方面:第一,是通过交易从公司转移资源,如直接偷窃和舞弊、转移定价、过高的管理层报酬、债务担保、侵占公司投资机会等;第二,想方设法增加其在公司的权益,如发行可稀释权益、内部交易、渐进收购等。可以说,在我国现有的制度背景下,定向增发在理论上为大股东提供了通过支付较低的对价而达到稀释中小股东的权益进而实现利益输送的途径。

当然,研究我国的定向增发问题如果仅停留于增发的折价可能尚显不足,一个比较好的方式是以定向增发的定价作为切入点,对增发相关的问题进行综合考察,如增发过程中上市公司向大股东收购资产带来的"双重关联交易"问题会产生怎样的经济后果?大股东是否会操纵增发前的股价以及增发前后的利润已达到低价增发的目的?定向增发是否会影响之后的股利支付行为。对于这些问题的考察可以使得我们对我国制度背景下的定向增发有更加深刻的认识并推动相关理论的发展。

参考文献

[1] 朱红军,何贤杰,陈信元. 定向增发"盛宴"背后的利益输送:现象、理论根源与制度成因——基于驰宏锌锗的案例研究[J]. 管理世界,2008(6),136—147.

[2] 刘峰,贺建刚,魏明海. 控制权、业绩与利益输送——基于五粮液的案例研究[J]. 管理世界,2004(8).

[3] 陈信元,朱红军,何贤杰. 利益输送、信息不对称与定向增发折价[J]. 上海财经大学工作论文,2007.

[4] 吴江,阮彤. 股权分置结构与中国上市公司融资行为[J]. 金融研究,2004(6).

[5] 唐宗明,蒋位. 中国上市公司大股东侵害度实证分析[J]. 经济研究,2002(4).

[6] La Porta R., Lopez-de-Silanes F., Shleifer A and Vishny R.. Investor Protection and Corporate Governance, Journal of Financial Economics, 2000(58), 3—27.

案例 9　经营租赁的真实动机
——基于东方航空公司的案例

一、案例概述

（一）企业背景

作为中国三大航空集团之一的东航集团,其前身中国东方航空公司于1988年6月25日宣布开业,1993年10月6日,在国务院的批准下成立了以中国东方航空公司为骨干企业的中国东方航空集团。1995年4月,东航改制为东方航空集团(以下简称"东航集团")和中国东方航空股份有限公司(以下简称"东方航空"或"东航")。1997年2月4日、5日及11月5日,中国东方航空股份有限公司分别在纽约证交所(ADR)、香港联交所(H股)和上海证交所(A股)成功挂牌上市,被传媒誉为"中国航空概念股"。东航自上市后进行了一系列的兼并重组活动:1997年,兼并原中国通用航空公司;1998年,与中国远洋运输集团总公司组建中国货运航空有限公司;2001年,改制长城航空,成立东航宁波分公司;2003年,兼并中国西北航空,联合云南航空,组建新的东航集团。东航集团已经拥有贯通中国东西部,连接亚洲、欧洲、澳洲和美洲的庞大航线网络,拥有168架大中型现代化运输飞机,22架通用航空飞机,经营着450条国际、国内航线。集团还广泛涉及进出口、金融、航空食品、房产、广告传媒、机械制造等行业,拥有20多家分子公司,是中国三大民用航空集团之一。

（二）案例背景

经过民航总局2003年10月的第三次阶段性改革,9家主要中国航空公司合并成为三大航空集团,分别是:中航集团公司(以下简称"中航集团"),由前中国国际航空公司与中航总公司、中国西南航空公司合并组建；中国东方航空集团公司（以下简称"东航集团"），由中国东方集团与中国西北航空公司、云南航空公司合并组建；中国南方航空集团公司（以下简称"南航集团"），由中国南方集团与中国北方航空公司、新疆航空公司合并组建。合并后，中国三大航空集团于2003年共占中国航空公司航空交通总额（按收入吨公里计算）近83.0%。

表9.1　　　　三大航空集团的经营信息和财务信息（截至2005年12月31日）

名称	注册资本（百万元）	总资产（百万元）	主营业务收入（百万元）	员工数目（人）	航线数目（条）	飞机数目（架）
南航集团	4 370	71 402	39 502	34 417	559	261
中航集团	5 500	68 201	38 291	18 447	316	176
东航集团	4 920	57 559	62 252	29 301	380	180

表9.2　　　　1998～2004年东航经营租赁飞机增量一览表

类别	1998年	1999年	2000年	2001年	2002年	2003年	2004年
增量经营租赁飞机（除湿租）	5	6	6	4	2	5	0
湿租的飞机	0	1	1	0	0	5	0
合计	5	7	7	4	2	10	0

表9.3　　　　1997～2005年东方航空公司的资产负债比率情况　　　　单位：千元

年份	流动负债	长期负债	股东权益	资产负债比	长期资本负债率
1997	3 637 759	16 256 908	6 957 375	74.09%	70.03%
1998	4 521 821	17 018 499	6 450 427	76.96%	72.52%
1999	4 710 632	16 847 309	6 752 737	76.15%	71.39%
2000	4 841 513	16 772 722	7 412 905	74.46%	69.35%
2001	6 572 622	14 517 021	7 895 999	72.76%	64.77%
2002	12 047 550	12 930 413	7 783 620	76.24%	62.42%
2003	14 773 023	16 329 224	6 904 864	81.83%	70.28%
2004	17 711 266	17 003 070	7 713 452	81.82%	68.79%
2005	31 614 917	20 788 398	6 918 542	88.34%	75.03%

数据来源：香港联交所披露的东方航空公司的年报，其中，资产负债率＝（流动负债＋长期负债）/（流动负债＋长期负债＋股东权益），长期资本负债率＝长期负债/（长期负债＋股东权益）。

从表 9.2、表 9.3 中,我们可以发现,1999~2002 年东航经营租赁飞机的数量一直在增加,与此同时资产负债率在逐年下降,从表中可以看出资产负债率的下降与长期负债的不断下降有关。那么为什么在长期资产和主营业务收入不断增加的情况下,长期负债却在不断下降,是什么因素替代了长期负债的融资能力?

我们对东航公司的主营业务收入以及公司飞机数量进行了回归分析,发现其主营业务收入与公司所拥有的飞机数量显著正相关,如图 9.1 所示。

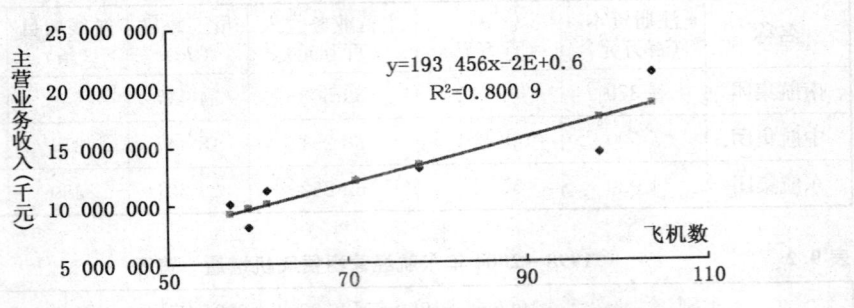

图 9.1 东方航空公司飞机数量与主营业务收入对照图

接下来,我们将对影响公司飞机数量的租赁行为进行分析,探求在飞机数目背后的租赁行为是如何影响公司的经营状况以及公司的整体财务状况的。

二、案例分析

(一)从资本结构角度进行分析

在东方航空长期营运能力和营业收入不断增长的背景下,飞机的增加主要来自以下三种途径:(1)融资租赁负债租入飞机;(2)长期借款负债购入飞机;(3)经营租赁租入飞机。

表 9.4　　东方航空 1997~2005 年长期负债构成分析　　单位:千元

年份	长期负债	相邻年份差值	融资租赁负债	相邻年份差值	长期借款	相邻年份差值	融资租赁和长期借款比重	长期借款(买飞机)	相邻年份差值	购买飞机长期借款/长期借款
1998	17 018 499	—	10 837 156	−683 325	4 416 442	—	90%	4 411 978	—	99.90%
1999	16 847 309	−171 190	10 451 536	−385 620	4 216 682	−199 760	87%	3 051 894	−1 360 085	72.40%
2000	16 772 722	−74 587	10 190 599	−260 937	4 381 407	164 725	87%	2 831 014	−220 880	64.60%
2001	14 517 021	−2 255 701	7 935 679	−2 254 920	493 9331	55 7924	89%	3 075 632	244 618	62.30%
2002	12 930 413	−1 586 608	5 936 907	−1 998 772	5 232 729	293 398	86%	4 588 168	1 512 537	87.70%
2003	16 329 224	3 398 811	5 408 802	−528 105	8 972 189	3 739 460	88%	8 462 538	3 874 370	94.30%
2004	17 003 070	673 846	7 472 638	2 063 836	7 542 828	−1 429 361	88%	6 030 067	−2 432 471	79.90%
2005	10 788 398	3 785 328	8 180 460	707 822	9 790 116	2 247 288	86%	9 205 846	3 175 779	94.00%

从表9.4可知,1998~2002年内,融资租赁负债减少,所以排除了融资租赁负债租入飞机的可能性;而融资租赁的减少是长期负债减少的主要原因,所以现在我们的疑问从什么因素替代了长期负债的融资能力转变成了什么因素替代了融资租赁的融资能力。

用于购买飞机的长期借款1999年、2000年在减少,2001年、2002年在增加,基本可以解释表9.4中1999年、2000年融资租赁和购买飞机数目不变,而2001年、2002年这一数字增加的事实,所以长期借款增加部分满足了一般购买飞机的需求,不能完全替代融资租赁购入飞机。综上所述,我们得出的合理推论是:途径三——经营租赁飞机起到了替代融资租赁租入飞机的作用,如表9.5所示,东航经营租赁飞机的比重1998~2004年逐年递增。

表9.5　　　　　东方航空公司飞机构成来源

类别	1998年	1999年	2000年	2001年	2002年	2003年	2004年
飞机总数	59	57	61	71	78	98	104
融资租赁和购买	46	37	37	43	47	57	66
经营租赁	13	20	24	28	31	41	38
融资租赁和购买比重	0.78	0.65	0.61	0.61	0.6	0.58	0.63
经营租赁比重	0.28	0.54	0.65	0.65	0.66	0.72	0.58

由上述的分析得知:经营租赁的增加使得融资租赁负债大幅减少,长期负债随之降低,资产负债率也逐年递减,因此经营租赁的一个可能动机就是隐藏负债,降低资产负债率。

表9.6　　东方航空公司经营租赁情况与其他公司对比分析表　　单位:%

航空公司	1998年	1999年	2000年	2001年	2002年	5年均值
东方航空	18.35	34.23	32.98	31.38	21.73	27.73
南方航空	15.06	17.69	19.53	19.45	22.28	18.80
海南航空	31.33	30.00	21.34	14.85	13.85	22.27
国泰航空	1.70	2.24	1.34	2.72	4.84	2.57

表9.6中数据的计算公式为:(未来经营租赁承诺租金折现＋当期经营租赁租

金费用)/(购买飞机账面净值+融资租赁飞机账面净值+未来经营租赁承诺租金折现+当期经营租赁租金费用)。我们可以发现,东方航空公司比其他航空公司经营租赁比例大。分析至此,基本上所得的数据都证实了我们的猜想——东方航空公司利用经营租赁达到修饰资产负债表的目的。

如果按照会计准则分类划分出的经营租赁是真正意义上的经营租赁,也是无可厚非的;但如果利用会计准则不完善,变实质长期融资租赁为形式上短期经营租赁来隐藏负债、降低产权比率、粉饰报表,问题就有了一定严重性。

鉴于融资租赁和经营租赁之间的主要区别就是经营租赁一般是短期租赁,而融资租赁的期限较长,那么我们首先可以从东方航空公司长期摊销费用入手,看其是否有以经营租赁掩盖融资租赁的行为。

表9.7 东方航空公司长期待摊费用——经营租赁飞机关税、增值税的监管费　　单位:千元

年份	原始金额	总共摊销年限	期初数	本期增加	本期摊销	本期转出	期末数	累计摊销数额	剩余摊销年限
1997	—	—	148 607 143	0	16 017 760	0	132 589 383	53 304 102	—
1998	—	—	132 589 383	0	16 017 760	0	116 571 622	69 321 863	—
1999	—	—	116 571 622	0	16 017 760	0	100 553 862	85 339 623	—
2000	—	—	100 553 862	0	16 017 760	0	84 536 102	101 357 384	—
2001	189 986 358	142～143月	84 536 102	0	16 017 761	0	68 518 341	117 375 144	—
2002	202 056 671	—	6 851 8341	12 070 313	16 017 761	0	64 570 894	133 392 905	39～40月
2003	205 146 908	—	65 806 989	—	17 835 592	0	47 971 397	151 228 496	27～28月
2004	205 146 908	—	47 971 397	5 947 014	16 326 784	0	37 591 627	167 555 281	16～17月
2005	205 146 908	—	37 591 627	—	16 326 784	0	21 264 843	183 882 065	1～3月

以2001年为界,截止到2001末,(累计摊销额117 375 144)/(原始发生额189 986 358)=0.6,已摊销额月份(142-39-12)/(总摊销月142)=0.64,二者大致相等。因此可以确认东方航空公司有一项平均摊销12年(142/12=11.8)之久的经营租赁飞机关税、增值税的监管费。根据我国《企业会计制度——无形资产和其他资产》,"长期待摊费用是指企业已经支出,但摊销期限在1年以上(不含1年)的各项费用。应当单独核算,在费用项目的受益期限内分期平均摊销,如果长期待摊的费用项目不能使以后会计期间受益的,应当将尚未摊销的该项目的摊余价值全部转入当期损益"。由此可以推断出,该经营租赁的合理持续期近12年。

然后,我们对东方航空公司1998～2005年经营租赁飞机的具体认定得出结论。

表9.8　　　　　　　1998～2005年东方航空公司经营租赁飞机数量　　　　　　　单位：架

机型	1998年	1999年	2000年	2001年	2002年	2003年	2004年	2005年
A300－600	3	3	3	3	3	5	3	3
A320	5	10	10	10	10	10	10	26
A319	0	0	4	8	10	10	10	10
MD－82	1	1	3	3	3	3	3	3
B737－700	0	0	0	0	2	7	7	14
B737－300	3	3	3	3	3	3	3	6
CRJ－200	0	0	0	0	0	2	1	0
A300F	0	0	0	0	0	0	1	2
B737－200	1	1	0	0	0	0	0	0
B747－200	0	0	1	1	0	1	0	2
ATR－72	0	2	0	0	0	0	0	0
经营租赁总数	13	20	24	28	31	41	38	66

案例9　经营租赁的真实动机

表9.8表明，截至2005年12月31日止，下列几种不同型号的飞机有长期经营租赁行为：3架A300－600保持了至少8年的经营租赁；5架A－320飞机保持了8年的经营租赁，另外5架A－320保持了7年的经营租赁；有4架A－319保持了6年经营租赁，4架A－319经营租赁年限为5年，还有2架A－319经营租赁年限是4年；1架MD－82经营租赁年限是8年，另外2架MD－82经营租赁年限是6年；3架B737－300经营租赁年限是8年。

根据东航年报中的财务报表附注之固定资产折旧的会计政策，"飞机的折旧年限为20年"，综合上述2个角度做出初步判断：截至2005年12月31日，东方航空经营租赁飞机受益期间为8～12年，约占飞机整个使用年限的40%～60%。根据会计准则中"经营租赁的租赁期不可超过租赁资产尚可使用年限的75%"，可以确认东航确实存在受益期较长的经营租赁项目，但却利用了会计准则对"经营租赁"和"融资租赁"的模糊界限未确认为长期负债，降低了资产负债率。

在明确了东方航空公司相当一部分经营租赁飞机长期持续性的基础上，只有及时将其确认为一项资本性负债进而计算对综合资产负债表和利润表的影响，才能还原出真实的债务规模和资产负债率水平，体现公司真正资本结构和财务风险。

（二）还原真实的资产负债率

根据不可撤销经营租赁下未来最低租赁付款总额，我们经过三个步骤粗略地

还原了资产负债表及利润表并计算出了还原后的资产负债率:

第一步:对最低租赁付款额资本化,将拆离出的本金以及利息折现到长期负债科目上。

第二步:对租赁飞机的使用权益资本化成资产科目。

第三步:汇总上述两步骤对资产负债表的影响,得出最终经调整后的资产负债率。

表 9.9　　　　东方航空公司 1998～2005 年经过两步调整后资产负债率　　　　单位:千元

年份	流动负债	长期负债	股东权益	资产负债率	长期资本负债率	新增加长期负债	新增加净权益	调整后资产负债率	调整后长期资本负债率
1998	4 521 821	17 018 499	6 450 427	76.96%	72.52%	1 145 694	−76 648	78.07%	74.02%
1999	4 710 632	16 847 309	6 752 737	76.15%	71.39%	2 219 558	−43 689	77.99%	73.97%
2000	4 841 513	16 772 722	7 412 905	74.46%	69.35%	2 800 911	−33 466	76.79%	72.62%
2001	6 572 622	14 517 021	7 895 999	72.76%	64.77%	3 055 950	−26 617	75.42%	69.07%
2002	12 047 550	12 930 413	7 783 620	76.24%	62.42%	2 675 234	−22 567	78.08%	66.79%

从表 9.9 中可知,1998～2002 年,经过调整后的长期负债、净权益相对于调整前分别有增加和减少的趋势,因此相对于调整前的资产负债率而言,调整后的资产负债率普遍提高了,进而说明东航在 1998～2002 年利用了经营租赁隐藏负债的方法减小了每一年的资产负债比率。

对东方航空而言,它的报表说穿了就是做了这样一件事:隐藏了负债,即隐藏了它有可能没有能力偿还租金(债务)的风险。一旦经营状况下降,流动负债就会加剧。本来这部分负债应该在长期负债中有所涉及,然后转变成流动负债,但因为经营租赁是表外业务,所以增加的流动负债很可能剧烈增加。

2009 年 4 月 16 日东方航空发布了 2008 年年报,亏损达 139.28 亿元,占全年全国民航 252 亿元亏损的一半以上。从 2009 年 4 月 17 日起,东航在上交所恢复交易时变成 ST 东航。

2009 年 4 月 17 日东航开盘巨量跌停,报 5.61 元,跌 4.91%,保持 10 万手以上的卖单封住跌停。在跟着大盘走出 4 连阳后,迎来了 3 月以来的首个跌停,可谓一份年报引起的"灾难"!

公司负债总额为 842.49 亿元,同比增长 33%,所有者权益为 −110.65 亿元。其中:流动负债 540.77 亿元,比上年增加 182.22 亿元,非流动负债 301.72 亿元,比上年增加 27.46 亿元。借款总额为 351.01 亿元,比年初增加了 51.10 亿元,主要是由于公司本年的经营性现金流减少,同时由于新飞机的引进和公司自有资金的不足,公司增加长短期借款的额度。应付账款 96.05 亿元,同比增加了 24.46 亿元。由于2008年公司经营性现金流不足,导致应付账款余额的增加。2008年长期应付款为210.95亿元,同比增长54.90亿元,主要为融资租赁飞机数量有所增长。从负债看,公司经营资不抵债,负债大幅增加,特别是流动负债增加30%,资金流动性也面临一定的危机,公司后期经营压力很大。

因受东航旧飞机、发动机、高价周转件等资产计提减值损失和从事燃油套保带来的公允价值变动损失以及主业亏损,亏损达139.28亿元,占全年全国民航亏损的一半以上。

另外,在2008年的年报附录中,我们发现了一个关键因素,在2008年,东方航空公司退租了两架飞机。

三、总结和启示

公司将重大的长期不可撤销租赁实质性负债表外化处理,但是由于附注披露存在形式与内容上的缺陷,导致这部分重要的飞机租赁会计信息难以得到公允正确的反映,加上经济后果的存在,使得这些飞机租赁会计信息质量难以得到保障。我们认为,要解决这些问题就必须将这部分长期不可撤销的经营租赁纳入报表内予以确认。

此外,我们认为,要使这些重大的长期租赁纳入报表内核算,就必须改革现行的租赁分类标准,使得这些长期不可撤销租赁达到资本化的要求。可以采用以时间为标准的租赁分类方法,将一年以上的不可撤销租赁纳入表内资本化处理,而将一年以下的租赁费用化表外披露。与现行租赁分类方法相比,以时间标准区分租赁的分类方法除了符合理论逻辑与经济实质,在信息表达的内容、形式以及投资者友好等方面也具有很大的优势。可以看出,若采用时间标准区分租赁的分类方法,公司所存在的重大长期固定租赁交易将得以在表内确认。

四、相关知识点回顾

(一)相关概念

1. 经营租赁

经营租赁又称为业务租赁,是融资租赁的对称。是为了满足经营使用上的临时或季节性需要而发生的资产租赁。经营租赁是一种短期租赁形式,它是指出租人不仅要向承租人提供设备的使用权,还要向承租人提供设备的保养、保险、维修和其他专门性技术服务的一种租赁形式。

2. 融资租赁

融资租赁又称设备租赁(或现代租赁),是指实质上转移与资产所有权有关的全部或绝大部分风险和报酬的租赁。资产的所有权最终可以转移,也可以不转移。

(二)《企业会计准则——租赁》对租赁业务界定

企业在对租赁进行分类时,应当全面考虑租赁期届满时租赁资产所有权是否转移给承租人、承租人是否有购买租赁资产的选择权、租赁期占租赁资产尚可使用年限的比例等各种因素。满足以下一项或数项标准的租赁,应当认定为融资租赁:

(1)在租赁期满时,租赁资产的所有权转移给承租人。

(2)承租人有购买租赁资产的选择权,所订立的购买价预计将远低于行使选择权时租赁资产的公允价值,因而在租赁开始日就可以合理确定承租人将会行使这种选择权。

(3)租赁期占租赁资产尚可使用年限的大部分(经营租赁的租赁期不可超过租赁资产尚可使用年限的75%)。但是,如果租赁资产在开始租赁前已使用年限超过该资产全新时可使用年限的大部分,该项标准不适用。

(4)就承租人而言,租赁开始日最低租赁付款额的现值几乎相当于租赁开始日租赁资产原账面价值;就出租人而言,租赁开始日最低租赁收付款额的现值几乎相当于租赁开始日租赁资产原账面价值。(但是如果租赁资产在开始租赁前已使用年限超过该资产全新时可使用年限的大部分,该项标准不适用。)

(三)影响经营租赁的税收和非税收因素

1. 税收因素

Smith 和 Wakeman 设计了获得设备使用权的两种决策,一种是购买持有,一种是租赁获得,并分别计算了两种决策的与税收无关的现金流和与税收相关的现金流。研究结果表明,如果出租人和承租人有相同的边际税率,那么这两种决策是无差异的;如果出租人的边际税率大于承租人的边际税率,那么租赁决策的现金净流量要大于购买决策的现金净流量,出租人和承租人可以共享租赁节税收益,经营租赁决策就要优于购买决策。

Miller 和 Upton 从出租方角度出发计算出的长期租赁合同净现值公式,设计了从承租方角度计算的长期租赁合同的净现值公式,发现相对于债务融资而言,如果出租方和承租方有相同的边际税率,那么承租方的现金流出量就等于出租方的现金流入量,租赁市场均衡,租赁融资决策和债务融资决策无差异;如果出租人的边际税率大于承租人的边际税率,那么在租赁市场完全竞争条件下,出租方和承租方可以共享租赁节税收益,租赁融资决策就要优于债务融资决策。

综上所述,如果存在出租人和承租人的边际税率差,那么双方可以共享经营租赁的节税收益,经营租赁决策优于同等情况下自有资金或借款购买决策。

2. 非税收因素

(1)股权结构的影响

股权结构集中的公司可以减少因所有权和管理权相分离产生的代理成本,但也使得股东风险集中化。相对于购买资产获得资产所有权,租赁资产获得资产使用权会在一定程度上分散公司风险。

(2)信息不对称理论

如果公司不支付或者支付较少的现金股利,产生较少的现金流量,借贷信用水平较低,说明公司的信息不对称成本较高,相对于债务融资和股权融资,公司更趋向于租赁融资减少以信息不对称成本。

(3)投资不足理论

相对于无抵押的长期借款,不可取消的融资租赁和抵押贷款通过合理分离新项目的现金流可以很好地解决投资不足问题。部分形式上是经营租赁但实质是融资租赁的行为可解决投资不足的问题。

(4)可收回权理论

出租人拥有租赁资产的所有权,承租人既无所有权又无处分支配权,当企业濒临破产时,一旦承租人无力支付当期的租金,出租人就有权收回租赁资产,承租人的债权人无权要求以租赁资产清偿债务。所以资产的可收回性就成为租赁融资相对于借款融资的一个明显优势。

(5)隐藏负债

债务规模和公司破产可能性之间存在正比关系。即如果债务规模越大,也就越容易破产。经营租赁增加的另一个动机是利用会计准则不完善,变实质的融资租赁为形式上的经营租赁,隐藏负债,降低产权比率,降低公司破产成本。

参考文献

[1]东方航空(A股代码:600115,H股代码:0670),历年年报及披露.

[2]李刚,陈利军,陈倩,张人骥.经营租赁的真实动机——基于东方航空公司的案例研究[J].管理世界,2009(9).

[3]企业会计准则编审委员会,企业会计准则编审委员会.《企业会计准则:应用指南》,立信会计出版社,2006,12.

[4]中国注册会计师协会.《财务成本管理》,中国财政经济出版社.

[5]李文波.我国融资租赁业存在的问题及对策[J].管理学刊,2010(5).

[6]朱颖隽.租赁分类选择披露的案例分析[J].交通财会,2010(8).

股权激励篇

股权激励篇

案例10 万科股权激励计划案例研究

一、案例概述

（一）企业背景

万科（股票代码：000002），全称为万科企业股份有限公司，成立于1984年5月，是目前中国最大的专业住宅开发企业，也是股市中的代表性地产蓝筹股。总部设在深圳，至2009年，已在20多个城市设立分公司。2008年公司完成新开工面积523.3万平方米，竣工面积529.4万平方米，实现销售金额478.7亿元，结算收入404.9亿元，净利润40.3亿元。2009年实现营业收入486亿元，营业利润142亿元，毛利率29.2%，实现净利润52.8亿元。在企业领导人王石的带领下，万科通过专注于住宅开发行业，建立起内部完善的制度体系，组建专业化团队，树立专业品牌，以所谓"万科化"的企业文化享誉业内。

（二）动因分析

基于股票期权与限制性股票比较角度分析，万科之所以采用限制性股票的方式，主要是因为股票期权定价模型的不确定性和不准确性。从另一方面讲，限制性股票更有利于道德风险的控制，因为业绩等指标在服务期限和业绩上对激励对象的约束较强，使激励对象能把精力放在创造价值上，而不仅仅关注股价的涨落，能够更有效地激励管理层最大化股东价值，尤其在资本市场不发达的情况下，单独的股价指标并不能起到有效的激励作用，而授予限制性股票的考核指标可以把股价和业绩结合起来，从多方面考察激励对象的努力。限制性股票另一个显著的优点是：在企业预计付出成本相同的条件下，股票期权所需要的股票数量要大于限制性股票的数量（因为股票期权以股价差额计算，而限制性股票是以股价计算），也就是说,奖励限制性股票对于现有股东价值的稀释效应要小于奖励股票期权所产生的稀释效应(见表10.1)。

表10.1　　　　　　　　　　股票期权和限制性股票比较

比较项目	股票期权	限制性股票
权利义务对称性	不对称	对称
激励惩罚对称性	不对称	对称
等待期和行权期	1年以上等待期,分期行权	一般无等待期和行权期,授予后持有股票
禁售期/锁定期	无	设置较长的禁售期和解锁期
限制性门槛条件	行权条件	解锁条件
行权价格/授予价格	计划草案公布前30个交易日和前一交易日的市场价格,不低于二者的较高者	计划草案公布时的市场价格折价(定向增发情况下最高可达50%),甚至可以为零
价值估值	根据B-S或二叉树期权估值模型等,没有确定模型	授予日的股票市场价格减去授予价格
对公司财务报表的影响	在授予期和未来的等待期内都会逐年减少企业利润,但期权费用作为非付现成本不影响企业现金流	提取激励基金购股方式下,减少企业利润和现金流;定向发行方式下,不增加企业成本费用,但股本增加可能引起业绩稀释
激励力度	其他条件相同下,每份股票期权的收益低于每份限制性股票	同左,但是提取激励基金受到公司利润增长的限制

　　在众多的股权激励模式中,万科选择限制性股票应该是非常明智的,而且万科的设计充分体现了长期激励性和约束性。问题是为什么万科选择了从二级市场回购股票作为激励股权的来源,而且通过计提奖励基金解决激励对象购买股票时的资金来源呢?

　　实施股权激励计划的上市公司一般通过定向增发、大股东出让、向二级市场回购来作为股权激励的股票来源。万科的股权结构相当分散,最大股东华润股份当时仅持有12.89%的股权,这样的持股比例本来就缺少对公司的控制力度,在全流通模式下,股权过于分散而且大股东股权比例如此低,很容易成为收购对象,在这种情况下,无论是定向增发还是大股东出让都将进一步降低大股东的股权比例,削弱对公司的控制力度。

　　即使选择回购,也可以像大多数已经实施股权激励的公司那样参照市场价格要求激励对象支付现金获得公司股权,为什么要计提奖励基金将股票无偿授予激励对象呢?按照万科的激励计划,每年分配给董事长和总经理的奖励基金都在几百万元以上,而根据万科 2006 年的年报,金额最高的前 3 名董事的税前薪酬为 422 万元、374 万元、233 万元,其他高管的税前平均薪酬为 230 万元,依靠这样的年薪水平要支付如此巨额资金是有一定难度的,为保证激励效果,减少激励对象的财务压力,万科设计了计提奖励基金的模式。

(三)过程描述

1. 万科限制性股票激励模式

万科限制性股票激励模式,是指上市公司按照预先确定的条件授予激励对象一定数量的本公司股票,激励对象只有工作年限或业绩目标符合股权激励计划规定条件的,才可以出售限制性股票并从中获益。限制性股票激励制度的作用机理是:股东给予管理者长期未来激励——管理者努力工作——公司业绩提高——公司股票价格上升——管理者报酬增加。努力程度、业绩、股价和报酬四者之间的相关程度越高,激励效果越好。限制性股票制度通过一系列环节来实现激励目的,如果市场机制比较完善,各个环节之间的传递会比较顺畅,限制性股票制度的激励效果就比较好;反之,限制性股票制度的设计初衷难以实现(见图 10.1)。

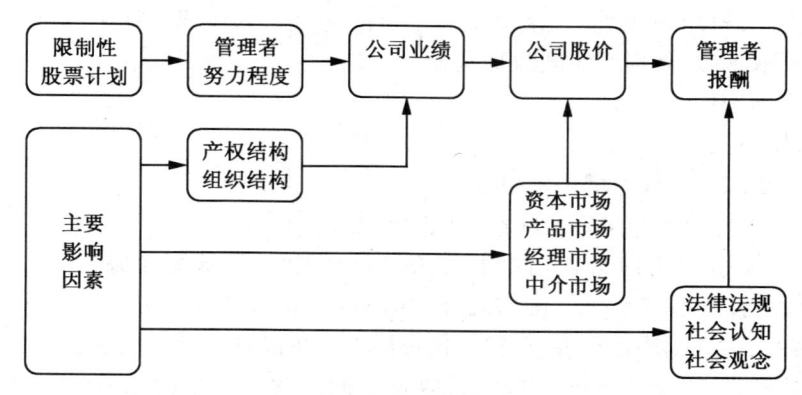

图 10.1 万科限制性股票激励模式

2. 万科股票激励计划介绍

(1)基本模式

①激励方式:在公司达成一定业绩目标的前提下,按当年净利润净增加额的一定比例提取激励基金。通过信托管理的方式,委托信托公司在特定期间购入本公司上市流通 A 股股票,经过储备期和等待期,在公司 A 股股价符合指定股价条件下,将购入的股票奖励给激励对象。

②计划周期:按照 3 个不同年度,分 3 个独立账户运作,即 2006~2008 年每年一个计划,每个计划期限通常为 2 年,最长不超过 3 年(仅当发生补充归属时)。

③激励对象:人数不超过万科专业员工总数的 8%。董事长的分配额度为每

期拟分配信托资产的10%,总经理为7%。其余被激励的董事、监事和高层管理人员,其分配方案由董事会薪酬与提名委员会于每次归属时决定;其他人员的分配方案于每次归属时由总经理拟定、报薪酬与提名委员会备案,并经监事会核实。

④激励基金:年度激励基金采取预提方式,以上一年度的净利润净增加额为基数,按30%的比例预提当年激励基金;如果业绩达标,则对差额进行调整;如果未达标,则售出股票移交给公司。

⑤股票权益:信托公司根据激励基金提取额所购买的股票数量及其衍生权益所派生的数量。信托财产中的限制性股票在归属前,享有由购入股票所带来的一切衍生权益,但不享受投票权和表决权;归属后个人持股,享有股东应享有的一切法定权益。

⑥激励额度:以当年净利润净增加额为基数,根据净利润增长率确定提取比例,但不超过当年净利润的10%。当万科净利润增长率超过15%但不超过30%时,以净利润增长率为提取百分比、以净利润净增加额为提取基数,计提当年度激励基金;当万科净利润增长比例超过30%时,以30%为提取百分比、以净利润净增加额为提取基数,计提当年度激励基金。

⑦实施条件

业绩目标:

A. 年净利润(NP)增长率超过15%;

B. 全面摊薄的年净资产收益率(ROE)超过12%;

C. 公司如采用向公众增发股份方式或向原有股东配售股份,当年每股收益(EPS)增长率超过10%。除此之外的情形(如采用定向增发方式实施重大资产购并、换股、引进战略投资者、配售转债和股票衍生品种等)则不受此限制。

股价条件:以全年万科A股每日收盘价的向后复权年均价为股价条件,所谓复权就是对股价和成交量进行权息修复,按照股票的实际涨跌绘制股价走势图,并把成交量调整为相同的股本口径。

当期归属:在等待期结束之日(即T+1年年报公告日),必须满足以下条件才能以当期归属方式全部一次性归属激励对象:$Price_{T+1} > Price_T$。补充归属:因未达到当期归属条件而没有归属,限制性股票可延迟一年至T+2年年报公告日进行补充归属,但必须同时满足下列两个条件:$Price_{T+2} > Price_T$;$Price_{T+2} > Price_{T+1}$。取消归属:如果在补充归属时不能达成条件,则未归属的股票被取消归属。

股票转让:激励对象在职期间,转让其持有的限制性股票,应当符合法律法规和万科《公司章程》的规定。在离职后半年内,受激励的董事、监事和高层管理人员不得转让其持有的限制性股票。

(2)限制性股票激励计划的特点

①万科此次股权激励计划以净资产收益率(ROE)作为限制性股票激励实施的一项考核指标,可以有效抑制企业过度融资与盲目扩张冲动,更能真实反映管理层的经营状况。这不同于此前其他公司所采用的净利润总额作为激励基金的计提基数。这种方式抬高了激励的门槛,增大了对管理层的压力,对公司业绩提出了更高的要求。同时,如果仅以净利润增长为获得激励股票的标准,上市公司会存在过度融资的动机,但如果引入净资产收益率指标,这种动机会受到抑制。预提激励基金在事后调整是此激励计划的又一重要创新:按照方案,以年报披露日所披露的上年净利润增长率和增长额为依据,预计提当年的激励基金。

②如果下年披露当期年报时,实际增长率和增长额与预提的依据存在差异,则实行相应调整,即信托机构买入或卖出股票。但如果未达到15%的净利润增长率,则所计提激励基金买入的股票必须全部变现,并将资金返还上市公司。此条款加大了对激励对象的约束,也更容易得到股东的认可。

③每一年度股票激励计划中的限制性股票采取一次性全部归属,并在当期未能归属的前提下拥有一次补充归属的机会。限制性股票必须满足 PriceB>PriceA,才能以当期归属方式一次性全部归属激励对象;若因未达到当期归属条件,限制性股票可延迟大约1年进行补充归属,但必须同时满足:PriceC>PriceA 且 PriceC>PriceB。其中,PriceA 为初始股价,即首年万科 A 股每日收盘价的向后复权年均价;PriceB,PriceC 为依次递推一年的全年万科 A 股每日收盘价的向后复权年均价。如果在补充归属期仍不能达到条件,则公司确认该年度计划被终止,应归属的股份必须出售,并将资金返还公司。

(3)实施条件的合理性分析

A. 选取指标的合理性

净资产收益率是指企业一定时期内的净利润与股东权益的比率。该指标反映了投资者投入企业的自有资本获取净利润的能力,突出反映了投资与收益的关系,是评价资本收益的核心指标,也是国际上通用的业绩考核指标之一。它的优点包括:①简洁明了,程序简单;②综合性较强,既可通过增加收入、降低成本来提高投资报酬率,也可通过减少投资额来实现;③具有横向可比性;④有助于引导企业提高管理水平和资金使用效率。当然,作为一个传统的会计基础业绩指标,净资产收益率也不可避免地有一些不足:①易于受到操纵,通过对净利润或净资产的调节来满足考核条件;②过分关注企业盈利性,导致企业的短期行为取向;③不能反映对股东财富的绝对贡献值。

B. 指标设定的合理性

表 10.2　　　　　　　　万科 2003～2006 年业绩　　　　　　　　单位：元

年份	净利润	净利润增长率	净资产收益率	每股收益	每股收益增长率
2003 年	542 270 658.17	41.8%	11.53%	0.388	−35.97%
2004 年	889 165 465.77	63.97%	14.16%	0.386	−0.52%
2005 年	1 336 851 574.86	50.35%	16.25%	0.363	−5.96%
2006 年	2 211 122 694.04	65.4%	14.48%	0.38	4.68%

股权激励方案的目的是对经营者的积极性进行激励，以实现股东权益的最大化。其中设定行权标准是关键。如果定得过低，经营者无需努力就能达到方案的要求；反之，如果行权标准定得过高，那么经营者即使再努力也很难达到方案的预期要求或者引发经营者操纵盈余的机会主义行为。这都不能达到股权激励的初衷。

①根据激励计划中业绩指标的计算标准，经粗略测算，扣除激励基金前的净利润增长率至少需在 19% 以上，才能使实际的净利润增长率达到 15%。过去三年万科保持了 40% 以上的利润增长速度，相比之下，15% 这个指标是明显偏低的，几乎可以确定地说，只要行业状况没有太大变化，净利润增长率绝对可以达到 15% 的考核指标。

②净资产收益率超过 12% 的指标相对比较合理，尽管除了 2003 年这一指标低于 12% 以外，2004 年和 2005 年这两年的净资产收益率均远高于 12%，但是 12% 这个标准在同行业中已属较高水平，也可能是万科预期成本（土地价格等）会在未来几年内上涨，会降低净资产收益率，因此适当调低标准到 12%（事实上，2008 年其净资产收益率未达到这个指标）。

③当公司通过增发或配股收购资产时，当期的每股收益增长率必须达到 10%，这一条件的设置不仅可以约束管理层盲目扩张的冲动，更关键的是，无论是增发还是配股都为大股东设置了难题，参与意味着追加投入，不参与意味着本来已经很低的股权被进一步稀释，并最终导致对公司的控制力度被削弱，增加被收购的风险。

④将股票价格作为股票归属的限制条件，进一步增加了对管理层的约束。按照股票的理论价格计算方法来看，如果万科能实现上述业绩指标，是完全可以达到这样的股价指标的，但是如果考虑到不理性市场的波动和整个市场情况的变动，还是有很大的不确定性。

管理层能够在一定程度上影响股价。管理层如果想尽力让股价达到激励计划考核要求，可以在适当的时候放出消息，实现目标。但是这个方法对于股票期权比较有效,因为管理层可以在确定行权价格日的附近压低股价,在行权日推高股价,从而直接增加个人获利的额度,而对于限制性股票来讲就不是那么有效了,而且万科在制订股权激励计划的时候考虑到了股价波动的不确定性,所以要求以年平均股价作为考核标准,这加大了操纵的难度,从这一点上来说,万科的计划考虑得还是比较周到的。

二、结果评价

(一)万科股权激励计划实施结果

1. 业绩指标

将表10.3和激励计划中的基金提取条件对比,可以发现:2006年和2007年万科都达到了业绩指标。但2008年,由于扣除非经常性损益后的年净利润增长率和扣除非经常性损益后的基本每股收益增长率都是负数,因此2008年万科没能达到设定的业绩指标。

表10.3　　　　　　　　业绩指标增减情况表　　　　　　　　单位:元

年份和增长率	归属上市公司股东扣除非经常性损益的净利润	全面摊薄的净资产收益率	全面摊薄的基本每股收益
2005年	1 351 178 611.86		0.363
2006年	2 211 122 694.04	13.89%	0.493(调整前) 0.38(调整后)
增长率	54.68%		35.81%
2007年	4 811 409 653.40	16.36%	0.72(调整前) 0.45(调整后)
增长率	116.67%		89.47%
2008年	4 060 585 300.93	12.73%	0.37
增长率	−15.61%		−17.78%
2009年	5 232 336 866.70	14.00%	0.48
增长率	28.86%		29.73%

2. 股价指标

2006~2008年的股价指标如表10.4所示。由表10.4可以看出,2007年股价大于2006年股价,2006年激励计划符合当期归属。2008年股价小于2007年股价,2007年度激励计划进入补充归属期,2009年股价仍然未达到股价指标,2007年度激励计划被取消归属。

表 10.4　　　　　　　　　　　　　　股价表

年份	万科 A 股每日收盘价的向后复权年均价
2006	7.1 元/股
2007	33.66 元/股
2008	25.79 元/股
2009	25.50 元/股

3. 实施结果

2006～2008 年万科限制性股票激励计划具体的实施情况,如表 10.5 所示。

表 10.5　　　　　　　　限制性股票激励计划实施结果表

年份	提取股票数	业绩指标	股价指标	实施状态
2006	54 609 696	达标	达标	符合当期归属,已记入激励对象个人股票账户
2007	46 551 761	达标	未达标	计划终止
2008	60 925 820	未达标	/	计划终止

公司首期(2006～2008 年)限制性股票激励计划于 2006 年 5 月 30 日经公司 2005 年度股东大会审议通过后开始实施,并按照三个不同年度,分三个独立计划运作。其中,2006 年度激励计划已于 2008 年 9 月 11 日完成实施;2008 年度激励计划由于业绩考核指标未能达成,已于 2008 年度公司股东大会后终止实施;2007 年度激励计划达成了业绩考核指标条件,对应限制性股票能否归属激励对象取决于相关股价考核指标能否达成。

目前,2009 年万科 A 股每日收盘价的向后复权年均价已经确定,低于 2007 年同口径股价,2007 年度激励计划的股价考核条件未能达成,该年度激励计划确认终止实施。

(二)万科股权激励计划的激励效果分析

1. 万科股权激励计划的激励效果分析

表 10.6　　　　　　　2005～2008 年万科主要财务指标分析　　　　　　　单位:元

年份	主营业务收入	净利润	每股收益	经营活动净现金流	财务费用	ROE
2005	10 614 198 950.60	1 364 689 853.78	0.39	843 439 134.65	1 619.71	16.25%
2006	17 918 331 517.79	2 297 883 766.18	0.23	(3 024 121 481.87)	14 015.16	14.48%
2007	35 526 611 301.94	4 844 235 494.21	0.45	(10 437 715 815.80)	35 950.01	16.43%
2008	40 991 779 214.96	4 033 170 027.89	0.37	(34 151 830.40)	65 725.33	12.73%

注:2006～2008 年财务费用大幅上升原因为:利息支出上升幅度较大,非资本化借款增多。

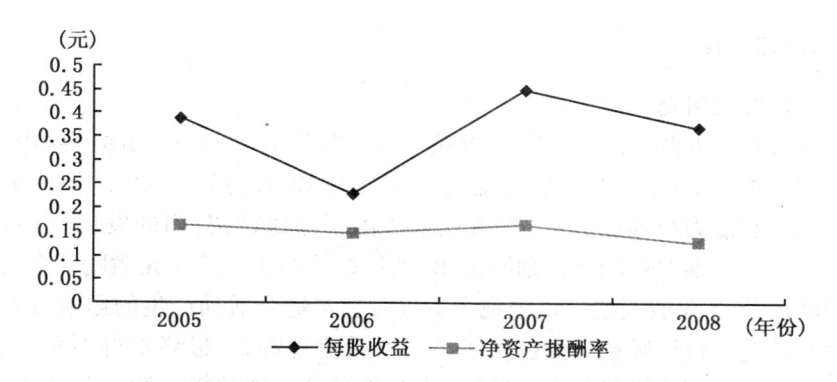

图 10.2　2005～2008 年每股收益和净资产报酬率

在净利润迅速增加的同时,经营现金流量和货币资金余额却在大幅度下降,财务费用因长期借款利息的增加而快速增长,这些都是公司短期偿债能力风险增加的信号。由于在激励计划中并没有设置现金净流量指标,所以 2006 年万科已确定能完成公司业绩指标,因此公司在此基础上于 2006 年 5 月 31 日为激励对象预提 2006 年度激励基金共 14 000 万元。在现金本来就不宽裕的情况下,又为管理者在二级市场上回购公司的股票,这无疑将会把公司推入现金流量严重不足的困境。

总体来说,万科的 EPS 增长率、销售收入增长率、ROE 净资产报酬率在与行业相比时,均高于行业的水平。从万科 2006 年 3 月 21 日公布限制性股票激励计划以来,从图中各指标的三年数值来看,万科的指标数值均要高出行业起码一倍的水平,这在一定程度上反映出万科的经营和业绩水平在稳步增长,并且处于房地产行业的领先地位,说明万科的股权激励计划没有造成中小股东的过于反对,对管理层还是有些作用,但是鉴于万科本身是地产行业的龙头,所以激励效果并不一定明显。

2006～2007 年,万科的股价逐渐上升,股价的上升趋势比较明显。万科是在 2006 年 3 月 21 日公布限制性股票激励计划的,公布初期,投资者普遍预期该股权激励会提高公司的业绩,所以前期万科的股价和成交量均有较大幅度的上升,特别是公布之后 10 多个交易日内,除了极个别的交易日股价有很小幅度的下降,其他交易日都是比较大幅度的上升。另外,相比较于同行业的地产股,如保利地产和招商地产等,万科的股价表现均要优于这些公司。万科从 2006 年 3 月公布限制性股票激励以来,其股价基本呈现上升的趋势,说明万科的管理层为了得到激励的股票,一直致力于万科经营管理。2007 年底开始,股市大盘出现连续性地大幅下跌,万科的股价也出现一定程度的下跌。

三、问题讨论

(一)现金流问题

根据万科最近两年的主要财务指标,公司2005年、2004年的净利润增长率分别为53.80%、61.91%,按月平均加权法计算的ROE分别为19.54%、15.39%。然而即使盈利能力很强的公司,如果现金流出了问题,对公司的发展也将是致命的。而万科的首期股权激励计划刚推出,就计提了约1.417亿元激励基金,并在二级市场购入公司A股股票。该项现金支出对公司经营活动产生的影响令人担心,如果因为计提股权激励基金而占用了公司大量流动资金,最终不得不靠增加借款来对股东进行分红或维持公司的运转,那么该激励计划预提的激励基金和数额就值得思考了。

(二)控制权问题

公司首次限制性股票激励计划激励股票完成计入激励对象个人股票账户的过户手续是在2008年,因此,我们需要比对2007年、2008年、2009年和2010年四年间股票激励计划对股东情况变化带来的影响。

表10.7　　　　　　　　　　2007年前10大股东

股东名称	股东性质	持股比例	持股总数	有限售条件股份数量	质押或冻结的股份数量
华润股份有限公司	国有股东	14.63%	1 005 684 247	165 000 000	0
刘元生	其他	1.20%	82 529 697	0	0
南方绩优成长股票型证券投资基金	其他	1.15%	78 823 038	0	0
上海南都伟峰投资管理有限公司	其他	1.09%	75 000 000	0	0
TOYO SECURITIES ASIA LIMITED-A/C CLIENT	外资股东	0.97%	66 837 583	0	0
国信证券有限公司	其他	0.86%	59 000 000	0	0
汇添富均衡增长股票型证券投资基金	其他	0.78%	53 549 749	0	0
内藤证券株式会社	外资股东	0.68%	46 609 444	0	0
中国人寿保险(集团)公司传统、普通保险产品	其他	0.68%	46 570 058	0	0
嘉实稳健开放式证券投资基金	其他	0.67%	45 858 978	0	0

按万科公司激励计划的目标推算,激励对象将至少获得公司10%的股权,由此成为公司第二大股东,较目前第一大股东华润股份有限公司13.24%的股权仅低3.24%,核心管理层与员工团队将真正获得激励效益。由于目前万科股权结构比较分散,截至2006年6月30日,前五大股东持股比例分别为13.24%、2.07%、1.94%、1.47%、1.42%,第一大股东和后几大股东持股比例差额较大,还不足以形成股东之间的权利制衡机制,第一大股东华润股份有足够的表决权来实现自己的控制权收益。此次万科激励计划的实施可以部分解决第一大股东的侵占行为,但"相近持股比"这种股权结构在我国民营上市公司中的优势是难以发挥的,而且这种股权结构还会引起股权纠纷。万科激励计划涉及金额较大,激励面广,激励强度也比较大,可能会导致过度激励行为,从而引发"控制权的争夺",这就为企业建立有效的公司治理结构提出了更高的要求。

由于首期限制性股票激励计划实际只成功进行了一个年度,而且激励对象为公司在职员工,和机构持股差距太大,因此股票激励计划并不会给公司带来控制权分散的风险。

四、启示

万科公司在实施限制性股票激励计划的过程中,在确定限制性股票是否归属时,所依据的标准是经营者业绩和股价双重标准,是实现经营者报酬与其业绩挂钩的前提。同时,激励计划设计中有一个完整的业绩指标衡量体系,将股价和净利润增长率、净资产收益率、每股收益等财务指标相结合,避免了股市非理性因素波动和非经营性因素的影响,保证了激励计划的激励功能能够充分发挥,促使管理层更加注重长期目标,利于企业的长期稳健发展。由于每家企业的具体情况不同,在借鉴万科股权激励模式时,其绩效考核指标也应当从企业实际情况出发,选择适合本企业的指标体系从而建立有效的股权激励模式。

然而该计划也有一些明显的不足之处,具体体现在:第一,该计划中,购买限制性股票的资金来源是公司的奖励基金,信托机构购入并用于本计划的激励性股票总数累计不超过公司股票总额的10%;非经股东大会特别决议批准,任何一名激励对象获授的本公司股票累计不得超过公司股本总额的1%,因此股权的数量受到限制,可能会影响激励的效果。第二,限制性股票的内在价值直接与股票的市场价格相关联,因此当股票市场价格剧烈波动时,就有可能引发企业现金流的紧张,进而使得股票归属发生困难,激励机制难以发挥作用。

五、万科 2010 年股票期权计划

(一) 股票期权计划介绍

1. 基本模式

激励方式：授予的股票期权于授权日开始，经过一年的等待期，在之后的三个行权期，第一、第二和第三个行权期分别有 40%、30%、30% 的期权在满足业绩条件前提下获得可行权的权利。当期未满足业绩条件而未能获得行权权利的期权将立刻作废，由公司无偿收回并统一注销。授予的 11 000 万份期权基本操作模式如表 10.8 所示。

表 10.8　　　　　　　　　　期权基本操作模式

阶段名称	时间安排	行权比例
授权日	本计划获得股东大会通过之后的 30 日内	一
等待期	自授权日起至授权日起 12 个月内的最后一个交易日当日止	一
第一个行权期	自授权日起 12 个月后的首个交易日起至本期权有效期（即授权日起 48 个月）的最后一个交易日当日止	40%
第二个行权期	自授权日起 24 个月后的首个交易日起至本期权有效期（即授权日起 48 个月）的最后一个交易日当日止	30%
第三个行权期	自授权日起 36 个月后的首个交易日起至本期权有效期（即授权日起 48 个月）的最后一个交易日当日止	30%

在期权有效期的可行权时间内未行权的股票期权，在股票期权有效期满后全部作废，由公司无偿收回并统一注销。

计划有效期：本激励计划的有效期为 4 年，即自股票期权授权日起 4 年内有效。

激励对象：本激励计划的激励对象人数共计 851 人，占公司目前在册员工总数的 3.94%。上述人员均在公司或公司下属公司工作并领取报酬。非经股东大会特别决议批准，任何一名激励对象通过本计划及本公司其他有效的股权激励计划（如有）累计获得的股份总量，不得超过公司股本总额的 1%。

激励期权数量：公司拟向激励对象授予总量 11 000 万份的股票期权，占授予时公司股本总额的 1.000 4%。每份股票期权拥有在可行权日以预先确定的行权价格和行权条件购买一股公司人民币普通股（A 股）的权利。公司将在股东大会审议通过股票期权计划之日起 30 日内，按相关规定召开董事会对激励对象授予股票期权。股票期权有效期内若发生资本公积金转增股本、派发股票红利、股份拆细、缩股、配股等事宜，股票期权数量及所涉及的标的股票数量将根据本计划相关规定

进行调整。

2. 实施条件

禁售条件：

A. 激励对象为公司董事和高级管理人员的，其在任职期间每年转让的股份不得超过其所持有本公司股份总数的25%；在离职后半年内，不得转让其所持有的本公司股份。

B. 激励对象为公司董事和高级管理人员的，将其持有的本公司股票在买入后6个月内卖出，或者在卖出后6个月内又买入，由此所得收益归本公司所有，公司董事将会收回其所得收益。

3. 业绩条件

本计划有效期内各年度归属于上市公司股东的净利润及归属于上市公司股东的扣除非经常性损益的净利润不得低于授权日前最近三个会计年度的平均水平，且不得为负。

（二）股票期权计划特点

可以看出此次股票期权计划，在业绩指标上设定了更加严格的标准，而取消了股价指标，这无疑是给管理层在业绩上更大的激励，而可以不用考虑复杂的股价变化所带来的不确定性，但是此次计划的资金来源是激励对象本身，所以激励的程度也有所下降，如果股价一直处于低位的话，对于激励对象来说也无太大利益可言，所以可以说股价仍旧是一个隐形的指标，只是激励对象可以有一年的时间来实行这个权利。

六、两期股票激励计划采取不同方式原因分析

（一）首期计划中体现出来的现金流问题

万科的首期股权激励计划刚推出，就计提了约1.417亿元激励基金，并在二级市场购入公司A股股票。这一大笔现金流出无论是对哪个企业来说，都是一项巨大的挑战。图10.3是对近几年的财务指标统计。

1. 经营活动现金流量净额

首期股权激励计划是在2006年初提取激励基金的，从图10.3中可以明显看出，2005年底～2006年底，公司的经营活动现金流量净额有所下降，这与2006年初预提的激励基金有一定关系。2006年度计划成功实施，激励基金均被用于购买二级市场中的股票并且过户给激励对象。相同的，2007年初预提了2007年度计划的激励基金，同样造成了经营活动现金流量净额的下滑。2007年底～2008年底之间，虽然和前两年一样，在年初计提了激励基金，但是由于股市、楼市有大量热钱涌入，公司的现金流充足，从而导致了当年的经营活动现金流量净额比起前一年有

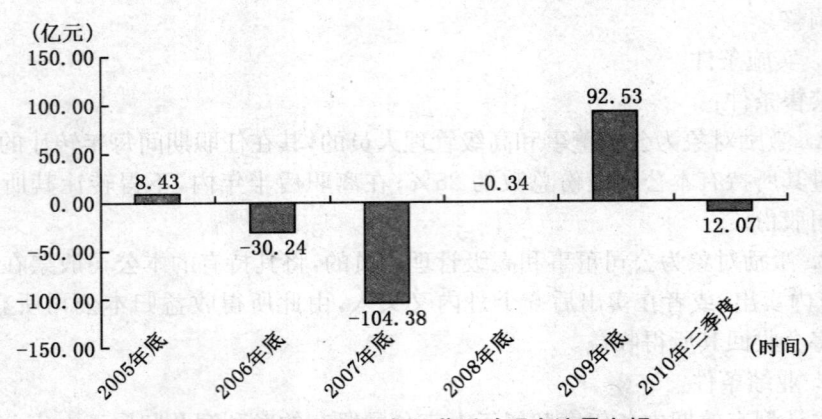

图 10.3　2005～2010 年经营活动现金流量净额

所回升。2009 年,由于 2007 年度计划的股价指标未能达标,因此深国投出售所有股票,大量资金回笼使经营活动现金流量净额显著上升。由于房地产竣工时间分布不均匀性的影响,2010 年 1～9 月万科竣工面积在全年中占比较低。2010 年前三季度万科实现营业收入仅为销售额的 1/3 左右。受这一因素的影响,万科的结算收入和营业收入较上年同期有所下降,但随着第四季度更多项目竣工并转入结算,预计四季度结算收入将超过前三季度总和。因此,2010 年底的经营活动现金流量净额相较于 2009 年底,有所上升。

2. 资产负债比

从图 10.4 可以看到,2007 年的资产负债比比 2006 年提高了 10%,这是由于 2006 年计提的激励基金给公司的现金流造成了较大的影响,公司不得不靠增加借款来对股东进行分红或维持公司的运转。虽然万科的资产负债比远低于行业平均水平 65.5%,但是和前后几年的数据相比,计提激励基金给公司的资产负债比还是带来了一定的波动。

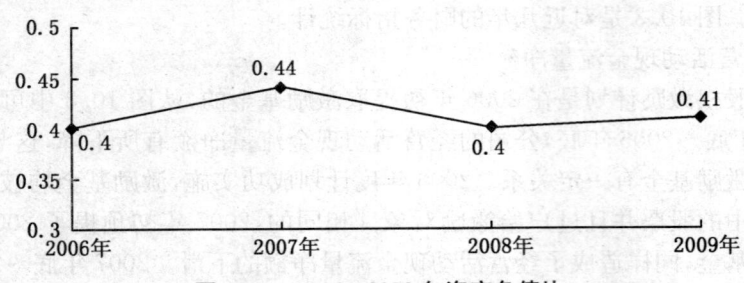

图 10.4　2006～2009 年资产负债比

综合上述情况来看,撇开市场宏观环境的影响,通过限制性股票进行的股权激励计划对公司的现金流有很大的影响,而像万科这种房地产行业,其本身的周转周期较长,现金流的稳定也就显得更加重要。此外,限制性股票的内在价值直接与股票的市场价格相关联,因此当股票市场价格剧烈波动时,就有可能引发企业现金流的紧张,进而使得股票归属发生困难,激励机制难以发挥作用。因此,此次2010年的股权激励计划形式变更成了股票期权。

(二)上市公司激励成风

2010年以来,有58家上市公司完成股权激励,而2009年这一数字仅为10家,2008年为14家。这一方面与管理层对股权激励逐渐放开有关,另一方面也是因为2010年以来市场相对处于弱市,一般而言是股权激励的好时机。

从行业来看,信息技术为2010年以来实施股权激励最多的行业,共有10家上市公司完成股权激励。此外,电子行业有7家。医药行业实施股权激励的上市公司达到7家,与之数量相当的还包括石油化工行业。机械和房地产行业分别有6家和5家上市公司完成了股权激励。2010年8月6日,荣盛发展共4 800万份股票期权被授予上市公司管理层,行权价格经过分红扩股后,被调整为每股11.99元。而金地集团也在2008年启动股权激励失利之后,最终在2010年3月闯关成功,224名激励对象被授予9 937万份股票期权,行权价格为每股14.12元。国资背景的金地集团在2008年曾经启动过股权激励计划,因为定于牛市中的行权价格高达42元,远远高过后来的上市公司股价,上述股权激励计划最终流产。

与万科不同,大部分房地产企业股权激励最终未能实施的原因,在于其行权价高于上市公司后来的股价,上市公司主动放弃。由此可见,万科所在的房地产行业,大部分是采用股票期权激励模式。在此次的新计划中,万科谨慎地设置了启动条件和行权价格,尽量避免重蹈覆辙。

(三)融资渠道

在首期的激励计划中,需要预提激励基金从二级市场买入股票,这实际上是一种股票回购,资金的来源还是公司的自有资金或负债。但是股票期权则是在达到行权条件以后,激励对象自己出资,按照既定的行权价格买入公司股票,从而以优惠的价格持有公司股票。公司通过这种方式,一方面筹得了一定的资金,另一方面也可以给予高管们一定的奖励,留住人才。

(四)政策导向

就目前监管部门的导向来看,由于期权方式是国际通行的激励工具,具有简单、定价方式透明等优点,监管部门提倡上市公司应以期权激励机制为导向,故无论是房地产行业还是其他行业,目前规范类的股权激励还是以股票期权计划居多。

七、结论

股权激励计划作为一种捆绑公司业绩和管理层价值回报的方式,应正确选择评价指标。从本案例分析来看,不理性资本市场的股价指标还不能作为一个合适的考核指标。同时,市场环境对股权激励计划的效果在某些情况下有决定性的影响。因此,正确、客观地评价管理层的表现不仅能够留住人才,更能激发管理层的责任感,在做出决策时能从公司长远角度进行考虑。在这样一个市场宏观调控对房产行业不利的时期,万科发出股票期权计划,并且设定了一个比较高的业绩指标,不得不让我们思考这样一个时机是否正确,市场的变化很快,这次的股票期权计划是否能成功,还需拭目以待。

八、相关知识点回顾

(一)相关理论

1. 股权激励概念

股权激励(Stockholder's rights drive)是一种通过经营者获得公司股权形式给予企业经营者一定的经济权利,使他们能够以股东的身份参与企业决策、分享利润、承担风险,从而勤勉尽责地为公司的长期发展服务的一种激励方法。证监会《上市公司股权激励管理办法(试行)》中对股权激励做出了如下解释:"股权激励是指上市公司以本公司股票为标的,对其董事、监事、高级管理人员及其他员工进行的长期性激励。"

股权激励对改善公司治理结构、降低代理成本、提升管理效率、增强公司凝聚力和市场竞争力起到非常积极的作用。

2. 股权激励原理——委托代理理论

委托代理理论认为,股东和经理形成了委托代理关系:股东委托经理经营管理资产,因此经理拥有较大的实际控制权。但股东和经理追求的目标不一致——股东希望其持有的股权价值最大化,经理则希望自身效用最大化以谋求控制权私利。在经济学理论的发展过程中,对股东和经理之间利益不一致的问题逐渐形成了四种解决方式:①经理报酬;②股东的直接干预;③解雇的威胁;④接管的威胁。其中经理报酬是使用得最为广泛的,即通过激励机制来引导和限制经理行为。

3. 股权激励类型

(1)股票期权。股票期权是指公司赋予激励对象购买本公司股票的选择权,激励对象可以在约定的时间内以事先确定的价格购买公司一定数量的股票,也可以放弃这种权利,这种选择权本身不可转让。股票期权本质上是一种权利,是否行使该权利由持有者决定。该权利的行使就是一种激励,是否起到完全的激励效果,则由相关持有者是否通过努力提升公司股票价格而决定——如果股票未来的市价低于行权价,股票期权将失去激励的作用。作为上市公司激励机制的股票期权,并不同于一般的期权,表现在:股票期权是单一的买入期权;股票期权不可转让。这些不同决定了股票期权计划在设计上需要解决一个关键问题:行权价如何确定。根据行权价与股票市价——授权日的股票收盘价之间的关系,股票期权可分为三种类型:价外期权、平价期权和价内期权。

(2)限制性股票。限制性股票是指激励对象按照股权激励计划规定的条件,从上市公司获得一定数量已发行的股票。在股权激励计划中,事先规定激励对象获授股票的业绩条件、禁售期限。限制性股票根据激励对象是否出资还分为狭义限制性股票与业绩股票:"狭义限制性股票"是由激励对象个人出资购买上市公司定向增发或从二级市场购买用于激励的股票;"业绩股票"是由上市公司根据业绩考核提取奖励基金,发放给个人或通过信托机构,指定用于购买二级市场流通股,如万科A。同时也存在着两者的有机结合,如宝钢股份,在其2008年拟定的限制性股票激励计划草案中(该计划最终被取消),要求激励对象自筹部分资金作为参与每期限制性股票计划的条件之一,董事与高管自筹资金比例为50%,其他激励对象由总经理确定。

(3)股票增值权。股票增值权是指公司授予管理者的一种权利,管理者可以在公司股票价格上升或业绩提升后,按一定比例获得等于股价上扬或业绩提升所带来的收益的现金,但是不拥有这些股票的所有权,也不能享有分红。

(4)虚拟股票。虚拟股票是指公司授予激励对象的一种"虚拟"的股票,被授予者可以享有股票价格上升带来的利益以及一定数量的分红,但不拥有股票的所有权和表决权,不能转让和出售股票,在离开公司时激励自动失效。

(5)延期支付。延期支付是指公司为激励对象设计一揽子薪酬收入计划,一揽子薪酬收入中有一部分属于股权激励收入,不在当年发放,而是按公司股票公平市价折算成股票数量,在一定期限后或激励对象退休时,以公司股票形式或根据届时股票市值以现金方式支付给激励对象。

(二)我国股权激励的概况

从2006年到2009年,中国股权激励在政策上走过了试点—规范—推广—完善的4年历程(见图10.5)。

2006年1月1日~2010年10月8日,我国证券市场共有76家上市公司正式实施了股权激励。其中国有企业24家,民营企业52家;板块分布为深交所中小板企业28家,主板企业20家,上交所主板企业28家。可见经营机制相对灵活的民营企业实施股权激励的积极性更高,而更多深交所上市公司实施股权激励,我们认为原因在于深交所企业成长性较好,受监管更为严格,治理相对规范,创新意愿比

酝酿期
2005年股权制改革为股权激励奠定基础（40多家企业股改捆绑股权激励，但未能获批）

试点期
2006年1月《上市公司股权激励管理办法（试行）》、2006年9月，《国有控股上市公司实施股权激励试行办法》等出台

整顿规范期
2007年3～10月，证监会开展加强上市公司治理专项活动，股权激励暂缓审批；国资委、证监会出台配套政策规范股权激励

成熟推广期
2008年3～9月，证监会陆续发布《股权激励有关事项备忘录》1号、2号、3号，从严规范股权激励；10月，国资委、财政部《关于规范国有控股上市公司实施股权激励有关问题的通知》规范股权激励操作

发展完善期
2009年，股权激励相关配套政策不断完善和细化，财政部、国家税务总局陆续出台《关于股票增值权所得和限制性股票所得征收个人所得税有关问题的通知》、《关于上市公司高管人员股票期权所得缴纳个人所得税有关问题的通知》

2005年　2006年　2007年　2008年　2009年

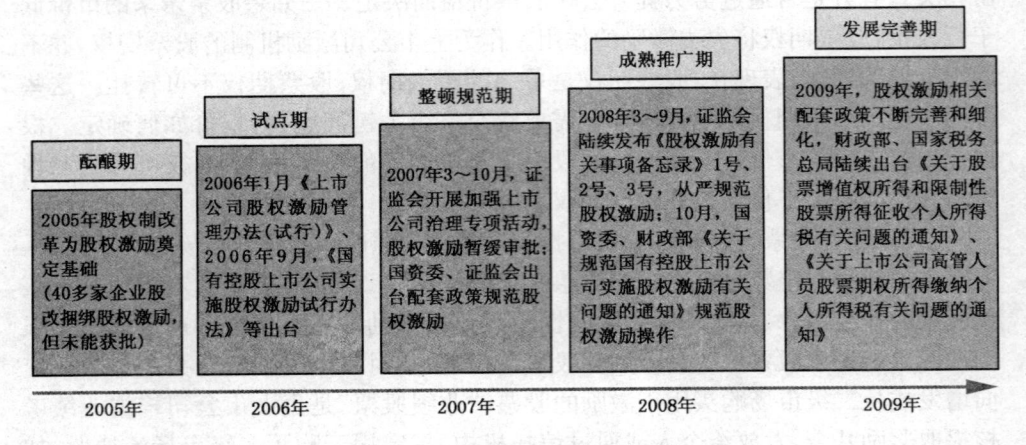

图 10.5　我国股权激励政策历程

上交所公司更强。

76 家公司行业分布较广，共涉及 18 个证监会行业类型。其中信息技术业公司 12 家，占总数的 15.79%；电子、石化、房地产业各 9 家公司，均占总数的 11.84%；机械、设备、仪表行业公司 7 家，占总数的 9.21%；医药、生物制品行业公司 6 家，占总数的 7.89%。可见，近 5 年发展迅速，业绩增长较快的行业、实施股权激励的公司较多。

将 207 家上市公司的 219 次股权激励方案按照激励方式来分类，我们发现绝大多数上市公司都选取了授予股票期权的方式来进行股权激励，采用这种方式的上市公司有 159 家之多，另有 56 家公司采用了限制性股票的方式实行股权激励，其中 11 家公司采用提取激励基金回购股票的方式，31 家公司采用向激励对象定向增发股票的方式，14 家公司直接由大股东转让股票，另外还有 4 家公司采用了股票增值权的方式。

在过去的几年中，股票期权一直是公司实行激励计划方式的首选，2006 年占 72%，2007 年占 100%，2008 年占 78%，但是限制性股票模式也逐渐受到上市公司的青睐，比例逐渐升高。采用限制性股票方式的上市公司几乎遍布所有的行业，但主要还是集中在房地产和制造业等比较成熟的行业。这主要是因为股票期权具有高风险、高回报的特点，比较适合处于成长初期或扩张期的企业。相对于股票期权，限制性股票更接近于奖金，着重于业绩等指标的完成，从这种激励方式的特点来看，比较适合一些收益和盈利增长水平比较平稳的传统成熟行业。另外，上市公司实施股权激励在股票来源的选择上，定向增发成为最主要的一种手段。原因主要有两点：首先，定向增发的操作过程要比二级市场回购简单得多，一般为上市公

司成长过程中最为熟悉的操作方式。其次,2008年对股权激励中股份来源的新规出台导致以大股东转让股票为来源的方式退出历史舞台。

参考文献

[1]李曜.股票期权和限制性股票的九大差异[J].董事会,2008(10).
[2]李曜.股票期权与限制性股票股权激励方式的比较研究[J].经济管理,2008(Z3).
[3]陶勇.万科股权激励泡汤不易[J].商界(评论),2010(02).
[4]张良玉.深圳万科股权激励模式研究[J].中南财经政法大学研究生学报,2006(06).
[5]万科首期股权激励计划对管理层和公司业绩的影响[J].会计师,2006(08).
[6]曹军.股权激励激辩——万科股权激励计划分析[J].中国总会计师,2010(01).

并购篇

案例 11 从宝钢收购案看中国式的并购

一、背景概述

（一）行业背景

1. 我国钢铁行业现状

我国是世界上最大的钢铁市场，每年消费全球钢铁总产量的1/3；同时我国又是世界上最大的钢铁生产国，2006年钢产量已突破4亿吨。但是，钢铁大国并不等于钢铁强国。目前，我国钢铁行业存在着总体产能相对过剩、产品结构不合理、铁矿石等原材料受制于国际供应商等弊端，呈现出低水平重复建设、低利润无序竞争的格局。究其原因，生产集中度过低正是病灶之一。根据中国钢铁工业协会的最新资料显示，2005年我国钢铁企业多达3 800余家，其中产钢企业高达264家，钢产量最大的宝钢集团年产量为2 141万吨，仅占全国钢材年产量的7.86%，18家年产500万吨以上钢铁企业的钢产量总和只占全国钢铁总产量的46.3%，69家重点统计企业钢产量总和也才占全国钢产量的79.81%。而日本五大钢铁企业的钢产量就占据了全日本的75%，欧盟15国6大钢铁企业钢产量占整个欧盟的74%，全球钢铁业老大米塔尔在合并老二安赛乐后产量合计更是高达1.2亿吨，占全球钢铁产量的10%。相比之下，中国与它们的差距一目了然。[1]

钢铁行业过低的生产集中度不但带来了国内市场竞争惨烈、资源配置低下、利润空间挤压等恶果，而且导致了中国钢铁企业在国际竞争中难以形成合力，既掌控

---

[1] 王翔. 浅析宝钢集团并购新疆八一钢铁集团[J]. 中国冶金，2008年7月.

不了国际市场的话语权,又经常被轻易地各个击破。在2006年国际铁矿石谈判中,尽管我国铁矿石进口量占全球铁矿石贸易量的40%以上,贵为第一大买家,却掌控不了定价权,处处受制于人。2008年6月,宝钢还接受了力拓公司的铁矿石暴涨协议,最高涨幅达到96.5%[①]。

面对种种困境,加大我国钢铁行业资源整合的速度和力度,加快产能结构的调整和优化,迅速提高生产集中度,已成当务之急。2005年7月10日,国务院出台的《钢铁产业发展政策》就明确指出要通过钢铁产业组织结构调整,实施兼并、重组,扩大具有比较优势的骨干企业集团规模,提高产业集中度。到2010年,国内排名前10位钢铁企业集团钢产量总和要占全国产量的50%以上,2020年要达到70%以上,形成2～3个3 000万吨级、若干个千万吨级的具有国际竞争力的大型钢铁企业集团[②]。

这些国家产业政策的出台,也宣告我国钢铁业外向扩张式扩张时代的结束、行业内部的并购重组整合式扩张时代的到来。从钢铁产业层面来看,行业内部的并购重组整合将成为钢铁企业扩张的主要模式;就钢铁企业层面而言,通过并购重组迅速扩大生产规模,根据市场需求来调整产品结构,持续壮大、和谐发展将是钢铁企业长远的重要战略目标。

2. 我国钢铁行业的并购态势

表11.1列举了2005～2008年间我国发生的钢铁行业的主要横向并购案例。总体来看,近年来钢铁行业横向并购主要有以下几个特点:

(1)钢铁行业由区域内整合向跨地区整合发展,既出现大量区域内横向并购,也出现大量跨地区横向并购。

(2)在资本市场不完善的情况下,钢铁行业横向并购方式主要以政府资产无偿划拨、并购方增资入股、合资建新项目三种方式为主,政府在并购活动中起到了重要的角色。

(3)大型国有钢铁企业如宝钢、鞍钢、武钢、唐钢等成为横向并购的主要推动者,同时部分民营钢铁企业如沙钢并购活动也十分活跃。

(4)并购呈现出速度不断加快、规模不断增大的态势。尤其是2008年上半年发生的4起并购事件,形成河北钢铁集团、山东钢铁集团2个地区性大型钢铁企业,宝钢、武钢2个跨地区大型钢铁企业,显著提高了2008年的中国钢铁产业的集中度。

---

① 罗安国. 重组——提高我国钢铁行业生产集中度的必然选择[J]. 科技和产业,2006年12月.
② 伍光磊. 宝钢战略性收购八一钢铁的启示[J]. 湖南财经高等专科学校学报,2008年第2期.

表 11.1　　2005～2008 年间我国发生的钢铁行业的主要横向并购案例

横向并购案例	特点和方式	年份	并购后企业名称
鞍钢和本钢合并	省内并购/无偿划拨	2005	鞍本集团
宝钢并购八一钢铁	跨地区并购/增资入股	2007	宝钢集团
宝钢并购韶钢、广钢	跨地区并购/合资新建	2008	
武钢并购鄂钢	省内并购/无偿划拨	2005	武钢集团
武钢并购昆钢	跨地区并购/增资扩股	2007	
武钢并购柳钢	跨地区并购/合资新建	2008	
沙钢收购淮钢	民营企业并购/现金收购	2006	沙钢集团
沙钢控股江苏永钢	民营企业并购/现金收购	2007	
沙钢收购河南永新	民营企业并购/现金收购	2007	
首钢并购贵州水钢	跨地区并购/无偿划拨	2005	首钢集团
唐钢并购承钢、宣钢	省内并购/无偿划拨	2006	河北钢铁集团
唐钢、邯钢合并	省内并购/无偿划拨	2008	
济钢、莱钢合并	省内并购/无偿划拨	2008	山东钢铁集团

资料来源：王东杰．近年来国内钢铁行业横向并购的态势评析[J]．学术论坛，2008 年第 10 期．

(二) 企业背景

1. 宝钢

(1) 宝钢集团发展历史

宝钢集团是中国最大的国有钢铁企业，是以宝山钢铁(集团)公司为主体，联合重组上海冶金控股(集团)公司和上海梅山(集团)公司，于 1998 年 11 月 17 日成立的特大型钢铁联合企业，目前年产量 2 250 万吨左右。面对着新的经济和产业环境，2007 年宝钢集团公司董事长徐乐江首次全面阐述了宝钢的发展战略，明确提出了宝钢 2007～2012 年的战略目标：力争 2012 年形成 8 000 万吨的产能规模，销售收入达到 500 亿美元以上，利润总额 50 亿美元以上，钢铁主业综合竞争力进入全球前三强，在世界 500 强排名中进入 200 名以内，即"规模加精品"战略[①]。

(2) 宝钢并购战略

目前宝钢的发展已进入了关键时期，国外大型钢铁企业对中国市场的渗透和国内其他大型钢厂不断地并购重组行为威胁着宝钢的地位。铁矿石等原燃料价格

---

① http://mnc.people.com.cn/GB/54849/69893/75279/75280/5121611.html.

持续暴涨挤压了企业的生存空间,这是来自外部的严峻挑战;另一方面,企业也要加快转变未来的发展模式,通过产出高附加值的钢铁产品来得到更好的发展,这是内部的发展需求。在产业调整和宝钢自有的战略规划大背景下,宝钢开始了它一次又一次的征程。

图 11.1 反映了宝钢并购八一钢铁和广钢以及韶钢的战略意图。从这张图上我们可以明显地看到我国目前大小钢厂有几百家之多,分散程度很高,但其中大多是中小型钢厂,产能低、质量差。我们忽略其中的小钢厂就可以发现,中国的钢铁业分布大致是,东北:鞍钢;华北:首钢、唐钢、包钢、邯郸钢铁相互竞争;华东:宝钢;华中:武钢;西南:攀钢。目前,似乎只有西北和华南仍有空缺。占领西北可以充分享受西部大开发的优惠政策,还可以图谋中、东地区的钢铁市场(那里的钢产能少,进口需求量大),而华南地区则更是兵家必争之地,此地是中国经济发达地区,钢需求量大但当地钢厂的产能小,同时此地为沿海地区,有许多适合造深水港的港口,为钢厂进口原材料——铁矿石提供了得天独厚的条件,可以大大节约钢厂的成本。也正因为此,宝钢先后对八一钢铁和广钢、韶钢进行兼并重组,运用充裕的现金流和强大的政府的公关能力占领了这两块前景无限的市场。宝钢的这两次并购可以说极具意义。

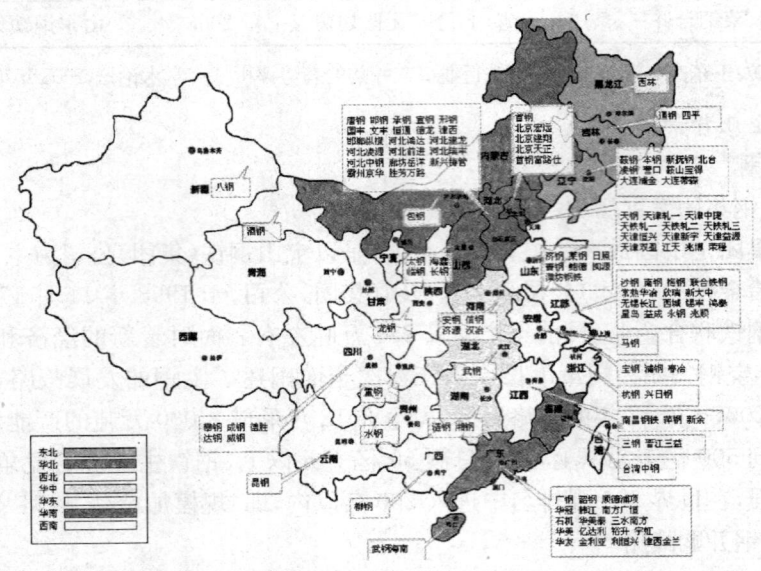

注:资料来源:中华人民共和国中央人民政府网站,http://www.gov.cn/wszb/zhibo55/content_599141.htm。

图 11.1 我国主要钢铁企业分布

2. 新疆八一钢铁股份有限公司(以下简称"八一钢铁")①

(1) 基本信息

八一钢铁是经新疆维吾尔自治区人民政府文件《关于同意设立新疆八一钢铁股份有限公司的批复》批准,由新疆八一钢铁集团有限责任公司(以下简称"八钢集团")作为主发起人,联合南京联强冶金集团有限公司、邯郸钢铁集团有限责任公司、新疆华顺工贸有限公司、新疆维吾尔自治区技术改造投资公司这四家企业,于2000年以发起设立方式设立的股份有限公司,其公开发行的13 000万股社会公众股于2002年8月16日起在上海证券交易所挂牌上市交易,证券代码为600581。

从成立初始到2006年,该公司的直接控股股东为始建于1951年总资产176.73亿元的八钢集团。该集团拥有十几家子公司和控股公司,除钢铁主业外,还经营矿山、建材、煤炭、建筑安装、纺织、金属制品、进出口贸易等产业。

(2) 股本演变

2007年初,宝钢集团有限公司(以下简称"宝钢集团")完成对八一钢铁的收购,成为该公司的实际控制人;2007年中旬,八钢集团正式更名为"宝钢集团新疆八一钢铁有限公司"(以下简称"宝钢集团八钢公司"),整体并入宝钢集团。

(3) 相关数据

截至2007年底,宝钢集团八钢公司的资产总额为236亿元,共有在职职工3.9万人,其中八一钢铁4 994人。2007年八一钢铁实现营业收入127.90亿元,同比增长43.84%。目前,公司具有年产钢400万吨的生产能力,钢材品种规格达600多个,总股本7.66亿股,实现基本每股收益0.68元。

(三) 动因分析

近年来我国钢铁企业的并购重组进行得如火如荼,然而由于人员安置、税收等复杂的问题,这些重组多是一个省市钢铁资源的整合,跨地区并购仍无重大进展②。

因此,宝钢集团并购八一钢铁的成功,可以看作是其在国内外钢铁业重组的背景之下第一次完成对国内钢铁企业的并购,同时这也是备受关注的国内第一宗跨地区并购案例。

通过查阅大量资料,笔者总结出了促成此次并购的背景和关键因素,现归纳如下:

1. 来自八一钢铁的诱惑

(1) 资源与市场优势

作为我国西北地区仅有的两个钢铁生产基地之一,天山脚下的八一钢铁是新

---

① 由"天相投资"软件、八钢集团主页等互联网站资料整理.
② 熊毅. 看国企的"宝钢式并购"[J]. 证券市场周刊,2007年3月.

疆维吾尔自治区最大的钢铁联合企业,自身具备丰富的铁矿石和煤炭资源。据估计,这些铁矿石在"十一五"期间可以形成1 000万吨以上的矿石生产能力,因而大大降低了原材料涨价对于公司的冲击,直接提升了公司的竞争实力。

同时,具有战略意义的区位优势使八一钢铁的产品占据了新疆钢材市场75%以上的份额[1]。对于以重工业为主导,钢材潜在需求量较大的独联体国家而言,它的地理位置在周边国际市场形成了很强的竞争力。近年来,该公司产品在兰新铁路复线和青藏铁路线等多项国家重点工程中连续中标。

(2) 并购前的困境[2]

八一钢铁虽具有一定的优势,但从全国来看其规模偏小,经营不尽理想。在国家要求钢铁业整合的产业政策下,公司靠自身发展难以在行业内做大做强,甚至满足不了自治区加快新型工业化建设的需要,处于十分不利的位置[3]。2005年以来,由于建筑钢材价格的低迷和成本的上升,八一钢铁业绩出现下滑,当地政府便希望通过并购,实现产业的升级,而要实现这一目标,必须得有足够的资金做依托。

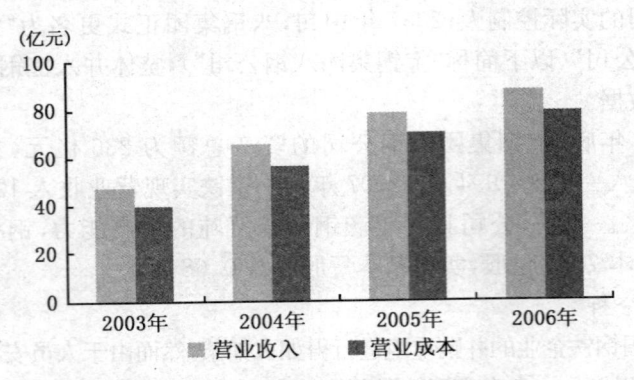

图 11.2 八一钢铁重组前经营状况(1)

2. 宝钢的战略

目前中国整个钢铁行业处于分散的状态,钢铁企业之间的兼并收购是发展的基本趋势。作为中国钢铁行业的龙头企业,宝钢集团规划要在2012年达到5 000万吨的年产能[4],按照中信证券研究员周希的说法,"这其中的2 000万吨要通过并购来实现",因此许多投资者也非常关注宝钢兼并重组的举措。

之所以在众多钢铁企业中首先挑中八一钢铁,除了八一钢铁的市场和资源优势外,

---

[1] 数据来源:王冰凝,刘宝强. 新京报[N]. 2007年1月13日.
[2] 以下图表数据均来源于"天相投资"软件。
[3] 摘自八钢集团董事长赵峡的公开讲话,《中国证券报》,2006年3月。
[4] 数据来源:宝钢集团(600019)2006年年报摘要。

单位：亿元

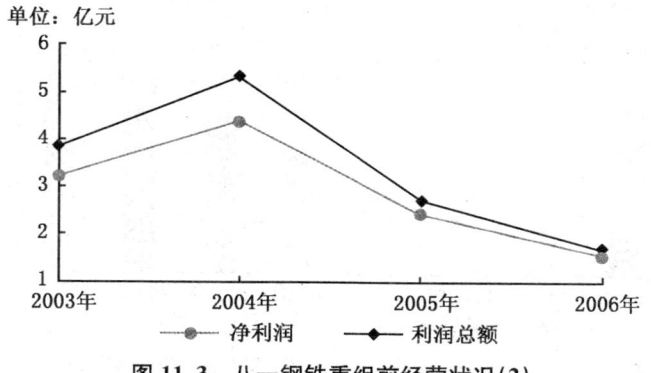

图 11.3　八一钢铁重组前经营状况(2)

还有其他重要因素促使宝钢集团在收购八一钢铁的过程中表现出积极主动的态度。

(1) 来自行业的压力

如前所述,2005 年出台的《钢铁产业发展政策》核心内容之一,就是"提高行业集中度",即支持钢铁企业向集团化方向发展,通过强强联合、相互持股等方式进行战略重组。在政策的推动下,鞍山钢铁集团与本溪钢铁集团合并,使新公司的产能提升到了 3 500 万吨[①];国内钢铁企业排名前列的武钢、唐钢等大集团的合并动作也时有发生。

由此产生的压力很难让宝钢继续保持稳坐观望的姿态,毕竟无论从政策角度还是市场选择而言,结构调整、淘汰落后企业都将成为未来钢铁行业的主题,国内几家钢铁领头企业都会顺势通过兼并收购壮大势力。

(2) 原材料短缺

目前,世界前三大铁矿石巨头(BHP billion, Rio tinto, CVRD)垄断了全球74%的铁矿石贸易,中国钢铁企业对进口铁矿石的依存度已经超过 53%,国内钢铁生产越来越受制于国际铁矿石供应。2005 年,我国进口铁矿石 27 524 万吨,是世界上最大的铁矿石进口国[②]。但作为世界最大的铁矿石进口国,中国对铁矿石的国际市场价格几乎没有太大的话语权。

在这样的背景下,中国钢铁企业连续四年在铁矿石谈判中处于被动地位。高昂的原材料成本已经成为钢铁企业的沉重负担,仅 2006 年涨价就导致中国钢铁业多支出成本 128 亿元。宝钢集团作为中国钢铁企业国际矿价谈判代表企业,更是深刻体会到了铁矿石资源对钢铁业发展的强大影响力。

---

① 数据来源:熊毅. 看国企的"宝钢式并购"[J]. 证券市场周刊,2007 年 3 月.
② 数据来源:王富民. 宝钢重组[J]. 财富前沿,2007 年 6 月.

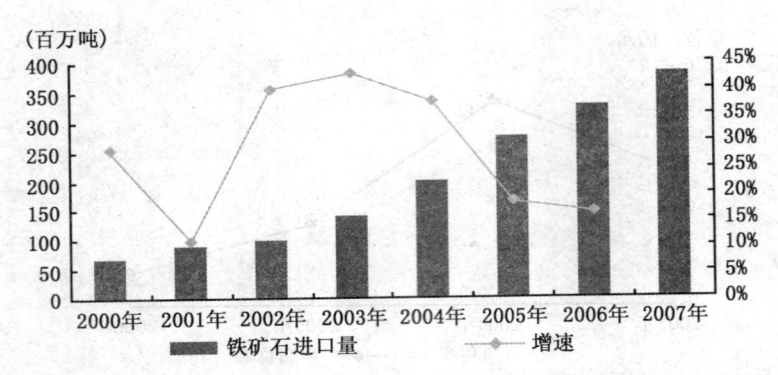

数据来源：煤炭网，http://www.coal.com.cn/CoalNews/ArticleDisplay_134913.html.

图11.4 我国近年铁矿石进口情况

所以，八一钢铁得天独厚的丰富资源在内地钢铁业极缺铁矿原料的情况下十分难得，对要大力发展高端产品的宝钢来说也非常具有吸引力。

(3) 开拓市场

收购八一钢铁前，宝钢集团在西部内陆还没有主要的钢铁子公司。随着国民经济建设的快速发展，未来内地钢材需求将不断增长，钢铁的远距离运输将导致高昂的成本，对宝钢开拓西部市场不利。同时，中亚建材生产能力相对不足，八一钢铁产品出口较为便利，加之新疆与多国接壤，是打通我国内陆与西方国际贸易的主要通道，这对想要实现综合实力进入世界前三目标、急需扩大规模的宝钢而言，是一个极为有利的地理条件。通过收购八一钢铁，既可以利用新疆丰富的矿产，又能开发中亚国家丰富的资源和钢材消费市场。

(4) 与国外竞争对手的争夺

除了企业双方自身的发展驱使外，这一次重组还被业内人士认为是"有力地阻击了米塔尔对中国市场的窥视"[1]。米塔尔是位于印度的世界最大的钢铁公司，通过在全球多个地区并购起家，2006年更是在并购全球钢铁第二号企业阿塞洛后成为世界钢铁头号巨人。早在宝钢并购八一钢铁前，其1.1亿吨的产能已是宝钢的4.5倍。

近几年，米塔尔在中国也频频燃放并购的战火。2005年它并购了大量亏损的包袱型企业，奇迹般地使得并购对象迅速盈利。由于八钢集团的战略地位早已为人所知，几年前米塔尔就开始主动接触八钢，意图并购。一旦收购成功，米塔尔将借助其早已布局在中亚哈萨克斯坦的一家钢厂，打开亚欧大陆的大通道[2]。

---

[1] 焦立坤. 宝钢欲抢先并购八一钢铁 与米塔尔展开兼并赛跑[N]. 北京晨报, 2006年11月24日.
[2] 应尤佳. 宝钢并购：该向米塔尔学些什么[N]. 上海证券报, 2007年07月31日.

宝钢集团深知,一旦米塔尔成功收购八钢,它必将成为未来自己在中国内地一个强有力的竞争对手,因此宝钢集团必须抢在米塔尔之前扫除它实现做大做强目标的障碍。

3. 政府的积极推动

对于国家资源安全性、外资进入国内市场的垄断保持高度敏感的国内钢铁产业和职能部门而言,米塔尔这样的外资"侵略"意图所带来的刺激远比宝钢仅从自身企业的商业利益考虑要高出若干倍。

钢铁是国家的基础产业,中国钢产量全球第一、部分企业技术国际领先,所以国家通过制定政策,一直严格控制外资进入中国钢铁生产企业。

作为国务院国资委下属的特大钢铁企业,宝钢集团一直保持着国内钢铁业的领先优势。2005年以来,在海外钢铁企业不断向国内钢铁企业抛出并购"橄榄枝"后,宝钢也被国资委寄予整合国内钢铁业的厚望。据悉,在国资委看来,面对米塔尔等外资钢铁企业的"大举入侵",宝钢作为国内钢铁业的老大,应该担当起整合国内钢厂的职责。国务院国资委主任李荣融曾表示,继续重组、把央企做大做强是既定政策,像钢铁行业要继续支持宝钢充当行业整合先锋,"它有资金、有技术、有经验、有人才,当然首先得支持它来整合重组其他钢铁公司"①。

由此可以看出政府的态度,面对国际钢铁业大规模兼并重组,中国企业必须有所作为,也应该有所作为。重组有利于双方发挥优势、优化资源配置、提升整体竞争实力。

(四)过程描述②

此次双方的合作,既有政府的推动,也有市场的需求,故被许多评论家称为"一次多赢的重组",整个过程历时不到一年,实质性的并购顺利完成。

1. 前奏

2006年3月,宝钢集团与八钢集团签署战略联盟框架协议,之后宝钢多次委派炼钢、财务、管理等专家组赶赴八钢,进行细致调研,其间八钢也组织中层干部到上海进行培训。

2007年1月12日,八一钢铁发布停牌公告"近日将有重大信息披露,经向上海证券交易所申请,自2007年1月12日起停牌,待信息披露后复牌"。

2. 股权变更前的情况

重组开始之前,新疆国资委对八钢集团拥有69.12%的股权,八钢集团在八一钢铁中拥有权益的股份为31 319.58万股,占该公司已发行股份的53.12%(见图11.5)。

---

① 资料来源:第一财经日报。
② 以下有关公告及股权的关键数据均来源于上海证券交易所网站,http://www.sse.com.cn,"上市公司公告全文"。

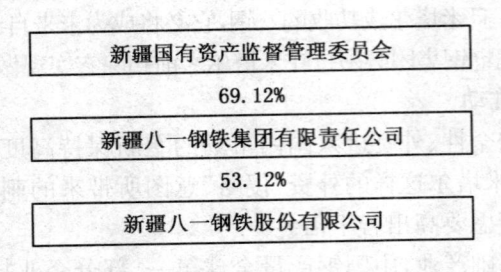

```
┌─────────────────────────────────┐
│    新疆国有资产监督管理委员会    │
└─────────────────────────────────┘
              69.12%
┌─────────────────────────────────┐
│   新疆八一钢铁集团有限责任公司   │
└─────────────────────────────────┘
              53.12%
┌─────────────────────────────────┐
│      新疆八一钢铁股份有限公司    │
└─────────────────────────────────┘
```

图11.5　八一钢铁并购前的控制关系

3. 并购过程(见图11.6)

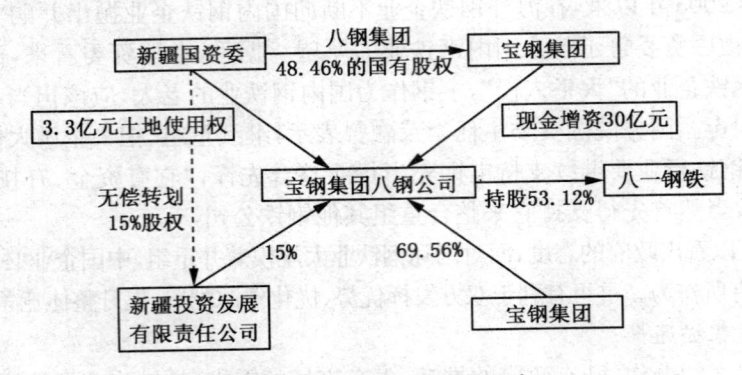

图11.6　八一钢铁并购经过

(1)签署协议

2007年1月16日,宝钢集团与新疆维吾尔自治区人民政府增资重组八钢集团的协议正式签署①。按照该协议,宝钢集团将对原八钢集团以现金增资30亿元,自治区政府对八钢集团以评估价值约为3.3亿元的土地使用权增资。第二天,即1月17日,八一钢铁复牌。

(2)国有股权划拨

2007年6月,根据宝钢和新疆国资委签署的补充协议,经国务院国资委审批,宝钢从新疆国资委无偿获得了其转让的八钢集团48.46%的国有股权,自治区国资委仅对八钢集团持有15%的股权。

(3)增资

股权过户手续完成后,新疆国资委和宝钢集团按照协议同时对八钢集团增资,最终八钢集团整体并入宝钢,变成宝钢集团在新疆的一部分,即宝钢以69.56%的

---

① 协议全称为:《关于重组新疆八一钢铁集团有限责任公司协议》。

股权成为八钢集团的控股股东,进而成为八一钢铁的实际控制人,其将通过八钢集团对八一钢铁行使与其股份份额相对应的股东权利。资产重组过程中,八钢集团也加大力度明晰产权关系,进行主辅分离改制。

(4)更名

2007年7月,八一钢铁公布关于实际控制人变更公告,称相关产权和工商登记手续已办理完毕,八钢集团正式更名为"宝钢集团新疆八一钢铁有限公司"(以下简称:宝钢集团八钢公司)。

(5)国有股再次划拨

2007年8月,新疆国资委将其持有的宝钢集团八钢公司15%的股权无偿转划给新疆投资发展(集团)有限责任公司①。

图11.7显示的是并购前后八一钢铁的股权结构。直到2007年中报披露时,八钢集团以53.12%的国有股权绝对控股了八一钢铁,但到了2007年年末,这一位置就让给了更名后的宝钢集团八钢公司。

并购后的控制关系如图11.8所示。

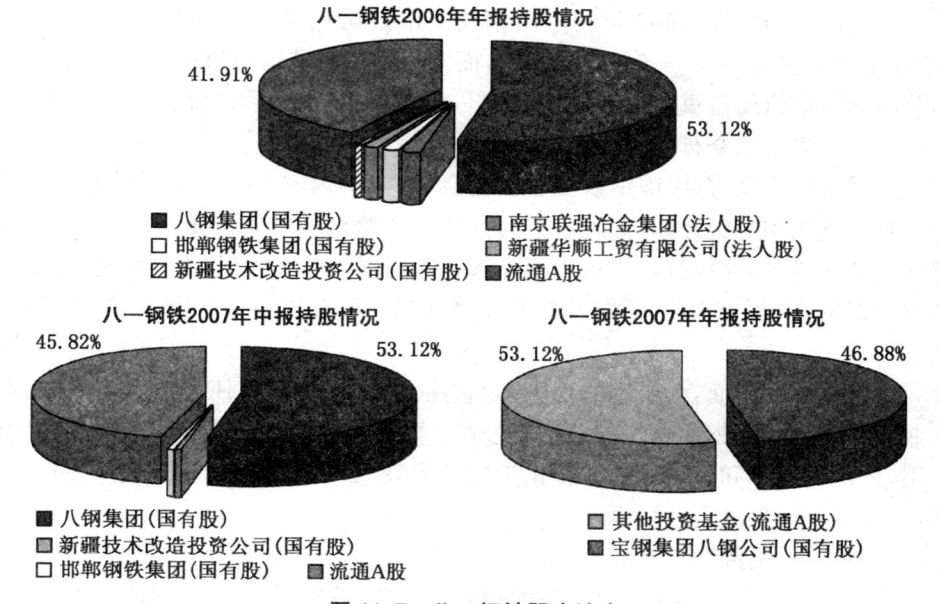

图11.7 八一钢铁股本演变

---

① 新疆投资发展(集团)有限责任公司为政府授权的自治区级国有资本出资代表,总资产超过20亿元,所属全资子公司和参控股企业41家。

并购后的控制关系如图11.8所示①。

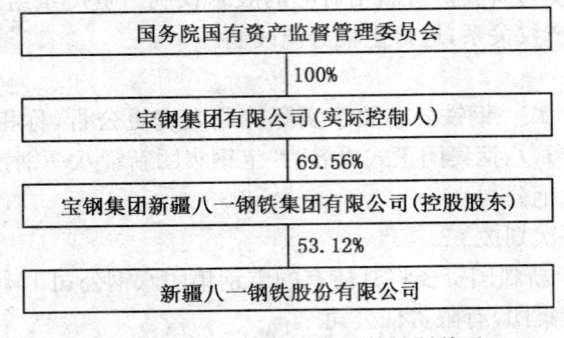

```
┌─────────────────────────────────┐
│   国务院国有资产监督管理委员会      │
└─────────────────────────────────┘
              │ 100%
┌─────────────────────────────────┐
│   宝钢集团有限公司(实际控制人)    │
└─────────────────────────────────┘
              │ 69.56%
┌─────────────────────────────────┐
│ 宝钢集团新疆八一钢铁集团有限公司(控股股东) │
└─────────────────────────────────┘
              │ 53.12%
┌─────────────────────────────────┐
│     新疆八一钢铁股份有限公司        │
└─────────────────────────────────┘
```

图11.8 八一钢铁并购后的控制关系

二、结果分析

(一)并购的价值②

根据市场的估计,2007年初国内钢铁上市公司吨钢重置造价为2 000元/吨(最新重置造价为4 000~6 000元/吨),而八一钢铁的吨钢市值仅为770元/吨,并购前的吨钢市值仅占重置成本的38.52%,即被严重低估,因此极具并购价值。

(二)协同效应分析

签署重组协议时,中国钢铁工业协会会长、宝钢集团公司原董事长谢企华说,宝钢对八钢集团实施并购,标志着中国钢铁企业跨区域的资产重组取得了实质性进展。这次资产重组,符合八钢集团未来发展规划要求,也有利于宝钢进一步优化产业与市场布局,有利于双方发挥在资源开发、重大项目建设等方面的协同效应③。

对于八钢集团而言,宝钢的入主,为它注入了新的活力,使其由一个地方钢铁企业成为我国最大钢铁企业的一个子公司。随着宝钢先进技术和管理经验的全面应用,公司的成本和地域优势正转化为效益优势,受双方关注的协同效应将逐步发挥,从此翻开发展的全新一页。

1."资本+资源"模式

优质资产注入一直是市场关注的主题之一,本次收购使八一钢铁纳入到了宝钢集团整体战略发展体系中,有利于公司持续发展。实力雄厚的宝钢集团入主后,

---

① 资料来源:八一钢铁(600581),《实际控制人变更公告》,2007年7月30日。
② 以下计算所用数据均来源于:中国证券报,2006年11月25日,"天相投资"软件。
③ 曲丽. 热点直击:宝钢娶八一 反击外资并购[N]. 中国证券报,2007年3月.

也为该公司在优质资产注入等方面带来了较大的想像空间。此次并购,宝钢注资30亿元,使双方的合作逐渐开始建立在资本市场的层面上。

相比靠并购壮大、自身只有规模优势的印度米塔尔集团,宝钢有八钢需要的技术和管理优势。早在签署战略协议时,宝钢就曾派出专家组,对八钢集团的发展规划进行了优化和调整,通过输出资本和先进的管理技术,盘活其资产,快速完成八钢产品结构调整,使企业更具市场竞争力。

2. 成本效益

八钢集团拥有独特的市场和资源优势,可以成为宝钢开发中亚国家钢材消费市场的跳板。除了利用八一钢铁重置造价低以外,宝钢还能够通过降低采购和运营成本,取得产品定价优势,增强盈利能力,提升未来的发展空间,这无疑有助于将集团迅速做大。有评论家认为,宝钢将从此开辟"新的丝绸之路"[1]。

3. 八一钢铁产能扩大[2]

由于得到了像宝钢这样的板材生产龙头企业在技术和市场上的指导,2007年八一钢铁产钢能力达到了404万吨,同比增长11.6%,2008年达到600万吨。主要产品均超额完成计划指标,并创造了新的历史最高水平,优质钢材的产量比重上升至7%,产品结构都得到了进一步优化。

据估计,"十一五"期间,八一钢铁将形成年产600万吨以上的生产能力,产品结构和企业实力都将达到一个新的水平。

4. 业绩的明显增长[3]

从图11.9和表11.2中可以看到,并购后的八一钢铁取得了良好的经济效益:全年实现营业收入127.91亿元;净利润3.99亿元,同比增长153.41%。另据2008年一季报披露,该公司上半年累计净利润同比大幅上升约50%以上。

表11.2　　　　　　　　八一钢铁并购前后业绩状况比较(1)　　　　　　单位:亿元

项　目	2006年	2007年	同比增长(%)
营业收入	87.37	127.91	46.40
营业利润	1.75	4.38	150.29
利润总额	1.72	4.15	141.28
净利润	1.57	3.99	154.14
每股收益	0.27	0.68	151.85

---

[1] 曲丽. 热点直击:宝钢娶八一 反击外资并购[N]. 中国证券报,2007年3月.
[2] 数据来源:《八一钢铁(600581)2007年年度报告》。
[3] 图表数据来源:"天相投资"软件。

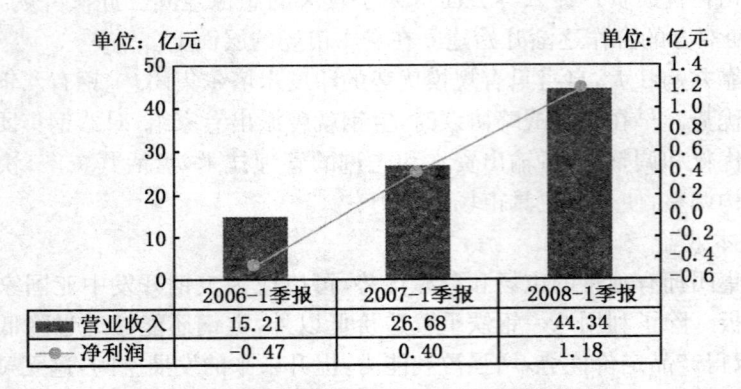

	2006-1季报	2007-1季报	2008-1季报
营业收入	15.21	26.68	44.34
净利润	-0.47	0.40	1.18

图 11.9　八一钢铁并购前后业绩状况比较(2)

(三)市场的反应

消息敏感的市场很早就感受到了此次并购可能给八一钢铁带来的良好契机,受资产重组消息影响,八一钢铁股价在停牌前夕大幅上涨,日收益率也一度上扬至9%以上(见图 11.10、图 11.11)。

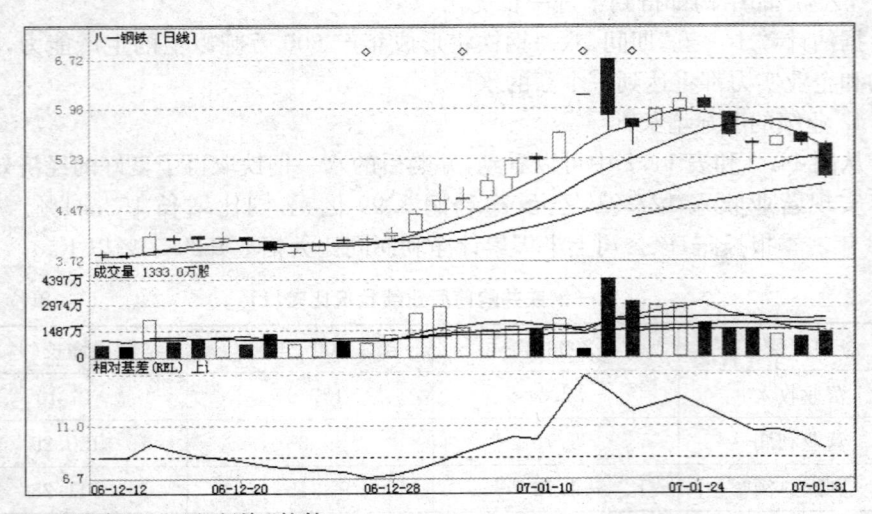

注:截图来源:"天相投资"软件。

图 11.10　八一钢铁停牌前后股价走势

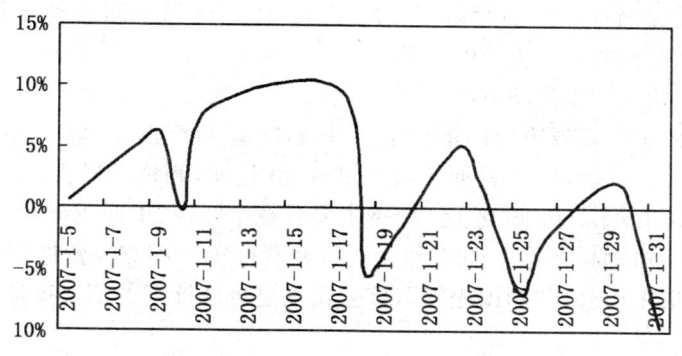

注：数据来源："天相投资"软件。

图 11.11　八一钢铁(600581)停牌前后收益率变化

(四)本次并购的意义

与其他钢铁公司间浅层次的联合有所不同，宝钢对八钢集团的重组被业内公认为是第一起真正意义上的并购重组，这次重组将拉开国内钢铁行业新的并购序幕[①]。

双方的联合从战略联盟开始，走产业集中的道路，既增加了宝钢对市场的控制能力，又增强了八钢技术能力。在国内外钢铁业重组和跨国钢铁并购资本轮番进入中国市场的背景之下，它是一个里程碑式的事件，标志着中国钢铁企业跨区域的资产重组取得了实质性进展，无疑将加快国内钢铁企业的并购速度。

三、宝钢新设广钢集团案例分析

(一)事件简介

1. 企业和地区背景

(1)广州钢铁集团有限公司

广钢集团是广州市国有资产管理体制改革后首批成立的授权国有资产经营管理的集团公司之一。它是以广钢集团独资、控股或参股的一百多家企业组成的公司，是一个集资本、实业经营一体化，以钢铁冶金为主，工、科、贸、金多业并举的国有大型企业集团。广钢集团已形成了三个主体企业(广州钢铁股份有限公司、珠江钢铁有限责任公司、广州有色金属集团有限公司)和九个支柱企业及多个专业公司的集团架构。九个支柱企业及多个专业公司分别经营气体、工业建筑、房地产开发、贸易、饮食服务等多种产业。广州钢铁股份有限公司是上市公司，主要产品为

---

① 资料来源：宝钢欲做中国钢铁霸主[N]. 南方都市报，2007年8月24日．

建筑钢材、无缝钢管。广钢股份于2003年1月1日起全面启动现代物流运作。2007年广钢的钢铁年产量119.1万吨。

(2) 广东韶关钢铁集团有限公司

韶钢集团是广东省重要的钢铁生产基地，2007年产钢441.26万吨、铁423.57万吨、钢材405.16万吨，主营业务收入206.08亿元，利税总额22.2亿元，总资产214.91亿元，净资产98.95亿元。韶钢主要有宽中厚板、工业用材和建筑用材等三大系列多种规格钢材产品。1997年公司将经营性资产和非经营性资产剥离，经营性资产打包成上市公司"韶山松钢"，该公司也是湛江计划的积极推动者。

(3) 广东

2005年广东年产钢材只有六七百万吨，而全省的钢材消费量达到2 800万吨，广东省每年净进口钢材1 000万吨，净输入外省钢材1 000万吨以上，钢材需求量巨大[①]。

(4) 湛江港

1992年起广东省就与宝钢开展了湛江钢铁项目的前期工作，该港拥有建设国内最好的深水港的条件，也是目前内地距澳大利亚铁矿石出口地最近的港口。

2. 事件经过

为推动中国钢铁工业结构调整，加快淘汰落后产能，优化产业布局，促进钢铁企业跨地区重组，国家相关部门同意宝钢集团和广东省国资委、广州市国资委共同出资组建广东钢铁集团有限公司，引导和带动广东省钢铁工业发展，建设湛江钢铁基地项目。2008年6月28日，由宝钢和广东省政府共同出资组建的广东钢铁集团有限公司正式揭牌成立。广东省以广钢集团和韶钢集团的国有净资产折合成71.72亿元人民币，合并持股20%，宝钢集团以现金出资286.88亿元人民币，持股80%。广东钢铁集团将在湛江港建造大型钢铁基地，而广东省则要结合湛江项目建设淘汰省内落后的炼钢能力1 000万吨。

发展的具体日程如下：

(1) 2008年3月17日，国家发改委已正式同意广西与武钢、广东与宝钢开展广西防城港钢铁基地和广东湛江钢铁基地项目前期工作，"宝钢兼并重组韶钢集团和广钢集团，这两个企业全部进入宝钢集团，由宝钢控股成立一家新公司，总部注册在广州"，"韶钢进行技术改造，淘汰落后高炉和小转炉，实施结构调整和产业优化升级"。广钢股份全部淘汰炼铁、炼钢和轧钢生产能力，迁出广州市。

(2) 2008年6月24日，宝钢集团等商讨组建"广东钢铁集团有限公司"。

---

① 数据来源：东方早报，2005年6月15日。

(3) 2008年6月28日,广东钢铁集团有限公司正式挂牌成立。

广东钢铁集团有限公司注册在广州市,注册资本358.6亿元,其中:宝钢集团以现金出资286.88亿元,持股比例80%;广东省国资委、广州市国资委以韶钢集团、广钢集团的国有净资产出资71.72亿元,合计持股比例20%。

(4) 2008年7月15日,国家商务部下发了《关于同意湛江港(集团)股份有限公司增资扩股的批复》,同意宝钢集团以8%的占股比例入股湛江港(集团)股份有限公司,成为其第三大股东。

至此,宝钢的湛江港项目取得了阶段性的成功,宝钢初步占领了广东市场,开始更为复杂的并购重组和建设活动。

3. 市场反应

如表11.3和图11.12所示。

由于宝钢的进入会带动韶钢的产品结构,提升公司的竞争力,同时宝钢入驻广东,不但得到了湛江项目,节省了以后的运输成本,而且拿下了广东地区大量的钢铁市场,因此市场对该次重组十分看好。消息公布后,三家公司的股票纷纷大涨,尤其是广钢。由于广钢处于行业的落后位置,淘汰产能的做法使市场对其有了更大的想像空间,公司股票也连涨4天,涨停2天,形成了一个多赢的局面。

表11.3 钢铁业上市公司排名

代码	简称	流通股(亿股)	排名	总资产(亿元)	排名	主营收入(亿元)	排名	每股收益(元)	排名
000717	韶钢松山	11.280 4	9	192.707	12	108.439 4	18	0.265 3	16
600019	宝钢股份	175.12	1	2 203.256	1	1 032.603	1	0.55	7
600894	广钢股份	3.187 8	22	55.633 9	22	39.622 6	22	0.088	23

证监会行业:炼钢业　　　　共26家公司　　截止日期:2008年6月30日

代码	简称	总股本(亿股)	排名	净资产(亿元)	排名	净利润(亿元)	排名	净资产收益率%	排名
000717	韶钢松山	16.695 2	15	77.583	12	4.428 4	16	5.71	17
600019	宝钢股份	175.12	1	954.840 1	1	96.447 1	1	10.1	8
600894	广钢股份	7.624 1	20	15.764 3	24	0.668	23	4.24	23

数据来源:大智慧软件。

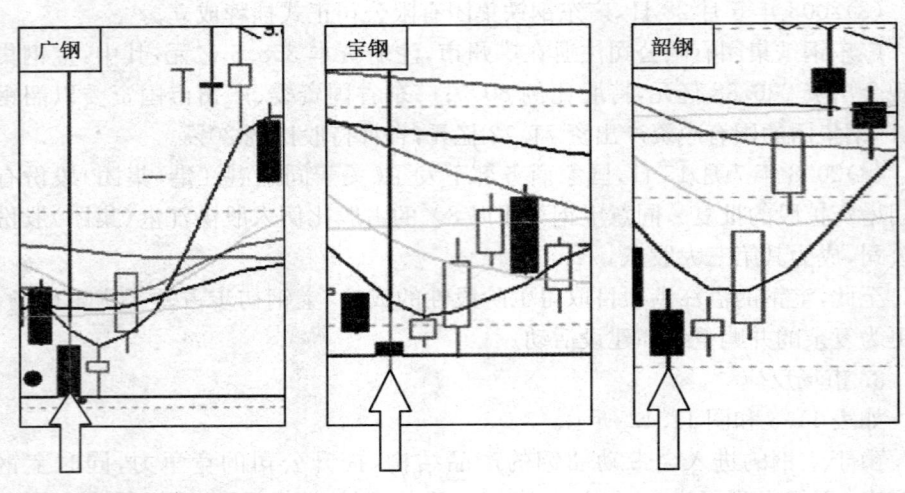

截图来源:大智慧软件。

图 11.12　3~18 日广钢、宝钢、韶钢三家钢厂股价走势

(二) 并购分析

通过大量的资料查询,我们总结出了这次并购的几大特色。由于此次并购并没有完全结束,不便评判其好坏,一切还要等时间来说明。

1. 通过行政手段层层下压式并购

在此案例中,广钢的进入是一个典型的行政并购的佐证。事实上湛江港的项目自 1992 年开始就由宝钢和韶钢集团共同策划,但由于种种原因一直未能成行。湛江港的钢厂能带动广东的经济不容置疑,但由于广东的市场始终处于供不应求的状况下,钢厂的效益很好,广东政府害怕广钢被并后钢厂的税收流失。在此次产业整合的大背景下,华南的市场呈现了武钢、宝钢双雄争霸的局面,武钢意图和广西的柳钢合并,在广西防城港建立一个和湛江港项目规模同等的钢铁基地。从图 11.13 中,我们可以发现这两个港口的位置很近,这就意味着一旦武钢成功,广东的钢铁业的效益会大幅下降,广东省这才开始积极推进湛江港项目。而国资委则强行要求如果要新建湛江项目,广东省必须淘汰 1 000 万吨的产能,而韶钢并入宝钢最多只能达到 450 万吨的产能,眼看武钢的项目就要被审批成功,宝钢项目可能会被淘汰,广东省国资委拿出了广钢——广东省第二大钢铁公司作为交换条件,这才拿到了通行证。

而对于广钢来说,公司在 2004 年原本计划用 9 年时间,在 2014 年完成原工厂基地搬迁,在南沙建立钢铁基地最终投资规模为 49.5 亿美元。由于突如其来的湛江项目原先的投资不得不放弃,造成资源浪费的同时广钢的管理层和工人也将因

图 11.13　防城港和湛江港示意

此而听从于宝钢的安排。广钢的排斥情绪不言而喻。

对于宝钢来说，宝钢集团应该选择那些与其在产品结构互补，或者拥有市场、技术优势的公司作为兼并对象，以达到提高市场占有率、控制资源、提高技术的目标。但产品结构落后的广钢显然不符合其中的任何一个条件，同时由于广钢员工有抵触情绪，也会加大最后整合的困难。

在这起并购案例中，广东政府失去了广钢的税收，广钢失去了自己，宝钢加大了整合难度。而其中真正的受益者是发改委，政府用其强大的手段主导了一个你不情我不愿的并购。虽然伤到了并购各方的利益，但对于整个中国的钢铁业的合并却有着巨大的帮助。事实上，不仅是宝钢，综观 2007 年开始的并购案例中，类似的情况比比皆是。

表 11.4 是对中国上市的钢铁公司控股股东的总结，显然 32 家上市公司中有 29 家是国资委控股的，中国的钢铁并购的背后实际上是国资委对旗下公司的整合，怎么并以及并购谁，很大程度上取决于政府的意愿。

表 11.4 中不同颜色的色块则分别表示了 2007 年开始的各个并购案例的相关公司，不难发现，除了东部地区的一起并购案例是省内并购，其他的跨地区并购的实质是国务院控股的上市公司并购由省市控股的公司，地位的不平等很容易造成话语权的不平等，可能造成公司利益的损害和管理层的不合作态度。但同时由于是强大的行政手段，国家的宏观调控目标实现力度较强，且加快了落后企业的淘汰

案例 11　从宝钢收购案看中国式的并购

速度,对经济的发展和中小股东的利益有利。行政手段的并购加快了并购的速度却加大了整合的难度,容易造成一个大而不强的企业。事实是否如此还要看日后的发展。

表 11.4　　　　　　　　　　钢铁业上市公司并购情况

上市的钢铁公司				
国务院国资委控股	宝钢股份	各省市国资委控股	东部	杭钢股份
				马钢股份
				三钢闽光
	攀钢钢钒			济南钢铁
				莱钢股份
	武钢股份		西部	酒钢宏兴
				西宁特钢
				重庆钢铁
	鞍钢股份			八一钢铁
	ST 长钢		南部	广钢股份
				韶钢松山
				柳钢股份
个人控股	鹏博士		北部	首钢股份
				唐钢股份
				邯郸钢铁
	南钢股份			承德钒钛
				大连金牛
				凌钢股份
				本钢板材
外资控股	大冶特钢			抚顺特钢
				安阳钢铁
				包钢股份
			中部	华菱管线

2. 选择新设兼并,各方利益平衡的结果

　　由于被并购的企业都是国有企业,由此各地政府的利益问题变成了并购后首要解决的问题。各方利益能否达到平衡成了关键的所在。图 11.14 是广东钢铁集团成立后公司未来的税收分配。值得注意的是虽然广州钢铁集团被迫拆迁使得广州市失去了取得税收的理由,但它通过把公司的注册地址定在广州,使得广州政府也能分得一杯羹。合资新建公司的奥秘也许就在于此。而这一模式也极大地取悦了既是大股东又是决策层的各级政府,为未来的进一步整合打下坚实的基础。

　　事实上,同期开展防城港项目的武钢在 2008 年 9 月 3 日与广西国资委共同组建了广西钢铁集团有限公司,双方持股分别为 80% 和 20%,与宝钢的案例如出一

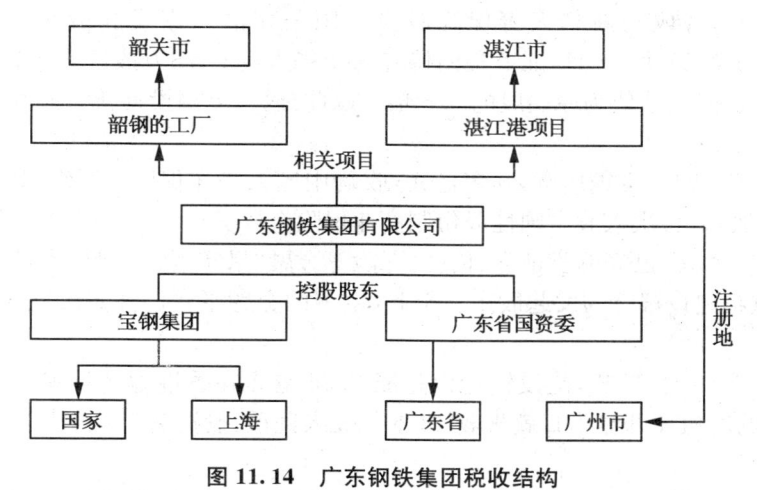

图 11.14　广东钢铁集团税收结构

辙,但时间却相差了 3 个月之久。显然武钢模仿了宝钢的模式,而这一模式也很可能成为中国钢铁企业并购的模板。

3. 一掷亿金,如何融资

湛江项目的投资巨大,宝钢预计至 2011 年湛江项目投产前公司需要投资 690 亿元人民币,而为了成立广东钢铁股份有限公司,公司在 2008 年就需要拿出近 287 亿元的巨资,如何融资成了宝钢当务之急要做的事情。笔者认为宝钢的融资途径有三条。

(1) 公司的自有资金[①]和贷款

宝钢的自有资金主要来自于两个方面:公司的主营业务的利润累积和公司的金融平台的资产运作。宝钢于 1993 年成立了宝钢集团财务公司,自 1997 年开始宝钢财务开始尝试扮演"投资者"的角色。1997 年宝钢联合内地 42 家知名企业,共同出资组建了联合证券,开始初涉金融业。一出生就坐拥 11.8 亿元资本金的联合证券,是当时最大的券商之一。

1998 年,宝钢集团收购舟山市信托投资公司,增资后将其更名为华宝信托投资有限责任公司(以下简称"华宝信托")。后又以华宝信托为发起人,与法国兴业资产公司合作,于 2003 年 2 月成立华宝兴业基金管理公司,宝钢持有华宝兴业 67% 的股权。这是当时第一家信托业基金公司、第二家合资基金公司。

宝钢涉足保险领域始于 1996 年。这一年,宝钢投资 5 000 万元,成为中国第一家全国性股份制财产保险公司——华泰财险公司 43 家国有股东之一;同年,宝钢

---

① 资料来源:宝钢股份快速发展的一对翅膀:一个平台 两个方向[N]. 财经时报,2008 年 4 月 17 日.

投资5 000万元,成为新华人寿保险股份有限公司的六家发起股东之一,持股10%。2006年11月28日,北亚集团持有的新华人寿2 163万股法人股以1.43亿元人民币成交,其估值为原始股的6.6倍。以此推算,宝钢投资新华人寿的股权已获益数亿元。

2002年12月,宝钢斥资20多亿元,收购中国太平洋保险(集团)股份有限公司23%的股权,首次入股全国性股份制商业保险企业。

2004年9月,已经遍尝证券、信托、保险等金融"果实"的宝钢集团,斥资30亿元,成为重组建设银行的发起股东。至此,宝钢的金融平台已然身形庞大,涉猎全面。

2005年10月27日,建设银行以每股2.35港元在香港地区挂牌上市。宝钢集团拥有的股份在开盘当日就坐收43.5亿元人民币,投资资产一年间增值幅度达145%。

2006年6月底,正值兴业银行静候A股上市前夕,宝钢集团增持兴业银行股份至1.45亿股。增持后,宝钢持有的兴业银行股权比例已达3.63%,位列兴业银行第七大股东。1月23日,兴业银行A股发行价确定为每股15.98元,市盈率为32.50倍。

由于"宝钢财务"的报表并不公开,我们无法从中确切地知道公司在这几年的金融市场运作中获得了多少利益,但从上面的案例中我们不难发现,宝钢通过对中国金融市场的多元化经营使宝钢的自有资金获得了成倍的扩张,为以后的大并购做好了准备。

而对于贷款,由于宝钢是国有企业,在贷款时有政府信用作为背后的支撑,贷款额度大,贷款质量好,是很多银行争相追求的客户,贷款难度并不大,但由于目前国家正在紧缩银根,贷款额度可能会受到宏观调控的影响而减少。

(2)海外上市

海外上市是宝钢的又一融资途径。2008年4月22日,宝钢集团公司董事长徐乐江会见了纽约—泛欧交易所集团首席执行官邓肯·尼德奥尔。纽约—泛欧交易所集团是全球规模最大的证券交易所,据悉邓肯此行旨在增进与宝钢等中国企业的相互沟通,从而为中国企业开辟海外融资渠道。但是,虽然有海外上市的计划,宝钢目前没有具体的时间表,由此融资的时间并不确定。

(3)二级市场融资

整体上市是一家公司将其主要资产和业务整体改制为股份公司进行上市的做法,而宝钢2004年就打出了整体上市的概念并在逐步实现其诺言,整体上市的实现者无疑就是宝钢集团旗下的上市公司宝钢股份有限公司。宝钢股份也责无旁贷地担任起了为母公司融资的角色。

2007年12月12日,宝钢股份公告:为快速扩大公司宽厚板产能,公司拟出资130.3亿元向宝钢集团上海浦东钢铁有限公司收购罗泾项目相关资产,加上项目后续投入及固定资产变动引起的对价调整额约12.5亿元,则收购总价预计将在142.8亿元左右。

2008年6月28日,宝钢集团重组广钢和韶钢,出资近287亿元。

2008年7月4日,宝钢股份公告:发行100亿元分离交易可转债。由宝钢集团提供全额担保。发行债券的目的主要为收购罗泾项目融资。

从以上的行径来看,宝钢股份收购母公司的资产,随后又从市场上融资的行为的真正目的很有可能是为母公司的湛江项目融资。并且由于是分离交易可转债,还存在二次融资的可能性,为母公司将来的并购或建设融资埋下伏笔。

图11.15大致描绘了宝钢集团的二级市场融资状况。

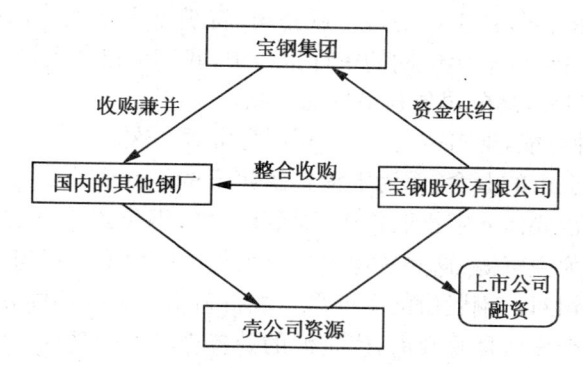

图11.15 宝钢二级市场融资

4. 壳资源,何去何从?

目前由于广钢股份的主要产能已惨遭淘汰,广钢股份事实上已经成为一个壳资源,广钢股份又将何去何从?笔者在此姑且先做个猜测:

由于广钢实行多元化战略,旗下有多家公司经营着不同的产品,广钢的未来可以将母公司其他的优质资产注入其中(见表11.5)。

表11.5 各产品经营状况

产　品	营业收入(万元)	营业成本(万元)	营业利润率(%)
气体产品	2 381.7	1 827.7	23.26
圆钢、螺纹钢	343 872.6	331 024.8	3.74
其他产品	24 186.6	22 484.5	7.04

资料来源:摘自广州钢铁股份有限公司2008年中期审计报告。

(1)物流概念:珠江三角洲地区较缺乏具有规模的冶金产品物流企业,公司在物流方面资源较充裕,仅广钢集团每年就供给公司300多万吨钢铁产品物流业务,随着物流业务的进一步拓展,公司赢利能力有望得到提升。广州政府给南沙钢铁基地预留两个15万吨的深水港,有助于公司冶金物流产业的发展。同时宝钢的湛江项目预计产钢量达到1 000万吨以上,对于物流的需求不容忽视,广钢物流前景甚好。

(2)搬迁概念:公司厂区拥有138万平方米土地,现该厂区在城市规划里已经定向为生活用地,一旦转让收入将成为显性资产。公司1996年获得该土地的使用权(期限50年),一旦搬迁进入实施阶段,有望带来较好的土地补偿收益。

(3)新能源产业:气体产业将成为公司未来发展的重要利润支柱。公司与亚洲之光控股公司、英国氧气集团(BOC)及法国液态空气产品公司和南沙国资经营公司共同合资组建南沙气体生产销售专业公司,将满足未来五年内南沙地区的气体需求。同时,从广钢2008年中期的审计报告中,我们可以看见,气体产品的营业利润率达到了23.26%,是公司盈利最好的产品。

(4)最后一种可能,退市或者转卖,利用壳资源一次性收益。

同样是整体上市的概念,作为宝钢集团旗下的钢铁资产的八一钢铁和湛江港项目在日后必然也要注入宝钢股份中,而到那时宝钢集团旗下的八一钢铁和韶山松钢也必然会成为壳资源,这些资源也将成为集团的隐形摇钱树,为公司提供更多的融资平台。公司对广钢股份的态度多少能折射出未来的那些壳资源的命运。但由于宝钢集团的合作伙伴是政府,壳资源的处置也必然会受到一定的行政干预,这又将是一场利益平衡的艺术。

四、关于并购中政府行为的讨论

随着政府的一声令下,中国进入了钢铁大并购时代。之所以把以上两个案例称为"中国式"的,是因为国家乃至当地政府都在其中起到了至关重要的作用,"政府推动+市场化运作"模式或许将成为国内钢铁业并购的标杆。

综观宝钢与八钢集团的并购过程,交流和接洽耗时近一年,直到2007年年初双方才完全达成重组的共识。而它能够最终抢在米塔尔之前拿下八钢集团,也是得益于国家对钢铁产业整体发展规划,鼓励本土而非外资并购和态度明朗的当地政府积极推动,即"不计较企业是地方的还是宝钢的,只希望企业能够迅速发展起来"。另一方面,由新疆国资委无偿划拨的国有股权,无疑也是政府给予宝钢巨大的优惠和并购推动力量。

如前所述,广州政府看出当地钢铁产业优势不明显,但市场潜力巨大,为了淘汰落后产能,发展新的现代化大型钢铁企业,积极成为宝钢合作伙伴,由此,广钢集团才能够顺利地组建,但其中也经历了艰难的利益分配取舍的过程。

我国钢铁企业分布广泛,全国的每个省市、地区几乎都有自己的钢铁厂,而且有许多钢铁厂还是当地财政收入的主要来源。国企希望通过并购重组做大做强,地方政府的目标是地区利益最大化,担心企业被兼并后税收流失,自然舍不得放手让它被辖外钢铁企业所兼并收购。尽管我国自2004年以来一直在大力推动钢铁行业的重组。但各地方政府态度不热烈,导致跨区重组往往并不顺利。因此,"地方政府已成为钢铁行业跨区域重组的最大障碍"[①]。

钢铁业的并购重组一直是国家政策所鼓励的方向,在笔者看来,政府的职责应在于控制全国的钢铁新增产能,加快淘汰落后生产能力,加快产业结构调整。但由于中国的大型钢铁企业大部分还是国企,所以在并购时并不完全是市场行为,出于对宏观调整的考虑,有政府的意志参与重组无可厚非。从企业的角度考虑,在并购重组,尤其在跨区域的并购中,首先应解决好与被收购或兼并企业所在地区的政府关系问题;其次还要在重组中重分中央和地方利益,例如国企让渡一部分股权给地方国资委;此外,企业也要积极采用市场化并购方式,如协议收购、换股收购这些基于资本市场的市场化并购方式有利于减少政府对并购的盲目干预,能够充分反映企业的并购意愿,降低并购交易成本。这样一来,才能为今后的并购重组工作以及企业日后的正常经营创造出好的条件和环境。

五、问题讨论

(一)双方实力差距

并购虽已结束,但一桩并购案的成功与否,更多的应关注兼并后的预期价值能否体现。

以宝钢并购八一钢铁为例,这明显是一种强者并购弱者的模式。它们一个是钢铁行业领头羊,产业规模、技术水平位居第一,一个为业内第45名,实力相差悬殊(见表11.6)。宝钢集团在接受八钢集团之后,必须积极地实施整合方案,一方面对它输出资金技术,另一方面输出管理人员,才能为它进一步发展铺平道路。

表11.6　　　　　　　　　2007年中国钢铁企业综合排名

排名	企业名称	所在地	性质
1	上海宝钢集团公司	上海市	股份
2	首钢总公司(集团)	北京市	国有

---

① 原宝钢集团董事长、钢铁协会会长谢企华在接受《财经》记者访谈时的讲话。

续表

排名	企业名称	所在地	性质
3	鞍山钢铁集团公司	辽宁省	国有
4	武汉钢铁(集团)公司	湖北省	国有
5	江苏沙钢集团有限公司	江苏省	有限
6	莱芜钢铁集团	山东省	有限
7	太原钢铁(集团)有限公司	山西省	国有
8	济南钢铁集团总公司	山东省	国有
9	马鞍山钢铁股份有限公司	安徽省	股份
10	邯郸钢铁集团有限责任公司	河北省	国有
…	……	……	……
45	新疆八一钢铁股份有限公司	新疆维吾尔自治区	股份

资料来源：中金在线，www.cnfol.com，2008年3月28日。

(二) 人力资源与文化的整合

同样约4万人员工的企业，宝钢拥有2 000多万吨产量，八一钢铁只有400多万吨(见表11.7)。而八钢集团本身的优势，能不能让宝钢接手之后足够消化这支4万人的队伍，成为宝钢一个最大的管理难题，毕竟4万人的八钢集团并不是一个容易整合的企业。在笔者看来，要使八一钢铁在重组后继续朝区域龙头的目标靠近，必须进行人员的精简安置，避免领导层面的利益之争。

表11.7　　　　　　　　两家企业职工与产能情况对比

公司名称	产能(万吨)	在职员工数(人)
宝钢集团	2 857.79	40 059
		宝钢股份：25 464
八一集团	404	39 000
		八一钢铁：4 994

资料来源：《八一钢铁(600581) 2007年年度报告》，《宝钢股份(600019) 2007年年度报告》。

在广钢集团内部，如何处理好与员工和管理层的关系，也是摆在宝钢面前的难题，中国的地方企业往往也有着与当地背景相关的特殊企业文化，而企业文化间的融合可能会是一个漫长的过程。

(三)宝钢集团的未来

宝钢集团是我国最优秀的国企之一,也是全球炼钢效率最高的企业之一。它的成功无可置疑,但它的优秀还只是和国内企业相比的优秀,如果将它与另外一些强大的跨国公司相比,就略逊一筹。如今,长期处于中国第一、世界前十位的宝钢集团虽然也在逐步扩大产能,但与世界顶级企业的产能差距却在逐步拉大,这也是促使它加快并购步伐的因素之一。

目前,宝钢钢铁产能约为2 200万吨。根据其集团的规划,它将计划2010年钢铁主业综合竞争力进入世界前三名[①]。在其龙头地位受到武钢等竞争对手威胁的背景下,除了使现有生产基地扩容外,要达到目标,最便捷经济的做法无疑就是并购重组。通过并购重组,还有利于企业联合抵御市场风险、占据市场竞争的主动。

在笔者看来,从并购八一集团开始,到组建广钢集团,相比世界其他钢铁巨头,宝钢的这些并购措施起步晚,成效还没显现出来。至于何时能得到实在的业绩,很大程度将取决于未来是否充分发挥了并购带来的优势和宏观经济状况。此外,视野与思维可能会成为影响这个企业的重要力量,故走一条做精做强之路,积极实施提高企业核心竞争力的战略,是宝钢实现钢铁霸主地位的必要保证。

六、相关知识点回顾

(一)并购概念的界定

在国际上,"并购"通常被称为"M&A",即英文 Merger & Acquisition 的缩写,用通俗一点的话来说就是购买企业,这是狭义的并购概念,广义的并购通常由以下几部分组成:

1. 兼并(Merger)

兼并又称吸收合并,指两个或两个以上的公司通过法定形式重组,重组后只有一个公司继续保留其合法地位。例如A公司兼并B公司,其后A公司依然合法存在,B公司的法定地位则被取消。这种情况可以用"A+B=A"来表示。

2. 合并(Consolidation)

新设合并也称为"联合",指两个或两个以上的公司通过法定方式重组,重组后原有公司都不再继续保留其合法地位,而是组成一新公司。例如A公司与B公司合并,其后A、B两公司都不复存在,而是组成C公司。这种情况可以用"A+B=C"来表示。

3. 收购(Acquisition)

收购是指一家公司在证券市场上用现金、债券或股票购买另一家公司的股票或资产,以获得对该公司的控制权,该公司的法人地位并不消失。

---

① 资料来源:宝钢集团(600019)2007年年报摘要。

（二）并购的分类

1. 并购按企业并购所涉及的交易类型可分为四种形式：一是善意兼并，即主兼并方征得被兼并方企业经理的同意，以被兼并方经理向股东推荐的出价成交的并购方式。二是敌意收购，即收购方不考虑被收购方企业经理的意见，直接向被收购方股东提出收购要约的并购方式。三是拆售或称剥离式交易，即母公司分离出其所属某业务部门或子公司，将其出售给其他公司的交易形式。四是管理层集体收购（MBO），即母公司分离出所属某业务部门或子公司，将其出售给该业务部门或子公司的管理层，这种类型与拆售相似，只是出售的对象不同。

2. 并购按并购前有关企业所属行业分为横向并购、纵向并购及混合并购。

3. 并购按实现方式分为承担债务式并购、现金购买式并购和股份交易式并购等。

4. 并购按股份占总股份的多少一般可以划分为参股式收购、相对控股式收购、绝对控股式收购和完全收购。

5. 虽然广义的兼并收购活动与产权流动具有同等含义，但是，在不同的体制下，这类活动却有不同的表现。将所有的体制背景概括为"正常情况"与"非常情况"两种类型①。在正常情况下，一般可以将经济体制区分为计划体制、市场体制和由计划体制向市场体制转换时期的过渡体制三种类型。在非常情况下，产权流动和重组常常有很不相同的表现形式，如无偿接管、赎买和特权兼并等。我们将正常情况和非常情况下兼并收购活动的表现用表 11.8 来表示。

表 11.8　　　　　　　　对不同体制背景下兼并收购的区分

正常情况下	计划体制：行政性调整和重组
	过渡体制：准兼并
	市场体制：兼并
非常情况下	没收（无偿接管）
	赎买
	特权兼并

资料来源：刘文通．公司兼并收购论．[M]．北京：北京大学出版社，1997 年版．

在传统计划体制下，在国有制的框架范围内，由于国有企业的产权主体属于同一个"全民"以及受全民信任委托的政府，所以产权的流动只表现为行政性调整和重组。在过渡体制下，国有产权主体既有别于传统的计划体制下产权高度集中于中央政府的"大一统"的情形，也有别于典型的市场体制下产权主体定义明确的情形，而是表现为由所属主管部门或所属当地政府对该企业拥有某种意义上的部分

---

① 刘文通．公司兼并收购论[M]．北京：北京大学出版社，1997 年版．

产权,所以产权的交易具有有偿性。这也就是所谓的"准兼并"①。

(三)并购的比较

1. 并购动机的比较

理论界和业界一直认为,尽管各个企业出于不同的动机开展并购,但是企业并购的根本目的是获得协同效应。协同效应是指在企业发展战略的支配下,并购的双方通过资产债务整合、组织机构整合、生产经营整合、人力资源整合以及企业文化整合等并购整合,内部资源实现整体性协调和重新配置,企业整体性功能得到增强,从而使并购后两家企业(或多家企业)的效益超过并购之前各独立企业预期的效益之和。

一般的动机理论可以归纳为八个方面,可以纳入经济维、管理维和战略维的一个三维框架中。我国企业并购在时间上,体现出我国经济体制转轨时所特有的一些并购背景;在空间上,体现出多种所有制的企业类型、不同效率的企业结构并存时特有的一些并购动机;在多元性上,特征还不是特别明显,在特定的时空约束下,以政府主导为主的单一动机并购占绝大多数。表 11.9 将各类并购动机纳入研究框架进行了对比。

表 11.9　　　　　　　　　　中外并购动机对比

并购动机的一般理论框架		我国企业并购的一般动机	
经济维	投机动机	行政维	(我国特殊时期所特有的现象)
	财务协同动机		
	管理协同动机		消除亏损的动机
	规模经济动机		优化资源配置的动机
	交易费用动机		组建企业集团的动机
管理维	代理成本动机	经济维	获取低价资产的动机
战略维	资产组合动机		获取优惠政策的动机
	市场竞争动机	管理维	获取代理成本的动机

资料来源:王春,齐艳秋.关于企业并购动机的理论研究[J].当代财经,2001 年第 7 期。

从对比表中可以发现:我国企业并购动机中,行政维占第一位,是我国企业最主要的并购动机;而经济维则占第二位,且处于较低的经济层次;至于战略维,在我国还未能成为一种主流并购动机被广泛使用。对比西方发达国家的并购动机不难发现:我国企业在并购动机上与西方发达国家有着重大的差距。如果说西方发达国家的并购动机正在更多地由经济维向战略维过渡,那么,我国企业并购动机则还

---

① 郑海航,李海舰,吴冬梅.中国企业兼并研究[M].北京:经济管理出版社,1999 年版.

停留在行政维上,甚至经济维的并购动机尚未占主导地位。

在市场经济比较成熟的国家,兼并通常是企业为了在激烈的市场竞争中寻求生存与发展而选择的一种战略行为。这从西方企业兼并的五次高潮中均可明显地感受到。其兼并行为由低级到高级发展的过程中始终是兼并服从效率。但在中国,企业兼并的出现是与国有企业的长期亏损紧密相连的。兼并首先是作为一把开启国有企业困难的"多功能钥匙"而出现的,是企业在严重亏损、失去竞争力、面临被市场淘汰的窘境时被迫采取的一种策略。一方面,国有企业处境困难,负债累累,产品无销路,转产无资金,改造无条件,已无法靠自身的经营维持生存;另一方面,随着国家搞活国有企业措施的出台,一些经营良好的企业有了为谋求自身发展而寻求扩张的动机。于是,以优势企业兼并劣势企业为特征的兼并便悄然兴起。虽然部分企业为追求市场的扩张与企业的发展而采取兼并策略,但总的来说,兼并在中国的出现,其初衷是替困难的国有企业寻找出路。

在此我们着重介绍一下我国企业并购的三种动机,它们将或多或少地反映在宝钢的并购案例中:

(1) 救济型并购——消除亏损的动机

这种并购动机理论的背后是一种对企业破产的替代机制。由于中国现行的特殊的社会历史环境,使中国社会承担不了大规模的企业破产,特别是大规模的国有企业破产。用并购代替破产,一揽子解决目标企业的债务、职工安排以及与之相关的职工医疗、养老、住房等社会问题,并购的动机实际上是社会成本企业化的形式。

(2) 存量调整式并购——优化资源配置的动机

中国的国有企业存在着相当严重的重复建设、资源浪费的问题。通过并购活动来对国有企业的资源进行优化配置,提高存量资产的运行效率,从而优化整个社会的经济结构,成为政府带动的企业并购行为的另一个重要动机。

(3) 扩张性并购——组建企业集团的动机

随着中国民族工业受到越来越大的国际竞争的挑战,实行强强联合,组成能与国际跨国公司相抗衡的"国家队",已经成为政府的一项重要工作。"十五大"报告指出:"以资本为纽带,通过市场形成具有较强竞争力的跨地区、跨行业、跨所有制、跨国经营的大企业集团"。前面我们分析的两起宝钢并购案例就充分体现了这一个动机,它也是中国目前企业并购行为的一个主要的动机。

2. 并购行为的比较

从兼并的行为看,西方企业兼并偏重市场行为,中国企业兼并难逃行政干预。从西方企业兼并历史的回顾中可以看到,其企业兼并完全是市场行为,是兼并主体之间自由抉择的结果。而我国的企业兼并具有浓厚的行政干预的色彩。迄今为止,我国绝大多数企业兼并是由政府部门牵线搭桥和具体组织实施的,政府在兼并的过程中扮演着重要角色。当然,说兼并是企业行为,并非说所有的政府行为都是不必要的。政府应该制定法律,完善产权交易市场,加强对兼并的法律监管,为企业的兼并创造良好的外部环境。但是,也有些政府部门出于政绩等方面的考虑,往往劝说甚至强制一些经营业绩较好的企业兼并那些扭亏无望濒临破产的企业,结果通常是"好的拖坏,活的拖死",在兼并活动中将许多尚有生机的企业活活拖垮。

3. 并购类型的比较

在西方工业发达国家,由于市场经济较完善,行业进入障碍较低,企业的兼并方式灵活且范围广泛,有横向兼并、纵向兼并及混合兼并,跨行业、跨地区的兼并现象非常普遍。我国的企业兼并,由于受到诸如所有制、部门、地区、行业以及地方保护主义的限制,跨行业、跨地区的大规模企业兼并受到一定程度的制约。此外,由于我国证券市场发育尚不完善,企业兼并可以采取的形式有限,没有充分利用证券市场的资源配置功能。

4. 并购中介机构的比较

企业兼并是一项涉及面广、具有高度专业要求的工作,需要专业中介机构的密切配合。参与企业兼并的中介组织通常有投资银行、兼并经纪人与顾问公司、会计师事务所、律师事务所等。投资银行并非一般意义上的银行,它不办理一般的存贷款业务,而是负责证券的承销及有关咨询业务。目前,我国负责企业兼并的中介组织太少,国内券商的投资银行业务主要还是集中在一级市场的发行业务上,其拥有的丰富信息资源和专业知识还未发挥应有的作用。

参考文献

[1] 焦立坤. 宝钢欲抢先并购八一钢铁 与米塔尔展开兼并赛跑[N]. 北京晨报,2006—11—24.

[2] 罗安国. 并购重组——提高我国钢铁行业生产集中度的必然选择[J]. 科技和产业,2006(12).

[3] 李荣,梁钢华. 重组广钢韶钢能否"强壮"钢铁业[J]. 中国现代企业报.

[4] 李善民,陈玉罡. 上市公司兼并与收购的财富效应[J]. 经济研究,2002(11).

[5] 曲丽. 热点直击:宝钢娶八一 反击外资并购[N]. 中国证券报,2007(3).

[6] 陶魄. 我国钢铁企业重组并购策略分析[J]. 南钢科技与管理,2007(3).

[7] 王光勇. 对中国钢铁企业并购重组的几点思考[J]. 企业研究,2007(8).

[8] 王翔. 浅析宝钢集团并购新疆八一钢铁集团[J]. 中国冶金,2008(7).

[9] 熊毅. 看国企的"宝钢式并购"[J]. 证券市场周刊,2007(3).

[10] 宝钢集团重组广钢集团框架浮出水面,持80%股权[N]. 东方早报,2008—06—24.

[11] 周华. 宝钢股份(600019)深度分析:并购狂潮先锋的钢铁巨头[J]. 民族证券研发中心,2007—3—15.

[12] 曾伟,资树荣. 如何解决我国钢铁企业在并购重组中存在的问题[J]. 河北理工大学学报,2007(8).

案例 12　国美并购永乐案例分析研究

一、案例概述

(一) 企业背景

1. 国美电器

国美电器集团成立于 1987 年 1 月 1 日，是中国最大的以家电及消费电子产品零售为主的全国性连锁企业。国美电器集团在全国近 300 个大中型城市拥有直营门店 1 300 多家，旗下拥有国美、永乐、大中、黑天鹅等全国性和区域性家电零售品牌，年销售能力 1 000 亿元。2003 年、2006 年国美电器相继在中国香港和澳门地区开业，迈出中国家电连锁零售企业国际化第一步；2004 年国美电器在香港地区成功上市；2007 年 1 月，国美电器与中国第三大电器零售企业永乐电器合并，12 月，全面托管大中电器；2008 年 3 月，控股三联商社，成为具有国际竞争力的民族连锁零售企业。目前，集团拥有员工(含门店促销员)近 30 万人，每年为国家上缴税收达 15 亿元以上。

国美电器集团坚持"薄利多销，服务当先"的经营理念，依靠准确的市场定位和不断创新的经营策略，引领家电消费潮流，为消费者提供个性化、多样化的服务，国美品牌得到中国广大消费者的青睐。本着"商者无域、相融共生"的企业发展理念，国美电器与全球知名家电制造企业保持紧密、友好、互助的战略合作伙伴关系，成为众多知名家电厂家在中国的最大的经销商。

2008 年 3 月中国连锁经营协会发布"2007 年中国连锁百强"经营业绩，国美电器以 1 023.5 亿元位列首位；国美电器集团是中国企业 500 强之一，被中央电视台授予"CCTV 我最喜爱的中国品牌特别贡献奖"；睿富全球最有价值品牌中国榜评定国美电器品牌价值为490亿元,成为中国家电连锁零售第一品牌;中国保护消费者协会连续多年授予国美电器"维护消费者权益诚信满意单位"。荣膺福布斯2008亚太地区最佳上市公司50强,美国《商业周刊》"2008亚洲50家最佳表现公司",美国《财富》杂志"2008最受赞赏的中国公司"等多项赞誉。

2. 永乐电器

永乐(中国)电器销售有限公司创建于1996年,前身为上海永乐家用电器有限公司,是一家股份制大型家电连锁零售企业,年销售额超过150亿元。产品类别囊括了日常生活电器的方方面面,种类逼近5万种。永乐的连锁经营区域辐射上海、江苏、浙江、广东、深圳、福建、河南、四川、陕西等地,是国内家电连锁业的领导企业之一。

永乐(中国)电器销售有限公司于2004年底成功引入美国摩根士丹利战略投资,公司跻身中国商业零售业及中国连锁行业十强企业之一。并于2005年10月在香港主板实现成功上市,成为在香港地区上市的国内家电零售合资企业。

3. 大中电器

从1982年起,经过二十余年发展,大中电器已成为全国知名大型电器连锁销售企业之一,跻身全国电器连锁四甲之列。截至2005年12月,大中电器在全国拥有92家连锁店面,占领北京电器销售市场50%以上市场份额,雄居榜首。

大中电器秉承"快乐服务,幸福生活"的核心理念,通过构建和谐共赢的厂商关系,逐步形成产品、价格、服务的组合优势。大中电器以"诚信为商"为立业之本,在消费者心目中享有良好声誉,品牌认知度在北京市场超过90%,被多家权威招聘机构评为"十大人气招聘公司"之一,2005年,大中电器更被北京市政府评为"北京十大商业品牌"。2006年,大中电器秉承"北京更强,全国更精"和"突破数码,实现3C"的发展思路,继续推进自身的纵深发展,使大中电器从电器产品的提供者转变为电器消费的引导者,从产品(服务)的提供者转变为品牌(文化)的传播者,从规模制胜的全国连锁转变为引领行业走向的国际品牌。

4. 苏宁电器

苏宁电器是中国3C(家电、电脑、通信)家电连锁零售企业的领先者。截至2008年10月,苏宁电器在中国29个省和直辖市、200多个城市拥有800家连锁店,员工11万名,位列中国民营企业三强、中国企业500强第53位,并入选《福布斯》亚洲企业50强。

苏宁电器是国家商务部重点培育的"全国15家大型商业企业集团"之一。2004年7月21日,苏宁电器(002024)在深圳证券交易所上市,2005年8月4日,苏宁电器股权分置改革方案获公司股东大会通过,苏宁电器实现全流通。

2005年12月,苏宁电器以严谨规范、科学高效的内部管理,顺利通过

ISO9000 质量管理体系认证。2006年10月,苏宁电器被劳动保障部、全国总工会、全国工商联共同授予"全国就业与社会保障先进民营企业"称号。2007年4月,苏宁电器被民政部、中华全国总工会、共青团中央等部门联合评为"2007十大慈善企业",并入选胡润百富"企业社会责任50强"。2007年8月2日,苏宁电器荣登《福布斯》中文版"2007中国顶尖企业榜"榜首。同年11月,苏宁电器先后荣获"2007年度中国企业管理杰出贡献奖"、"2007年度中国杰出创新企业奖"两项大奖。12月30日,苏宁电器荣膺"2007年中国100最受尊敬上市公司",在上榜的连锁企业中排名第一。2008年伊始,作为中国家电连锁业唯一代表,苏宁电器蝉联"最佳企业公众形象奖",并捧回CCTV2007最佳雇主之"最具责任感"特别单项奖。由于经营定位准确、品牌管理独具特色,2008年6月2日,世界品牌实验室评定苏宁品牌价值423.37亿元,蝉联中国商业连锁第一品牌。

5. 企业愿景比较

国美愿景——在2015年前成为备受尊重的世界家电零售行业第一。

永乐愿景——广受尊敬面向全球的常青企业。

大中愿景——从规模制胜的全国连锁转变为引领行业走向的国际品牌。

苏宁愿景——矢志不移,持之以恒,打造中国最优秀的连锁网络服务品牌。

从以上四家公司的企业愿景来看,国美、永乐以及大中都拥有开拓海外市场、服务全球的雄心,具有一定的共通性。当然,在这其中,可以明显地感觉到国美电器的霸气与野心,虽然国美目前的实力在中国而言是首屈一指的,但是要达到上述世界家电零售行业第一的目标还需时日,但不管怎么说,国美在不断努力。

(二)动因分析

1. 永乐电器方面

(1)永乐电器经营困境

两年来,永乐通过"中永通泰"联盟进行了多项并购,在上海以外市场获得一定扩张,但与国美、苏宁相比,全国一二级市场布局仍然不力,至于三四级市场,就更难以覆盖,因此始终未能实现规模的超越。此外,百思买落户上海,且借道五星开始谋取全国市场,永乐赶超第一集团的难度再次加大。当时,上海之外的永乐门店几乎没有赢利,永乐与并购企业之间的管理体系没有真正融合,导致市场效应无法发挥。据永乐家电2005年报分析,由于竞争加剧和网点增加的摊薄效应,永乐分店每平方米销售额下降了2.8%,其毛利率也下降0.6%~6.9%。只是由于其网点的增加,令供应商赞助一项大涨134.7%,永乐由此获得的收入达6.25亿元,来自供应商的总回报(即返利和赞助费两项合计)占营业额的比率已由2004年的10.8%上升至2005年的12.1%。永乐的迟疑、决策不力、缺乏果断也是导致公司现在困境的原因。

(2) 对舆论的"免疫力"

永乐过于担心媒体舆论评价,面对舆论质疑,永乐太过犹豫,担心企业的风险被媒体放大之后带来不良效应,所以未敢如此果断地关闭外地门店,反而拖累了利润表现良好的上海市场。

(3) 与摩根士丹利的"对赌协议"

永乐和摩根士丹利的"对赌协议"是导致永乐陷入困境最终被国美收购的最直接原因。

此前,摩根士丹利等机构投资者与永乐管理层约定,如果永乐2007年(可延至2008年或2009年)的净利润高于7.5亿元,外资股东将向永乐管理层转让4 697.38万股永乐股份;如果净利润相等或低于6.75亿元,永乐管理层将向外资股股东转让4 697.38万股;如果净利润不高于6亿元,永乐管理层将向外资股股东转让多达9 394.76万股的永乐股权,这相当于永乐上市后已发行股本总数(不计行使超额配股权)的4.1%。而永乐之所以与摩根士丹利签订协议主要是因为永乐预测过于乐观,盈利能力面临着压力。

在永乐没有上市之前,陈晓面对国内激烈的竞争局面,上市成了永乐摆脱困境的唯一出路。在与摩根士丹利签订协议从而融资上市之后,陈晓要做的第一件事就是"解套"。2006年4月下旬,永乐电器与大中电器联合宣布:双方组成战略联盟,在联合采购、物流配送、财务管理信息系统等领域展开为期一年的合作,并通过股权置换方式实现相互收购的目标。然而在永乐与大中达成合作协议的第二个工作日,一直想从永乐得利的摩根士丹利抛出了对永乐评级的研究报告。研究报告指出:中国永乐收购大中电器,增强了该公司为内地家电业主要领导者的地位,但其成本快速增加以及偏贵的估值,令其认为业界应等候更佳的入市机会。该行认为,为反映中国永乐的成本增加,调低永乐今明两年盈利预测25%~27%。随即,香港永乐股价连续两日暴跌。之后,摩根士丹利深知抛售永乐股票的后果,在4月24日发布的研究报告中辩解:它在等待更合适的入市机会。第二天即4月25日,以市价折让方式出让手中所持股份,永乐市值立即缩水20亿元,而其成功套现12亿港元。以永乐当时的财务状况,收购大中这样规模的连锁企业,势必要在市场上进行再融资,摩根士丹利此时抛出分析报告,并大量抛售永乐股票,既打压了永乐股价,又达到了挫败两家合并的双重目的。

2. 国美电器方面

2006年4月21日,永乐宣布与北京大中电器有限公司签署合作协议,双方启动在联合采购、后勤及送货、产品展出、仓储开发、仓储管理、财务管理、信息系统及人员交流等领域进行合作的战略合作伙伴关系,并在年内通过股权置换的方式实现永乐与大中的股权合并。对于国美方面来说,这样的合并显然是不利的,并且,国美力求稳坐全国家电零售业老大的位置,因此,它也非常希望将永乐揽于麾下。

另外,如果国美与永乐合并,那么大中的地位会变得十分尴尬。基于原先第四的位置,它将面对的是国美和永乐合并后的巨型"航空母舰",排名老二的苏宁,以及控股五星电器的全球家电零售业龙头百思买,因此,大中可谓是腹背受敌,它会急于投靠其中的一个作为自己的盟友。然而,对于苏宁来说,其奉行的是独善其身的原则,百思买由于刚刚进入中国,还处于试水阶段,在收购了五星之后原则上不会有其他的动作。所以,国美在收购了永乐之后必定可以把大中也收入自己的集团中,使自己在北京、上海这两个一线城市具有统治性的地位。

目前,苏宁电器全国门店共计 350 余家,年销售额超过 300 亿元;全球最大家电连锁百思买收购五星电器后,在国内拥有近 200 家门店、150 亿元销售额。而国美、永乐合并后零售店铺数目将达到 697 家,加上大中后,店铺总数将突破 800 家,年销售额高达 800 亿元,远超过苏宁与百思买两者之和。

特别在北京、上海一级市场,国美等三巨头联合体门店将分别突破 120 家和 80 家,在占据中国家电零售市场 1/5 份额的两大城市,形成垄断地位。届时,任何一家对手在北京和上海的门店数将只有其 1/3 左右,差距极为明显。

(三)过程描述

2006 年 7 月 25 日晚,国美总裁黄光裕和永乐总裁陈晓共同翻开"国美加永乐等于无穷大"的看板,双方的合并在这一刻尘埃落定。

1. 收购方案

股权换购加现金。永乐每股换购 0.324 7 股国美股份,即 3.08 股永乐股份换购 1 股国美股份。总对价相当于永乐每股获得 2.235 4 港元,其中包括每股 2.061 8 港元的国美股份及现金 0.173 6 港元。要约收购价较永乐 7 月 17 日 2.05 港元的收市价高 9%,较其 20 个交易日的平均收市价高 11.4%,此次交易总金额为 52.68 亿港元,其中现金为 4.09 亿港元。这一评估基础是国美和永乐在香港联交所停牌前的股价和市值。永乐停牌前,股票价格为 2.05 港元,公司市值 47.87 亿港元,国美的停牌前股票价格为 6.35 港元,公司市值为 145.59 亿港元。

2. 合并后的集团股份分布

合并前黄光裕持有国美 65% 的股份,其余为流通股。合并后,黄光裕持有 51.2%,陈晓通过合并公司和管理层共同持有 12.5% 的股份,摩根士丹利持有的 9.52% 的永乐股份将享受同样的换股比例和对价,成为合并后的上市公司的股东之一,相当于合并后的股份的 2.4% 左右(见图 12.1)。此外,永乐被强制收购 90% 的股份后,国美将实行大股东权利,强制要求永乐退市。黄光裕出任合并公司董事长,陈晓出任公司首席执行官。

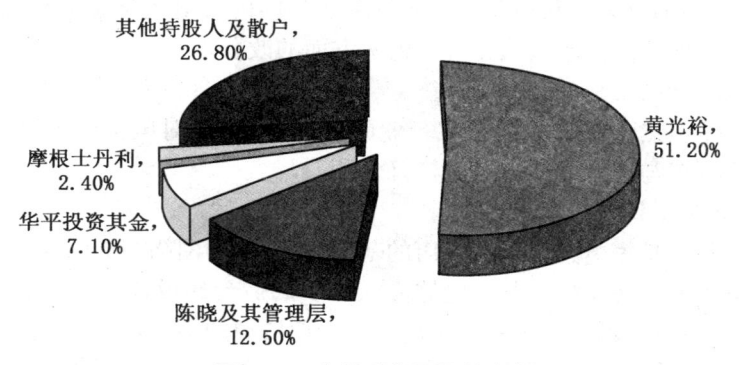

图 12.1　合并后集团股份分布

3. 后续收购(永乐剩余的10％股份)

2008年8月28日,国美电器签订买卖协议,向永乐原高管陈晓等人收购永乐10％的股权,收购价格约为人民币8.11亿元。此次收购之后,国美电器将全资拥有永乐(中国)电器销售有限公司(10％股权属于陈晓、束为、刘辉、袁亚石及上海和贵,分别持有约7.25％、1.31％、0.98％、0.45％、0.01％的权益),陈晓套现5.88亿元。8.11亿元的收购价格,主要参照国美电器与永乐2007年的市盈率,即分别为32.5倍和21.5倍,以及国美电器与永乐2007年的市销率,即分别为0.86倍与0.63倍,并参照两地上市的其他连锁零售企业的估值水平厘定。因股权转让尚需获得相关部门批准,故在签订股权购买协议的同时,国美还与陈晓、束为、刘辉、袁亚石等人签订了借款协议,将6.53亿元人民币不计息贷款先借给四人。待交易完成后,这些贷款冲抵股权收购款,也就是说,陈晓等四人已经提前获得了大部分股权转让款。

此外,国美电器还签订了收购上海民融1％权益的协议,永乐持有上海民融99％的权益,另外的1％权益属于陈晓、束为、刘辉、袁亚石,收购代价为100万元。

上述收购完成后,永乐原管理层在企业中所拥有的权益,已经全部变现,或者换成了国美电器的股票。

二、结果评价

(一)并购结果猜想

合并永乐后,虽然从销售额、门店数量等量化数据上来看,国美与苏宁之间的差距好像是加大了,但是家电流通业的质量体现在门店运营效益、赢利模式、系统管理能力、IT物流等方面,所以从这方面来说,国美和永乐的合并没有带来质的变化。家电流通领域逐步合并是未来大势所趋,但企业的发展并不是靠门店数量的简单叠加,提高单店盈利和提高供应链效率才是国内家电连锁企业提高竞争优势的根本所在。而国美并购永乐无益于这两方面的改善。

1. 单店盈利

合并永乐虽然可以加强国美在行业的领导地位,但对国美的盈利影响有限。主要原因是国美与永乐的业务重叠,店面重复。

2. 供应链效率

供应链整合是家电连锁快速开店的基础,而立体的网络布局需要信息系统、物流系统等强大的后台支持。苏宁电器先人一步的后台建设,将支撑其向二三级市场纵深发展。在换股后,国美和永乐仍面临内部资源的整合,包括供应链、管理层、信息系统、配送系统、采购系统、企业文化等多方面的融合。两个公司内部的整合预计需要相当长的一段时间,而在整合完成之前,合并后的公司在经营效率和扩张速度上未必会有提高。

(二) 与竞争对手的实力分析

向来以店面质量引以为豪的苏宁电器,2008年上半年以0.02%的可比店面增长水平逊色于国美电器0.49%的可比店面增长水平;一向以店面数量远胜于任何对手而引以为豪的国美电器,上半年营业收入为248.74亿元,不仅2008年第一季度被苏宁超越,而且整个上半年都被老对手甩在身后。

1. 净利润对比:国美胜出

2008年上半年国美、苏宁遭遇震灾、居民消费价格上涨、原材料价格上涨、汇兑损失等不利因素的挑战,但它们同时也获得了奥运经济、宏观政策调控、环保换代商机的机遇。

对比国美,苏宁电器摘取了营业收入、毛利率等四项桂冠,但是4.25%的净利润率使其遭遇"夺得市场,失去利润"的尴尬。国美电器则成了"高调发展,低调赚钱"的受益者,4.77%的净利润率使其营业收入比苏宁电器少10.5亿元,但净利润却比苏宁电器多出8 600万元。相比苏宁电器,国美电器似乎才是"笑到最后"的王者。

2. 店面比拼:两家相当

2008年上半年苏宁电器新开门店102家,与国美电器打了个平手。但是在店面总数方面仍落后于国美电器。众所周知,店面数量并非决定家电连锁竞争成败的关键,店面质量尤其是租售比、坪效、可比同期增长三项指标才是关键因素。

2007年度国美电器可比店面同期增长仅为3.11%,而2008年第一季度则达到3.17%,首次实现可比店面同期增长对苏宁电器的"超越"。2008年上半年尽管国美电器可比店面同期增长再度低于1个百分点,可没想到其对手更低,因而再度"侥幸"超越。

在大店战略即旗舰店数量方面,国美电器显然逊色于苏宁电器,44家旗舰店的数量差距,也使得国美电器在"大店模式"方面底气不再那么充足。另外,国美电器虽然在店面总数量方面超过苏宁电器62.3%,但是其285万平方米的总营业面积却少于苏宁电器的308.19万平方米;店面总数量同期增长方面,苏宁电器88.88%的同期增长率远高于国美电器;单店面积方面,苏宁电器比国美电器多出600平方米(前者4 200平方米/店,后者3 600平方米/店)。

另外,在二级市场方面,国美电器257家的二级市场门店占其总门店数的36.4%;销售收入占22.67%,较上年同期增长了3.26%。可以预见的是,双方的主战场将由一级市场转向二级市场。未来一段时期内双方将围绕二级市场门店拓展、可比店面经营优化等方面展开激烈竞争。三级市场则极有可能是双方博弈的"最后战场",尽管国美、苏宁在三级市场的表现并没有扬州汇银、江苏五星、河南家裕等"小连锁"出色。

另外一个值得关注的数据是两者店面租售比的对比。2008年上半年国美电器租售比较2007年上半年增长了0.42%,达到3.90%;而苏宁电器2008年上半年租售比则较上年同期的2.47%增长了0.99%,升至3.46%。显然,两者均遇到店面租金上涨的"共同问题"。国美电器的解决之道是将店面部分转租,以降低租金成本上涨的风险。苏宁电器在店铺租金及开设费用方面则实现了装潢费同期下降5.86%的优异业绩。

3. 品类比拼:两家平分秋色

与美国同行的"消费电子"阶段、日本同行的"消费电子+家电"阶段相比,中国家电连锁企业充其量行走在3C(电脑产品、通信产品、消费电子产品的简称)家电连锁的道路上。苏宁电器3C产品加权占比达到55.11%,正如媒体所描述的那样,苏宁已经完成了"3C家电连锁的华丽转身"。不过,国美电器同样不甘落后,59.81%的3C销售占比,也使其敢于自称"3C家电连锁霸主",尽管区域范围仅限于中国内地。虽然国美各品类毛利率水平大都低于苏宁电器,但是恰恰在数码IT(信息技术)、通信两大最能够代表消费类电子经营水准的品类上,分别高出苏宁电器6.53%、1.21%。通过收购大连讯点、陕西蜂星,以及独立运营通信业务,国美既给手机专业连锁渠道以冲击,也使得其通信产品销售占比较2007年度同期仅下降0.75%,毛利率较上年同期增长0.58%。国美销售占比同期下降幅度远低于苏宁,而苏宁2.9%的毛利率同期增长率则更胜国美一筹。

4. 费率比较:国美更高

并购、整合、汇兑损失等因素使得国美电器的三项费用居高不下。但是,我们也看到了国美电器努力削减管理费用的结果。15.64%的递减率兑现了国美电器年初作出的"苦练内功"的承诺。但是,并购产生的后续成本,短期内仍将无法消除,这成为制约国美电器盈利水平提高的关键因素。

苏宁电器则无并购、整合、汇兑损失之忧,三项费用均低于国美电器的水平。但是,在同期增减率方面,苏宁电器不得不考虑发展速度与费率增长匹配的问题。尤其是在新开店等投资性策略方面,并非改善运营所能完全解决的,而必须依靠"内外兼修"的发展策略,才能够真正达到内生式增长的目标。

物流成本是家电连锁成本削减的最后一块阵地。而在这一点上,国美、苏宁再度打了个平手。但是在广告促销费方面,国美电器似乎对其"薄利多销、服务当先"的品牌定位及号召力更加自信,0.87%的广告促销费率、31.13%的同期增长率使其面对苏宁电器1.47%的广告促销费及77.70%的同期增长率时,底气十足。人员费用方面,国美电器显然对待雇员更为"苛刻"。在水电费、其他费用方面两者不相上下。

值得一提的是,沃尔玛2009年在加拿大的所有新开门店均将变身为"节能性门店",实现节能减排30%;台湾地区以及日本环境省也正在大力推行"节能门店"技术研究应用、绿色门店认证等环保经营措施。我们更希望中国家电连锁企业在门店数量越来越多,能耗越来越大的情况下,能够真正运用绿色门店设计及经营技术,实现"环保型"成本削减。

不管国美和永乐的并购形式、结果如何,对苏宁来讲,两个对手变成了一个对手,家电连锁行业将正式进入双寡头竞争时代。在未来1~3年内,国美与苏宁将在中国家电连锁市场扮演双寡头角色,不过这种格局是暂时的,因为不久之后就可能出现新的巨头,通过收购五星电器而成功进入中国家电零售业的百思买一直虎视眈眈,这使得国美和苏宁会更加重视竞争秩序规则的建立,共同营造一个更加理性的竞争环境,竞争模式也将上升到一个新的层次和内涵。

三、对目前存在的问题的解决对策

(一)门店重叠、资源浪费

以上海为例,在未合并以前,国美和永乐几乎是毗邻而立,在国美的附近基本上会有一个永乐。现在,原先的竞争对手变成了一家人,那么这样密集的门店设置势必会造成人员和资金上的浪费。因此,裁员和关店是必不可少的一个整合环节,这样既可以减少高额的店铺租金成本和不断上涨的人力成本,也有利于集团对于各个城市的网点的再一次布局,做到针对性强的服务配套设置。

(二)文化差异明显

北方企业和南方企业无论是在微观上还是宏观上都存在着很大的文化差异,而国美在其董事局主席黄光裕的影响下,其企业的文化比较霸气,永乐的企业文化比较有本土特色。永乐在与国美合并以前,也收购了一些其他区域性的家电业零售企业,双方合作得并不是非常愉快,通常,被合并的企业领导并不能进入永乐的高层来对于公司全局的把握说得上话。因此,国美和永乐这两种比较鲜明的不同的企业文化的整合是非常必需的。

首先,作为并购方的国美应该在集团内部对于永乐还有大中的原有员工非常重视,在薪资和职位上对他们有一定的考虑,这样不仅可以稳定了军心,避免不必要的人才流失,同时也可以激励他们在原有或是现有的岗位上做得更好。就区域性而言,永乐在上海、大中在北京原先的经营业绩都非常好,人员对当地的业务非常熟悉,如果由于企业间的合并造成这些优秀人才的流失,使他们跳槽到竞争对手那边,对于新国美业务的开展是不利的。

(三)"倚大卖大",与供应商关系紧张

中国的家电零售业传统的经营模式就是"类金融机构"的经营模式,通过侵占供货商资金,进行各类高风险投资从而来获取额外利润。国美原先作为家电零售业老大,非常奉行以上的做法,其将在香港地区上市融资的资金以及占用供货商的资金用于大量开辟店铺以及投资于房地产,严重损害了供应商的利益。2005年年底,创维、TCL、康佳、长虹、海信、美的、科龙、厦华、格兰仕、华凌、伊莱克斯、方太、华帝在重庆区域的代表发出了《重庆家电厂家(供应商)代表给国美的一封公开信》。在公开信中,这些供应商列举出了重庆国美一系列"令人无法忍受的行为":擅自给供应商降价、摊派各类费用、拖欠货款、强迫厂家加入国美新开店等,要求国美改正。

现在,新国美的规模是原先的两倍以上,其在行业内的地位首屈一指,如果它仍然采取原先的经营政策,甚至利用自己的地位进一步挤压供货商的利润空间,那么供销之间的矛盾会进一步激化。

反观百思买以及其控股的五星电器,它们奉行的是严格按合同期限付款收货,占用供应商货款的潜规则被打破,这种新的零售关系受到了各个电器厂商的极大欢迎。在2005年5月30日百思买收购五星电器的挂牌仪式上,尽管百思买方面尽量低调示人,但前往捧场的都是家电行业的大腕,如曾与国美公开交恶的格力总裁董明珠,以及创维、美的等家电企业的领袖。

在此情况下,新国美必须改变原有的经营思路,重视供货商的利益,建立完善的供销渠道。作为零售终端,仅仅提高内部的供应链管理是远远不够的。现阶段企业的竞争已经不是单个企业间的竞争,而是与自己有协作关系的上下游企业共同组成的快速响应市场需求的供应链之间的竞争,任何一个节点出问题,供应链就不畅通,再高效的物流体系也会"掉链子"。只有把这些企业都整合在一起,优化配置人、财、物等诸多因素,使生产资料以最快的速度,通过生产、分销环节变成增值的产品,送到消费者手中,才能发挥出供应链的强大竞争力。对零售商来说,还要参与到供应商的生产计划和控制中去，搞好自己与供应商的信息共享交流，让供应商了解到自己的库存，帮助供应商降低物流成本。无疑，国美在这方面需要好好思考。

（四）销售"超市化"，没有针对性

无论是在国美还是永乐，消费者在选购电子产品时，犹如在逛超市，面对的是每个厂商的服务人员对各自的产品进行销售，因此，消费者在选择产品时会有一定的盲目性。

而在百思买，各类产品的销售是百思买的内部员工，他们的收入不与厂商的提成直接挂钩，他们对于顾客是一对一提供服务。例如，在听取了消费者对于手提电脑某些功能及外观上的需求后，百思买的销售人员会向他推荐各种品牌的各类机型，非常有针对性地为客户服务，客户在购买之后遇到任何的问题也可以向原先的销售人员进行询问以及要求必要的检查和修理。

今后，消费者的需求会越来越个性化，新国美应该重视这种以人为本的服务态度，如果仅仅是靠在供货商面前不断增强的谈判力来降低产品价格吸引顾客，这种传统的模式一定会被人性化的服务所替代，所以，国美在这方面也应该有所考虑。

四、启示

（一）先做强再做大

首先，以永乐为例，对于企业自身来说应该加强其自我经营的能力，对整个行业及市场应该有非常深入的了解和认识。永乐在上海的业绩非常好，但其自身的产品种类、服务质量与国美和苏宁几乎同质，管理水平也不出色，在基础不是非常扎实的情况下就贸然向北京等其他地区进发，太过于唐突。没有做强就要做大，使得其在其他地区的业绩非常糟糕，以至于浪费了许多人力和财力，影响了其总体的利润（见图12.2）。

（二）学会换位思考

对于传统的家电零售商，应该认清其在整个产业链中的地位。虽然，国美已经做到了行业老大，但是就整个产业链来说它只是其中的一环，供货商和消费者的利益都应该纳入其考虑范畴内。如果国美与上游企业的关系仍旧紧张，一旦五星、甚至苏宁等转变了其原有的经营模式，那么国美纵然有再多的门店也不能弥补缺货的尴尬。

总而言之，新国美壮大了规模，但要真正壮大实力，在苏宁和百思买的夹击中继续脱颖而出，需要的是新思路以及新的心态。以一个谦虚的竞争者的姿态继续在家电零售业中搏击，并在国际市场上占有一席之地是我们所希望看到的。

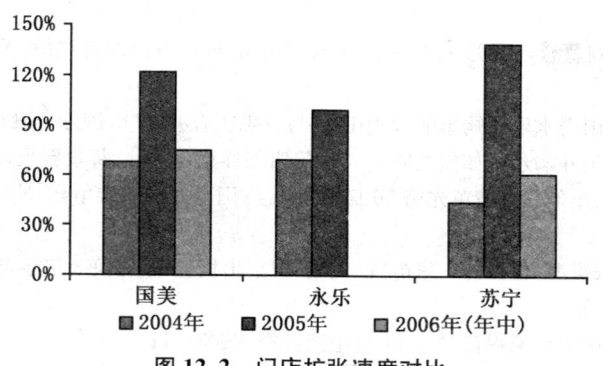

图 12.2　门店扩张速度对比

五、相关知识点回顾

并购的历史发展：

1. 以横向并购为特征的第一次并购浪潮：19世纪下半叶，科学技术取得巨大进步，大大促进了社会生产力的发展，为以铁路、冶金、石化、机械等为代表的行业大规模并购创造了条件，各个行业中的许多企业通过资本集中组成了规模巨大的垄断公司。

2. 以纵向并购为特征的第二次并购浪潮：20世纪20年代（1925～1930年）发生第二次并购浪潮，那些在第一次并购浪潮中形成的大型企业继续进行并购，进一步增强经济实力，扩展对市场的垄断地位，这一时期的并购的典型特征是纵向并购为主，即把一个部门的各个生产环节统一在一个企业联合体内，形成纵向托拉斯组织。

3. 以混合并购为特征的第三次并购浪潮：20世纪50年代中期，各主要工业国出现了第三次并购浪潮，随着第三次科技革命的兴起，一系列新的科技成就得到广泛应用，社会生产力实现迅猛发展。在这一时期，以混合并购为特征的第三次并购浪潮来临，其规模、速度均超过了前两次并购浪潮。

4. 金融杠杆并购为特征的第四次并购浪潮：20世纪80年代兴起的第四次并购浪潮的显著特点是以融资并购为主，规模巨大，数量繁多。此次并购的特征是：企业并购以融资并购为主，交易规模空前；并购企业范围扩展到国外企业；出现了小企业并购大企业的现象；金融界为并购提供了方便。

5. 第五次全球跨国并购浪潮：进入20世纪90年代以来，经济全球化、一体化发展日益深入。在此背景下，跨国并购作为对外直接投资（FDI）的方式之一，逐渐替代跨国创建而成为跨国直接投资的主导方式。

参考文献

[1] 吴素红,刘慧慧. 国美52亿多港元购永乐 永乐大中合作将放缓[N]. 深圳商报,2006—07—26.

[2] 谢诚. 受国美永乐并购影响 大中图谋与百思买合并[N]. 国际金融报,2006—07—26.

[3] 张琦. 国美并购永乐如何变阵 800家门店怎样整合[N]. 每日新报,2006—07—27.

[4] 段志敏,王小匀. 饥饿黄光裕56亿吞永乐 三国鼎立成双雄争霸[N]. 京华时报,2006—07—27.

[5] 张筱梅,张媛源,任秋莳. 家电"巨无霸"横空出世 资产规模3倍于苏宁[N]. 中华工商时报,2006—07—28.

[6] 郎朗. 新国美构架揭盅[N]. 21世纪经济报,2006—11—26.

[7] 陈军君. 新国美的未来和黄光裕的风头[N]. 中国经济时报,2006—11—29.

[8] 陆琼琼. 国美苏宁夹击 家电制造业刀口舔血[N]. 上海证券报,2006—08—10.

[9] 黄汉英,覃羿彬. 解读国美永乐合并4大悬念 陈晓是否被架空[N]. 南方都市报,2006—11—27.

案例13 商业银行引进境外战略投资者的利弊分析
——基于新桥投资收购深发展的案例分析

一、案例概述

(一) 我国商业银行引入外资的历史进程

外资金融机构从早期财务投资者逐渐转变为战略投资者,从最初仅仅谋求在董事会发言的权力,发展到与中资银行在业务和技术层面进行多项合作。我国商业银行也实现了从单纯引入国际金融资本向"引智"和"引技"转变。

从历史进程上来看,我国商业银行引入外资经历了三个阶段(如表13.1所示)。首例始于1996年的亚洲银行入股光大银行。在2002年以前,我国法规禁止外国金融机构入股中资商业银行,因此在2002年以前这样的案例并不多见。2001年中国加入世贸组织以后,确定了银行业对外开放的时间表,放开了外资金融机构入股中资银行的限制,中资银行开始尝试引进境外战略投资者进行技术和业务合作,因此2002年和2003年可以看成是外资入股中资银行的蓄势待发期。从2004年银监会成立后至今,及时依法制定了《境外金融机构投资入股中资金融机构管理办法》,并在实践中大力倡导引进合格境外战略投资者,这是我国商业银行引进境外战略投资者最活跃的阶段。

在众多的银行并购案例中,我们选择了2004年新桥投资收购深发展一案,是因为它是境外战略投资者控股我国股份制商业银行的第一案、也是唯一案,在历史进程中具有里程碑的意义。因此,我们希望通过外资完全控股商业银行,从而最大限度地植入国际先进的管理方式和经营理念的情况下,探讨外资入股我国商业银行会给商业银行带来哪些方面的好处,又会产生哪些方面的负面影响。

表 13.1　　　　　　　　　　商业银行引入外资的进程

年份	事件
1996	亚洲银行入股光大银行
1999	国际金融公司(IFC)入股上海商业银行(现称上海银行)
2001	ADB入股南京商业银行
2001	汇丰银行、香港上海商业银行分别参股上海银行8%和3%,国际金融公司将股份由5%增持至7%
2002	加拿大丰业银行、国际金融公司入股西安市商业银行
2003	花旗集团、国际金融公司、淡马锡控股有限公司、香港恒生银行入股上海浦东发展银行
2004	香港恒生银行入股兴业银行
2004	汇丰银行购入交通银行19.9%的股权
2004	渣打银行入股渤海银行,成为其第二大股东
2004	新桥投资控股深发展,成为外资控股中国上市股份制商业银行的第一例
2005	建行与美国银行签署战略投资与合作最终协议,美国银行首期投资25亿美元购买汇金公司持有的建行股份,最终持有股权可达到19.9%
2005	荷兰商业银行会同IFC购入北京银行接近25%的比例股权
2005	澳大利亚联邦银行购入杭州城市商业银行19.9%的股权
2005	高盛、安联和运通三家战略投资者组成的财团购入了中国工商银行10%的股权
2006(年初)	苏格兰皇家银行入股中国银行
2006	华夏银行与德意志银行等3家境外投资者正式签署股份转让协议
2006	西班牙毕尔巴鄂维茨卡亚对外银行购入中信银行5%的股权
2006	花旗集团购入广发银行20%的股份,成为其控股股东之一

(二) 企业背景

1. 收购方新桥投资

美国新桥投资由德州太平洋集团(Texas Pacific Group)和布兰投资公司(Blum Capital Partners)于1994年共同发起设立,是以有限合伙的形式注册的投资基金,主要从事战略性金融投资,具有丰富的银行收购经验,初始存续期限至2010年6月21日。Tarrant Advisors, Inc. 和 Blum G. A., LLC 的控制人分别为 David Bonderman、James G. Coulter 及 Richard C. Blum(均为美国公民),此三名自然人为公司最终控制人。

但是,新桥本身并不经营银行,而是一个通过"低买高出"获利的股权投资者,在掌握所投资企业的控制权后派驻外聘的管理团队是其一贯的思路。新桥投资韩国第一银行就是这样的案例,新桥投资购入韩国第一银行51%的股份,并在入主韩国第一银行5年后,2005年1月初以6倍于当初收购价格的33亿美元将其出售给渣打银行。在本案例中,新桥投资于收购深发展的第五年,即2009年6月开始与中国平安商谈转让第一大股东的位置并在2010年9月份完成了股权转让。那么我们可以推测这样的情况,新桥投资并不打算长期持有深发展股份,只是购买后派驻国外的管理团队,将深发展的业绩做漂亮,伺机高价卖出。那么我们就不能排除新桥投资会有过分注重短期效益而忽视长期利益的短视行为。

2. 被收购方深发展

深圳发展银行成立于1987年12月28日,是中国历史上第一家向社会公众公开发行股票的商业银行。经过17年的发展,深发展由最初的6家农村信用社成长为在全国18个经济中心城市拥有200多家分支机构的全国性股份制商业银行,原为地方政府控股的银行。

然而,随着宏观环境的变化、同业竞争的加剧,使得深发展的业绩出现滑坡、资产质量出现恶化。特别是1997年由于动用信贷资金炒作自己公司股票导致重大违规,该年6月11日证监会发布《关于对深发展银行违反证券法规行为的处罚决定》。按照《证券法》规定,被证监会行政处罚的公司3年内不能再融资,失去了一种良性的资本金补充机制,步入了资本充足率不足的恶性循环。

2003年底,深发展资本充足率和核心资本充足率分别下滑至6.96%和3.24%,同年不良贷款率达到8.49%,拨备覆盖率仅为36%,经营和发展陷入了僵局。而此时的深发展也被深圳市政府列为了国有股权退出和进行重组的深圳本地上市公司之首,因此需要积极寻找新股东的控股。

(三)新桥投资收购深发展的过程

收购的完成主要受到以下因素的驱动:(1)深发展经营的困境必须借助外力摆脱僵局:深发展由于1997年证券市场违规之后丧失了再融资资格,伴随着随后几年经营业绩的下滑,资本充足率出现恶化的问题得不到解决。按照银监会的规定,资本充足率不足不能进行现金分红和业务扩张。而按照证监会规定没有3年连续分红记录的上市公司又不能进行再融资。从而使得资本充足率进一步恶化,业务限制也进一步加强,陷入恶性循环。(2)深圳市政府积极推动深发展引入境外战略投资者以解决深发展相关问题。(3)新桥投资作为收购型投资公司符合深发展引入境外战略投资者的要求。总的来说,新桥投资收购深发展,是在我国金融市场自由化、对外开放等宏观背景下各方利益权衡的产物。

(四)新桥投资收购后对深发展的整合

根据《收购报告书》说明,新桥投资本次收购深发展是作为长期战略投资者,通过自身在境外收购和管理银行的经验,运用其专业知识帮助深发展改善公司治理结构,提高经营水平、客户服务质量、市场营销能力以及信息技术水平,加强风险控制,并最终提高深发展的整体盈利能力,在实现收购方投资回报的同时达到为深发展增值的终极目标。

1. 对深发展的治理结构进行了大调整

将董事会下设的战略发展与风险管理委员会一分为二,形成了战略发展委员会、风险管理委员会、审计与关联交易控制委员会、薪酬与考核委员会以及提名委员会5个专门委员会。新桥投资聘请了法兰克·纽曼(替换了蓝德彰)和韦杰夫为深发展的董事长和行长,新一届董事会的15人名单中原深发展董事会成员只保留了5名,新添的10名董事中有5人来自新桥投资或其顾问单位,且董事会下设5个委员会的成员也大多由新桥投资或其推荐人士担任。

2. 战略改革

在外籍新行长韦杰夫上任后,深发展开始推行"One Bank"战略。同时,在财务和风险管理上推行垂直管理框架,由总行派驻财务执行官和风险控制执行官直接对分行、支行的财务与风险部门进行管理。此外,在新桥投资的指引下,深发展在专业化营销管理体系建立、业务和产品创新、人力资源优化和信息系统升级等各方面进行了改进。

"One Bank"战略:

2004年12月底,刚上任的韦杰夫即提出了"One Bank"计划和垂直控制体系。按照其解释,"One Bank"计划指深发展要做一家统一的银行,总行和各分支机构要处于统一的管理平台上,遵循一致、标准的控制体系。经最后认定的"One Bank"计划包括八大序列:即一致的服务界面、共同的操作平台、统一的控制体系、标准的工作流程、明晰的市场定位、一体的人本环境、一贯的经营理念、凝聚的企业文化。2005年3月初,在行长韦杰夫的主导下,深发展进行了总行高管分工调整,向各地分行派出风险管理执行官和财务执行官,以及对8家分行行长进行换岗。调整是在透明、公开、公正的原则下进行的,得到了员工的普遍认同。

二、案例分析

(一)资本市场对此次收购的反应

我们将通过事件研究法考察新桥投资收购深发展的经济效应,具体步骤为:首先,选取事件窗口,事件考察期为(−30,30),以新桥投资收购深发展公告日2004年5月31日为事件发生日;其次,在估计市场模型参数时,为使参数估计量较为稳定,正常收益率的估计期为(−180,−90),即以公告日前180个交易日到公告前90个交易日为参数估计窗口;第三,计算样本实际收益率 R_t,为使回归有效性好,本文采用日时间间隔计算样本的日收益率;第四,计算预期收益率 R_t,根据CAPM对市场收益率的要求,本文采用深圳综合指数作为市场指数计算市场收益率 $R_{m,t}$,然后采用深发展股票在(−180,−90)内的收益率数据对 $R_{m,t}$ 在(−180,−90)内的相应收益率数据进行回归分析,其中回归方程为 $R_t = \alpha + \beta R_{m,t} + \varepsilon_t$,经回归分析得到深发展股票的预期收益率为: $R_t = -0.004 + 1.285 R_{m,t}$;第五,计算深发展股票在(−30,30)内每日的超额收益率;最后,计算深发展股票在(−30,t)内的累计超额收益率 CAR_t,$CAR_t = \sum_{i=-30}^{t} AR_i$,结果如图13.1所示。

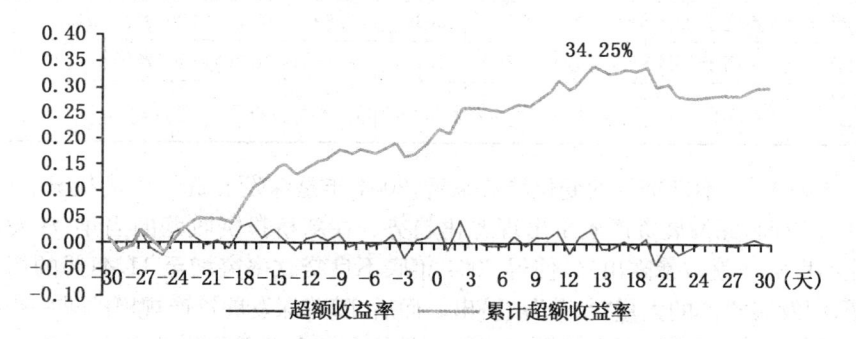

图13.1 深发展股票的超额收益率和累积超额收益率

从公告日前第30个交易日到公告日前第19个交易日,深发展的股价基本在区间(−0.05,0.05)内波动,最低值为公告日前第25个交易日的−1.56%。从公告日前第18个交易日开始大幅上升,从6.7%增长至公告日后第14个交易日的34.25%。这一方面说明了收购事件公告前市场该方面的消息已经在流传,另一方面累计34.25%的超额收益率也说明了投资者对该收购事件的乐观预期。

值得一提的是,深发展股价的累积超额收益率在公告日前后经历大幅上升之后,虽然在一段时间内,主要是公告日后第15个交易日至第27个交易日,经历了一定下调,但是总体维持在相对较高的水平,基本在区间(25%,35%)内波动,公告日后第30个交易日的累积超额收益率依然有30.28%,并未出现大幅下跌的情况。

在新桥投资收购深发展的过程中,深发展股价出现明显的短期超额收益,这种超额收益在公告日之前就开始出现,并且在公告后第2个交易日达到最高点,而累积超额收益在公告日后的第14个交易日达到最高点。由此可以推测投资者对于深发展引进境外战略投资者后的经营前景普遍持有较为乐观的预期。

(二)新桥收购与公司价值：来自财务报告的证据

1. 风险水平

表13.2　　　　　　　　深发展2002～2009年风险水平指标

项目	银监会规定	2002年	2003年	2004年	2005年	2006年	2007年	2008年	2009年
不良贷款余额(亿元)		86	116	144.04	145.72	145.65	124.76	19.28	24.44
不良贷款率	不高于5%	10.29%	8.49%	11.41%	9.33%	7.98%	5.64%	0.68%	0.68%
单一最大客户贷款比例	不高于10%	4.75%	4.59%	16.92%	20.67%	9.17%	5.41%	4.22%	7.84%
最大十家客户贷款比率	不高于50%		45.15%	128.7%	122.22%	71.38%	42.74%	26.9%	40.85%
流动性比例	不低于25%	37.15%	30.59%	25.39%	35.89%	45.99%	39.33%	41.50%	38.59%
存贷款比例	不高于75%	55.50%	68.76%	65.46%	58.23%	71.36%	75.78%	67.01%	69.12%
中长期贷款比例	不高于120%	107.43%	117.75%	253.62%	237.81%	369.58%	195.24%	—	—

从表13.2不良贷款的变化趋势来看，2004年是深发展资产质量状况的分水岭。2004年以前，深发展资产质量出现恶化趋势。在新桥投资收购的当年，深发展大量隐性不良资产就被暴露出来，使得2004年底不良贷款率突增至11.41%的历史最高水平，深发展资产的大量"水分"被挤出。而后，随着深发展资产规模的进一步扩大以及不良资产逐步处置，深发展实现了不良贷款余额和不良贷款率连续四年的"双降"，并在2008年和2009年使不良贷款率降到了远低于监管值以下的水平。

深发展的年报中说：深发展通过建立一整套规范的信贷审批和管理流程并在操作过程中采取了严格按照"KYC"（了解你的客户）原则进行深入全面的信贷调查，严格控制了授信风险。并在2008年推广运行新的信贷风险管理系统，该系统涵盖了从调查、审批、放款到贷后管理等各个信贷流程。使得信贷风险得到了良好的控制，从数据来看，它们的做法的确是卓有成效的。

在流动性比例方面，深发展经历了由降变升的过程。除了2004年以外，其他年度都明显高于监管水平，保持着较好的流动性。但深发展的存贷款比例与中长期贷款比例近年来表现出明显的上升势头，特别是新桥投资控股以后，中长期贷款比例明显高于120%的监管水平，并在2006年达到369.58%，存贷款比例也于2006年超过75%的监管水平。由于深发展在资本充足率不足的情况下无法通过拓展新业务和增加新的分支机构来实现利润的增长，因而通过提高存贷比来实现利息收入的增加是深发展最重要的利润增长驱动因素。但是，过高的中长期贷款比例也反映了深发展贷款期限的严重错配，过度的短存长贷会给深发展未来的发展带来一定的流动性风险。

因为2008年、2009年的中长期贷款比率缺乏确切的数据,我们通过中长期贷款占总贷款额的比例来说明(见图13.2)。

图13.2 中长期贷款占总贷款的比重

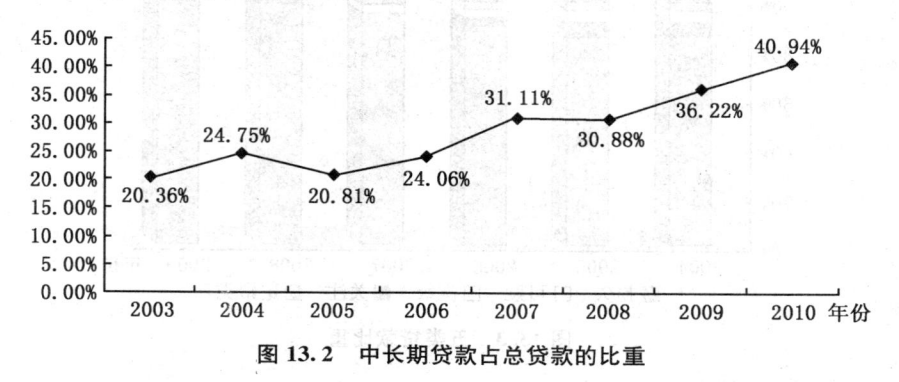

图13.2说明中长期贷款占比呈逐年上升的趋势,再结合2008年以前的中长期贷款比率来看,我们可以推测2008年和2009年的这一比率很可能是上升的,并且要高于2006年的数据,过度的短存长贷加剧了深发展的流动性风险。

2. 风险迁徙指标分析

正常类贷款迁徙率=期初正常类贷款向下迁徙金额/(期初正常类贷款余额-期初正常类贷款期间减少金额)×100%

我国自2004年起对商业银行的贷款实行五级分类制度,以此区分贷款遭受损失的风险程度,并以迁徙率来表征风险的变化情况,如表13.3所示。新桥投资收购深发展之初资产质量较差,且各类贷款的向下迁徙率都较大。其中2005年关注类贷款向下迁徙率更是达到了62.22%的罕见水平,这主要还是新桥投资控股后对深发展资产"挤水分"的结果。

表13.3　　　　　　　　各类贷款的迁徙率　　　　　　　单位:亿元

年度	正常 余额	正常 迁徙率	关注 余额	关注 迁徙率	次级 余额	次级 迁徙率	可疑 余额	可疑 迁徙率	损失 余额
2004	1 012.73	—	105.18	—	70.88	—	57.45	—	15.71
2005	1 321.71	11.27%	93.6	62.22%	73.07	13.28%	57.87	10.59%	14.78
2006	1 618.51	3.15%	57.66	29.29%	68.96	17.50%	60.37	9.36%	16.31
2007	2 073.29	1.46%	20.09	22.18%	73.7	10.96%	45.06	3.90%	6
2008	2 781.2	2.78%	36.94	1.90%	19.28	—	—	—	—
2009	35 57.17	1.31%	13.56	48.99%	14.74	23.39%	5.29	—	4.41

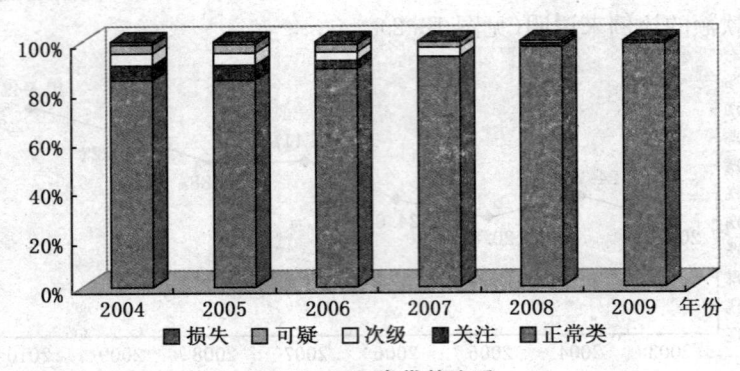

图 13.3　五类贷款比重

新桥投资控股后,深发展的贷款质量在逐渐发生改善。其中正常贷款占贷款总额逐年明显上升,如图 13.3 所示,2009 年达到 98.94% 的历史最高水平,且向下迁徙率得到有效控制。历史负担最重的关注类贷款由于近几年的大量迁徙出现显著下降,只占贷款总额的 0.38%,这两项指标充分说明深发展正常类贷款向不良贷款迁徙的可能性大大减小,从而使得不良贷款拨备压力得到了一定的缓解。虽然在 2009 年关注类和次级类贷款的迁徙率有大幅度上升,但是它们的余额已有较大幅度的减少,所以没有对资产质量产生大的影响。

3. 风险抵补指标分析

准备金充足程度和资本充足程度两个方面的分析,如表 13.4 所示。

表 13.4　　　　　　　深发展 2002～2009 年风险抵补指标

年　份	2002	2003	2004	2005	2006	2007	2008	2009
拨备覆盖率	76.00%	36.00%	35.00%	43.05%	46.91%	48.28%	105.14%	161.84%
资本充足率	9.49%	6.96%	2.30%	3.70%	3.71%	5.77%	8.58%	8.88%
核心资本充足率	5.18%	3.24%	2.32%	3.71%	3.68%	5.77%	5.27%	5.52%

拨备覆盖率是实际计提贷款损失准备对应计提贷款损失准备的比率,该比率最佳状态为 100%,对某些银行可能会要求达到 150%。拨备覆盖率是银行的重要指标,这个指标考察的是银行财务是否稳健,风险是否可控。

拨备前利润(Pre-Provision Operating Profit,PPOP)指尚未扣除风险准备金的利润,它等于净利润与风险准备金之和。

在准备金充足程度方面,由于深发展历史资产质量差,拨备计提严重不足,2003 年底拨备覆盖率才达到 36%。新桥投资控股后,随即在 2004 年、2005 年分别计提 18.8 亿元、18.03 亿元资产减值准备,但由于 2004 年大量隐性不良资产的暴露,使得该年度拨备覆盖率不升反降,这也是新桥投资收购深发展后"挤水分"的另一个表现。

这也可以从深发展拨备前利润与净利润增长的对比数据得到进一步验证,如图 13.4 所示。2005 年深发展拨备前利润同比增长 2%、净利润同比增长 6%,基本同步。在"挤水分"完成后,深发展在 2006 年拨备前利润增长仅 65% 的情况下实现了净利润 354% 的增长,这主要是由于深发展拨备计提的减缓和 2005 年利润基数较小所致。

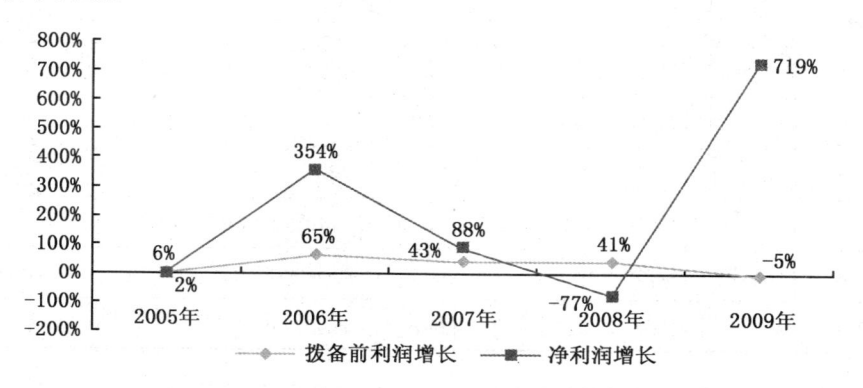

图 13.4 拨备前利润与净利润增长的对比

通过与对比组银行的比较,对比组银行平均的拨备前利润增长最高峰出现在 2008 年,这也很符合我国银行业的景气周期。但深发展的增长最高峰出现在了 2006 年,可以认为这是新桥投资的控股带来了公司价值的提升(见表 13.5)。

表 13.5　　　　　　　　拨备前利润与净利润增长的银行间对比

年份	深发展 拨备前利润增长	深发展 净利润增长	浦发 拨备前利润增长	浦发 净利润增长	招商 拨备前利润增长	招商 净利润增长	民生 拨备前利润增长	民生 净利润增长	对比组平均 拨备前利润增长	对比组平均 净利润增长
2005	2%	6%	26%	33%	34%	31%	23%	14%	28%	26%
2006	65%	354%	30%	31%	28%	41%	36%	81%	31%	51%
2007	43%	88%	43%	64%	54%	69%	77%	124%	58%	86%
2008	41%	−77%	38%	128%	219%	76%	41%	24%	99%	76%
2009	−5%	719%	10%	6%	−13%	−13%	38%	54%	12%	15%

但是另一方面我们看到,2009 年在拨备前利润减少 5% 的情况下,净利润增长了 719%,这是由于 2008 年计提了一大笔资产减值准备,提高银行的拨备覆盖率

使之趋近于同业水平,并且减少了2008年的净利润基础,这样2009年的业绩看起来就非常漂亮。我们推测,这样可能是在为深发展的"改嫁"做准备。

表 13.6　　　　　　　　　资本充足率的银行间对比

年份	深发展 资本充足率	深发展 核心资本充足率	浦发 资本充足率	浦发 核心资本充足率	招商 资本充足率	招商 核心资本充足率	民生 资本充足率	民生 核心资本充足率	对比组平均 资本充足率	对比组平均 核心资本充足率
2002	9.49%	5.18%	8.54%	—	12.57%	8.42%	8.22%	5.95%	9.78%	7.19%
2003	6.96%	3.24%	8.64%	5.59%	9.49%	6.17%	8.62%	6.43%	8.92%	6.06%
2004	2.30%	2.32%	8.03%	4.21%	9.55%	5.44%	8.59%	5.04%	8.72%	4.90%
2005	3.70%	3.71%	8.04%	4.13%	9.06%	5.58%	8.26%	4.80%	8.45%	4.84%
2006	3.71%	3.68%	9.27%	5.44%	11.08%	9.32%	8.20%	4.40%	9.52%	6.39%
2007	5.77%	5.77%	9.15%	5.01%	10.29%	8.71%	10.73%	7.40%	10.06%	7.04%
2008	8.58%	5.27%	9.06%	5.64%	11.34%	6.56%	9.22%	6.56%	9.87%	6.58%
2009	8.88%	5.52%	10.34%	6.90%	10.45%	6.63%	10.83%	8.92%	10.54%	7.48%

在资本金充实方面,深发展先后经历了与 GE 财务公司合作失败、股改认股权证的发行和行权、宝钢集团的入股计划和 2008 年 2 次次级债的发行,逐步解决了资本充足率不足的难题。从表 13.6 可以发现,新桥投资控股前,深发展的资本充足率呈明显的下降趋势,在 2004 年达到了最低 2.3%。新桥投资控股后,在相关监管部门的特别支持下,深发展利用股权分置改革的契机摆脱了多年来"不分红不允许再融资、资本充足率不达标不允许分红"的恶性循环。随后,深发展的资本充足率逐步提升,并在 2008 年实现了资本充足率与核心资本充足率的双达标。此外,通过与对比组银行比较发现,对比组银行的资本充足率基本能保持稳定且达到监管要求,而深发展的资本充足率在 2003～2007 年之间都明显低于对比组银行的平均水平,这也从另一个角度反映了深发展资本充足率的不足。随着近几年深发展在资本金补充机制上的突破,其资本充足率水平与对比组的差距趋于减小。

其中,另一个使资本充足率及核心资本充足率在 2004 年迅速下降的原因是由于会计准则的变更。2004 年度资本充足率与核心资本充足率按照中国银监会颁布的《商业银行资产充足率管理办法》规定的新标准计算(简称新口径);2003 年及以前,资本充足率与核心资本充足率按照中国人民银行《关于印发商业银行非现场监管指标报表填报说明和商业银行非现场监管报表报告书的通知》计算(简称旧口径)。

表 13.7　　　　　　　　　　　　　资本充足率的变化　　　　　　　　　　　　单位：亿元

项　目	2004 年 12 月 31 日 新口径	2004 年 12 月 31 日 旧口径	2003 年 12 月 31 日	2002 年 12 月 31 日
资本净额	3 310	10 747	8 931	7 765
其中：核心资本净额	3 340	4 685	4 153	4 238
加权风险资产净额	143 681	154 641	128 261	81 846
资本充足率	2.30%	6.95%	6.96%	9.49%
核心资本充足率	2.32%	3.03%	3.24%	5.18%

深发展资本充足率的改善一方面是得到了证监会的特别处理，使其能够破例在股权分置改革中通过认股权证再融资；另一方面，也得益于证券市场的牛市，助推了上市公司再融资的顺利实现，另外深发展通过发行 80 亿元左右的次级债务和向宝钢增发非公开股权等进一步补充了资本金。因此，从长期来看，深发展能否通过自身经营的改善和业绩的增长建立起良性的资本金补充机制，最终成为优秀的商业银行，还有待进一步的考察。

4. 盈利能力和经营状况

表 13.8　　　　　　　　　　　　2002～2009 年盈利状况

年　份	2002	2003	2004	2005	2006	2007	2008	2009
资产收益率	0.30%	0.24%	0.15%	0.16%	0.53%	0.75%	0.13%	0.86%
净资产收益率	11.47%	9.67%	6.19%	6.97%	20.12%	20.37%	3.74%	24.58%
摊薄每股收益(元)	0.22	0.22	0.15	0.18	0.67	1.16	0.2	1.62

通过收购前后收益率指标的对比(见表 13.8)，可以发现深发展的盈利能力得到了一定的提升，除了 2008 年遭遇金融危机导致业绩有较大幅度下降之外，净资产收益率从收购前的 9.67% 上升到 2009 年的 24.58%，其他如资产收益率、每股收益情况都从 2005 年后开始明显提高。

成本收入比＝业务及管理费/营业收入，其中业务及管理费由员工费用、管理费用、折旧及摊销费用组成。根据 CAMELS 模型，这一指标可以用来衡量商业银行的经营水平高低。

收购报告中提到收购目的之一是帮助深发展提高经营水平，我们通过收购前后成本收入比的对比，可以发现深发展的成本在 2008 年以前得到了较好的控制，呈一路下降的趋势，在 2008 年下降到了 35.99%。但是在 2009 年以及 2010 年中

图 13.5 2003~2010 年成本收入比

期,这一比例又有了大幅度的上升。在外资进入深发展时,它们带来了先进的经营理念、管理方法和风控系统,短期的成本控制水平大幅度提升,但是当外资将要撤出时,管理人员又换成了中方人员,那么原先的经营理念、经营方式进而经营业绩还能不能得到保持就存在很大的疑问。

我们将费用做分解分析,我们发现折旧和摊销费用与员工费用的上升是导致这一比例上升趋势的主要原因,而折旧和摊销费用的上升是由于固定资产的投入不足,折旧比例过大造成的(这一点将在下面的分析中得到证实),而员工费用的上升我们猜测是由于公司的高管(尤其是新桥投资方面的高管)的工资与分红过高造成的。

表 13.9 对费用进行分解 单位:万元

年 份	2010	2009	2008	2007	2006	2005	2004	2003
员工费用	188	334	268	213	143 526	108 620	100 594	83 743
管理费用	118	258	224	180	150 107	114 959	113 742	94 305
折旧和摊销费	51	37	29	27	27 540	31 298	31 921	29 990
业务及管理费	359	631	522	420	321 175	254 878	246 258	208 039
营业收入	849	1 511	1 451	1 085	792 068	576 482	302 985	240 161
成本收入比	42.26%	41.76%	35.99%	38.75%	40.55%	44.21%	81.28%	86.62%
员工费用占总费用比重	52.56%	53.05%	51.40%	50.63%	44.69%	42.62%	40.85%	40.25%
管理费用占总费用比重	33.02%	40.96%	42.97%	42.84%	46.74%	45.10%	46.19%	45.33%
折旧和摊销占总费用比重	14.42%	5.99%	5.63%	6.53%	8.57%	12.28%	12.96%	14.42%

我们以 2003 年为基年，观察 2004～2009 年深发展和各个对比组银行的固定资产净值增长情况(见图 13.6)。我们发现各个对比组银行在这 6 年中都逐步增加了固定资产投资，尤其是在 2006～2008 年的银行业景气周期中，各行纷纷增加固定资产投资的情况更加明显。而深发展在被新桥投资收购以后，其固定资产净值不增反减，即使刨除 2004 年"挤水分"的这一年，其后的增加也非常缓慢。

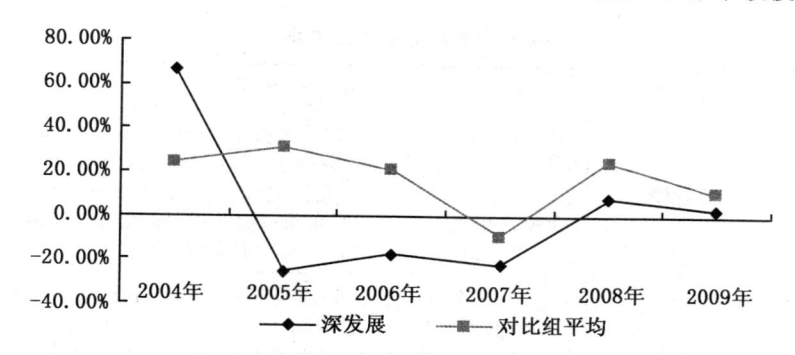

图 13.6　固定资产净值增长率的对比

现在各家银行都在发展科技系统，提升电子化服务水平，而且新桥在其收购公告也作出说明，收购目的之一是提高深发展的信息服务水平。但是新桥进驻以后，对购置新的电脑和大件资产控制非常严格。我们可以推测，在盈利和财务状况都有较大提升的情况下，对固定资产等硬件设施的投入却不足，反映出该银行在经营上存在短期行为，通过减少支出做大利润数的可能性很大。

通过以上对深发展风险水平、风险迁徙、风险抵补和盈利能力及经营水平四方面指标的分析，剔除银行业景气周期的因素，新桥投资的控股使得深发展的资产质量和经营业绩都得到了一定的提升。

但是新桥投资也存在着短期利益行为，如存贷比和中长期贷款比例的高企，虽然在高净息差的背景下对深发展的短期业绩起到了很好的支撑作用，但长期来看却增加了风险；以及固定资产投入的不足等等。

(三)新桥投资的成功转手

正如收购时很多人所担忧的那样，新桥投资在 2010 年将深发展成功转手，与其持有韩国第一银行 5 年后转手给渣打银行惊人地相似。2010 年 9 月 1 日中国平安发布公告称，拟以其持有的平安银行 90.75％的股份即 7 825 181 106 股以及现金足额以每股 17.75 元价格认购深发展 16.39 亿股非公开发行股份。本次交易的总对价为约 291 亿元。此项交易结束后，中国平安将成为深发展控股股东。

我们都知道新桥投资在前一案例中获得了 5 倍的利润，那么它在中国又卷走了多少利润呢？我们先从收购之初的成本来看。

深发展的股权分置改革是中国证券市场最富争议和最具悬念的一场博弈。从 2005 年 9 月深发展启动股改、2006 年 5 月 27 日首次公布《股权分置改革说明书》，到 2007 年 6 月 11 日股改最终方案获得银监会的批准进入实施阶段，深发展先后发布了 4 套股改方案，主要条款内容如表 13.10 所示。

表 13.10　　　　　　　　深发展股权分置改革方案

方案	对价类型	主要条款
方案一	差价补偿	实施后 12 个月内最后 60 个交易日，若这 60 日股票收盘价算术平均值低于 5.25 元/股或高于 10.75 元/股，公司将向流通股股东定向现金分红，每 10 股流通股所得现金最高不超过 0.48 元（含税）（相当于流通股股东每持有 10 股流通股获得非流通股股东支付的最高不超过 0.13 元的现金（含税））
方案二	差价补偿	实施后 12 个月内最后 60 个交易日，若这 60 日股票收盘价算术平均值低于 7.25 元/股或高于 8.75 元/股，公司将向流通股股东定向现金分红，每 10 股流通股所得现金最高不超过 0.48 元（含税）（相当于流通股股东每持有 10 股流通股获得非流通股股东支付的最高不超过 0.13 元的现金（含税））
方案三	送股、权证	上市公司向全体流通股东每 10 股送红股 1 股（相当于流通股股东每 10 股获得 0.257 股的对价），派发 0.5 份存续期 6 个月、行权价 19.89 元的百慕大式认股权证
方案四	送股、权证、派现	上市公司向全体流通股东每 10 股送红股 1 股派现金 0.09 元（相当于流通股股东每 10 股获得 0.257 股的对价），派发 0.5 份存续期 12 个月、行权价 19 元的百慕大式认股权证

深发展股改方案之所以一波三折，与大股东新桥投资的强硬立场有很大的关系。在股权分置改革之初，新桥投资为了自身的利益在"对价"问题上迟迟不做出让步。考虑到深发展流通股占比高达 72.43%，非流通股股东向流通股股东支付对价的空间不大。

深发展股改方案一和方案二都以差价补偿作为对价形式，从利益角度分析，新桥投资具有较为明显的优势。深发展自上市交易以来只有 3 天的价格低于 5.25 元，而要 60 日均线高于 10.75 元也存在较大的不确定性，以方案一公布时 8.78 元的市场价格计算，触发分红的可能性不高。方案二在方案一的基础上明显提高了分红触发的可能性，但即使触发了分红条件，流通股股东获得的"对价"收益也不高。深发展流通股股东占比高达 72.43%，现金分红的大部分还是来自于流通股股东自有权益，而且还要支付 20% 的所得税。非流通股股东相当于每 10 股只支付 0.13 元的对价就获得了流通权，新桥投资的股权即能获得 117% 的增值，从这个角度来看双方利益存在明显的不平衡。

方案三采用了送红股和发行认股权证相结合的方式。在该方案下，非流通股股东实际向流通股股东每10股支付了0.257股的对价，相比我国大部分上市公司而言对价成本都非常低廉。虽然配套发行的认股权证具有一定的预期价值，但这并不是股改的对价，而仅仅是上市公司再融资的一种形式。在非流通股股东和流通股股东进一步的博弈下，方案四在增加了0.09元的派现和0.5份认股权证后才得到流通股股东的最终认可。

有人做过测算，新桥投资2004年的收购价格为每股3.545元买入，其总共付出的购买价格为123 547.11万元。后来深发展股改时派发认股权证，行权价为19元，新桥通过认沽权证增持的成本约为9.9亿元。随后2008年深发展中期送红股。通过粗略测算，新桥累计支付的成本约为22.27亿元，每股成本价约4.28元。而2010年，平安银行支付的收购价格为2 908 047.56万元，其中包括平安银行的90.75%的股权，共计2 639 042.33万元，以及人民币现金，共计269 005.23万元。这样，新桥投资总共获益约268亿元人民币，赚取了成本价10倍多的收益。

经此一役，新桥投资可以说是赚得盆满钵满，那么对深发展和国内投资者来说是不是就意味损失了呢？

（四）将其他银行引入参股外资股东与新桥控股深发展的情况对比

1. 外资入股浦东发展银行过程简介

我们选取浦东发展银行作为参照对象。如表13.11所示。

其收购或入股过程的简介如下：

表13.11　　　　　　　　外资入股浦发银行过程

提示日	内容	属性
2002-03-21	年报，0.441元，拟10转5派2元(含税)，转让所持一公司股权，董事会授权签署引进国外战略投资者相关文件	其他
2002-04-28	就有关媒体报道美国花旗银行及其关联公司参股上海浦东发展银行股份有限公司最终持股达24.9%等消息予以说明	其他
2002-12-31	公司同意美国花旗银行作为公司国际战略投资者，与公司进行战略合作	其他
2003-01-03	公司与四家公司正式签署一系列有关战略合作、信用卡合作等协议	其他
2006-02-16	股东大会通过，关于与花旗银行及其关联机构为加强持续战略合作签署战略合作第二补充协议	其他
2008-12-03	公司与莱商银行股份有限公司签署了《战略合作协议》、《认股协议》和《技术支持和业务合作协议》，公司将认购莱商银行股份10 800万股，成为其第二大股东。此外，双方还将在公司治理等领域开展战略合作	其他

上海浦东发展银行股份有限公司(以下简称:浦发银行)是1992年8月28日经中国人民银行批准设立、1993年1月9日开业、1999年在上海证券交易所挂牌上市(股票交易代码:600000)的股份制商业银行,总行设在上海。

花旗集团、国际金融公司、淡马锡控股有限公司、香港恒生银行先后入股上海浦东发展银行。

2. 财务数据比较

(1)风险水平指标(见表 13.12)

表 13.12　　　　　深发展和浦发银行风险水平指标比较

深发展:

项目	银监会规定	2002年	2003年	2004年	2005年	2006年	2007年	2008年	2009年
不良贷款率	不高于5%	10.29%	8.49%	11.41%	9.33%	7.98%	5.64%	0.68%	0.68%
单一最大客户贷款比例	不高于10%	4.75%	4.59%	16.92%	20.67%	9.17%	5.41%	4.22%	7.84%
最大十家客户贷款比率	不高于50%	—	45.15%	128.7%	122.22%	71.38%	42.74%	26.9%	40.85%
流动性比例	不低于25%	37.15%	30.59%	25.39%	35.89%	45.99%	39.33%	41.50%	38.59%
存贷款比例	不高于75%	55.50%	68.76%	65.46%	58.23%	71.36%	75.78%	67.01%	69.12%

浦发银行:

项目	银监会规定	2002年	2003年	2004年	2005年	2006年	2007年	2008年	2009年
不良贷款率	不高于5%	5.53%	2.7%	2.43%	2.29%	1.88%	1.67%	1.29%	0.96%
单一最大客户贷款比例	不高于10%	8.19%	6%	4.5%	4.28%	4.84%	3.82%	4.42%	3.49%
最大十家客户贷款比率	不高于50%	53.68%	39.91%	31.91%	30.4%	33.28%	30.47%	27.01%	26%
流动性比例	不低于25%	91.65%	66.34%	72.92%	43.34%	45.33%	40.97%	44.2%	47.95%
存贷款比例	不高于75%	65.41%	65.24%	73.51%	70.52%	69.79%	72.55%	71.06%	74.42%

从图13.7中可以看出,新桥收购深发展对深发展的不良贷款率和存贷款比率都造成了较大的影响,而外资入股浦发银行则对其不良贷款率和存贷款比率没有造成较大影响。

不良贷款率

图表显示2002—2009年深发展和浦发银行不良贷款率比较。

存贷款比率

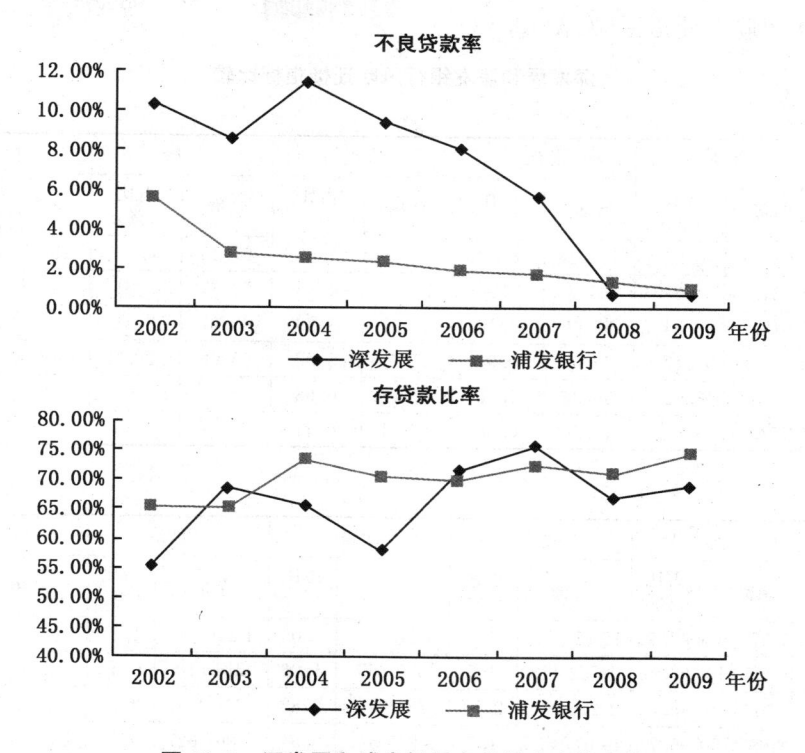

图13.7 深发展和浦发银行存贷款比率的比较

从图13.8中可以看出,新桥收购深发展以及外资入股浦发银行都对其流动性造成了较大的影响。

流动性比率

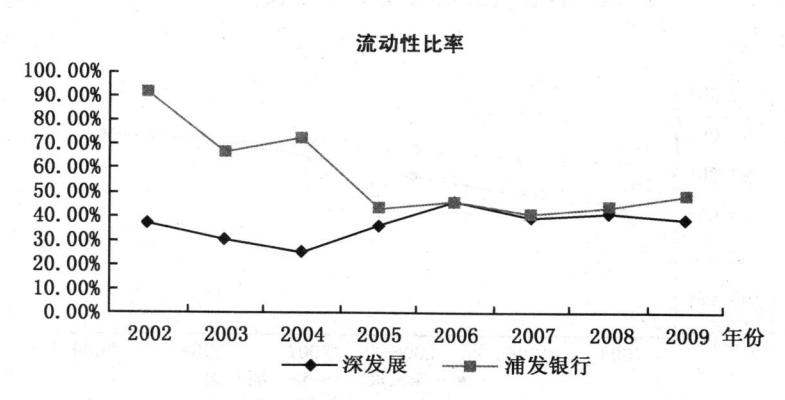

图13.8 深发展和浦发银行流动性比率的比较

(2) 风险迁徙指标(见表 13.13)

表 13.13　　　　　深发展和浦发银行风险迁徙指标比较　　　　　单位:亿元

深发展:

年份	正常 余额	正常 占比(%)	关注 余额	关注 占比(%)	次级 余额	次级 占比(%)	可疑 余额	可疑 占比(%)	损失 余额	损失 占比(%)
2004	1 012.73	80.25%	105.18	8.33	70.88	5.62	57.45	4.55	15.71	1.24
2005	1 321.71	84.67%	93.6	6.00	73.07	4.68	57.87	3.71	14.78	0.95
2006	1 618.51	88.84%	57.66	3.16	68.96	3.79	60.37	3.31	16.31	0.90
2007	2 073.29	93.47%	20.09	0.91	73.7	3.32	45.06	2.03	6	0.27
2008	2 781.2	98.02%	36.94	1.30	19.28	0.68	—	—	—	—
2009	3 557.17	98.94%	13.56	0.38	14.74	0.41	5.29	0.15	4.41	0.12

浦发银行:　　　　　　　　　　　　　　　　　　　　　　　　　　　　　　　单位:亿元

年份	正常 余额	正常 占比(%)	关注 余额	关注 占比(%)	次级 余额	次级 占比(%)	可疑 余额	可疑 占比(%)	损失 余额	损失 占比(%)
2004	287 576 206	92.50	15 710 715	5.0	3 275 656	1.05	4 256 123	1.37	86 390	0.03
2005	35 255 414	93.46	1 722 413	4.5	399 869	1.06	216 510	0.57	128 088	0.34
2006	43 968 419	95.40	1 276 906	2.77	384 296	0.83	302 404	0.66	157 275	0.34
2007	532 887 750	96.71	10 077 592	1.8	2 955 647	0.54	3 861 627	0.70	1 205 762	0.22
2008	678 844 224	97.32	10 253 289	1.47	4 921 831	0.71	2 268 891	0.33	1 276 435	0.18
2009	914 092 268	98.41	7 302 429	0.79%	4 192 115	0.45	1 962 286	0.21	1 305 652	0.14

从图 13.9 中可以看出,收购会改善企业业绩使贷款正常化,而入股对企业业绩影响不大。

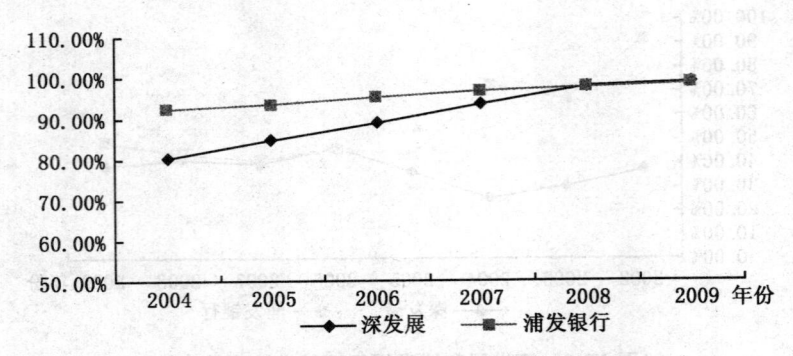

图 13.9　深发展和浦发银行分类贷款变动

(3) 风险抵补指标(见表 13.14)

表 13.14　　　　　深发展和浦发银行风险抵补指标的比较

深发展：

年份	2002	2003	2004	2005	2006	2007	2008	2009
拨备覆盖率	76.00%	36.00%	35.00%	43.05%	46.91%	48.28%	105.14%	161.84%
资本充足率	9.49%	6.96%	2.30%	3.70%	3.71%	5.77%	8.58%	8.88%
核心资本充足率	5.18%	3.24%	2.32%	3.71%	3.68%	5.77%	5.27%	5.52%

浦发银行：

年份	2002	2003	2004	2005	2006	2007	2008	2009
拨备覆盖率			117.1%	142.16%	151.46%	191.08%	192.49%	245.93%
资本充足率	9.2%	8.9%	8.33%	8.09%	8.44%	8.96%	8.88%	9.28%
核心资本充足率				4.13%	4.51%	5.16%	5.06%	5.64%

从图 13.10 中可以看出,新桥收购深发展对深发展的资本充足率造成了极大的影响,而三个外资入股浦发银行对浦发的资本充足率未造成较大影响。

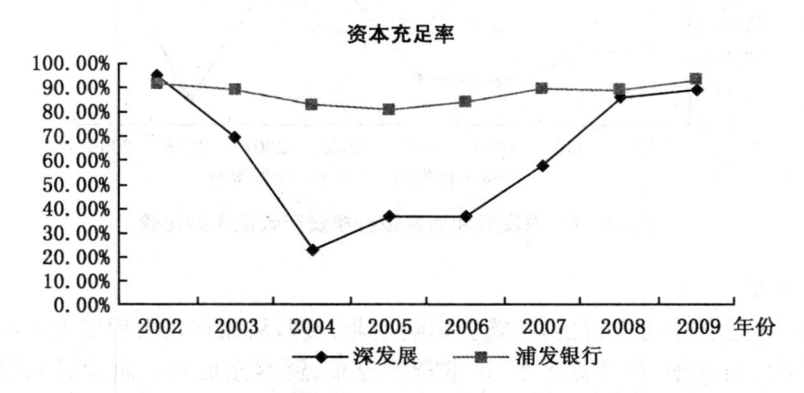

图 13.10　深发展和浦发银行资本充足率的比较

(4) 盈利能力(见表 13.15)

表 13.15　　　　　　　　深发展和浦发银行盈利能力的比较

深发展：

年份	2002	2003	2004	2005	2006	2007	2008	2009
总资产收益率	0.30%	0.24%	0.15%	0.16%	0.53%	0.75%	0.13%	0.86%
净资产收益率	11.47%	9.67%	6.19%	6.97%	20.12%	20.37%	3.74%	24.58%
摊薄每股收益(元)	0.22	0.22	0.15	0.18	0.67	1.16	0.2	1.62

浦发银行：

年份	2002	2003	2004	2005	2006	2007	2008	2009
总资产收益率				0.5%	0.53%	0.69%	1.13%	0.9%
净资产收益率	16.15%	13.04%	14.29%	16.01%	13.58%	19.43%	30.03%	25.86%
摊薄每股收益(元)	0.356	0.4	0.493	0.635	0.849	1.263	2.211	1.621

从图 13.11 中可以看出，新桥收购深发展以及三个外资入股浦发银行都对其净资产收益率造成了较大的影响。

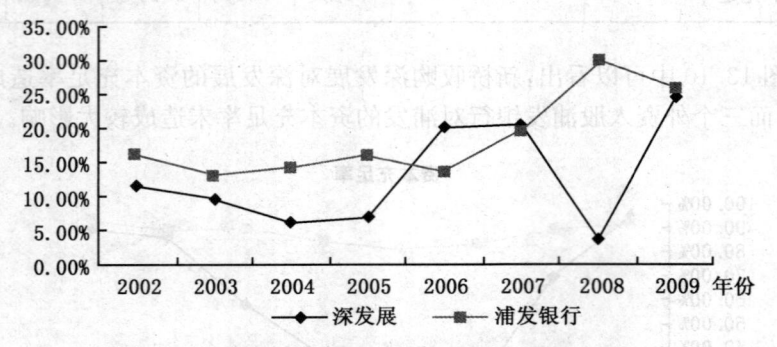

图 13.11　深发展和浦发银行净资产收益率的比较

3. 小结

从以上分析中可以得出，收购会影响企业管理，从而在较大程度上影响被收购企业的不良贷款率、存贷款比率、正常贷款分布、资本充足率。而参股入股则不会在很大程度上影响企业管理和被收购企业的不良贷款率、存贷款比率、正常贷款分布、资本充足率，但是会影响该企业的流动性与净资产收益率。

(五)利弊分析

1. 收购之利

(1)不良贷款率下降

从前面的分析来看,随着深发展资产规模的进一步扩大以及不良资产逐步处置,深发展实现了不良贷款余额和不良贷款率连续四年的"双降",并在2008年和2009年使不良贷款率降到了远低于监管值以下的水平。虽然2008年计提的一大笔资产减值损失对不良贷款率的实质性下降起到了举足轻重的作用,但是对于背着沉重历史包袱的深发展来说,在几年的时间内使得不良率取得大幅度的下降本来就并非易事,新桥投资的介入还是有一定效果的。

(2) 资本充足情况改善

提升资本充足率并使之达到监管水平是深发展引入外资的初衷。从前面的分析中我们知道新桥投资控股后,深发展的资本充足率一直是稳步上升的,并且在2008年和2009年资本充足率与核心资本充足率获得双达标,使得深发展的经营风险大幅度下降。无论本意是什么,新桥投资的确在改善资本充足情况方面做出了努力。

当然,深发展资本充足率的改善很大程度上是由于得到了证监会的特别处理以及证券市场牛市的助推。但是从长期来看,深发展能否通过自身经营的改善和业绩的增长建立起良性的资本金补充机制,最终成为优秀的商业银行,还有待进一步的考察。

(3) 盈利能力提高

从前文与对比组银行的比较中看出,新桥投资入主深发展以后拨备前利润增长除2009年都为正值,且净利润增长在2009年甚至达到了719%。同时,对比组银行平均的拨备前利润增长最高峰出现在2008年,符合我国银行业的景气周期。但深发展的增长最高峰出现在了2006年,可以认为这是新桥投资的控股带来了公司价值的提升。当然,不可否认的是,在2008年与2009年的确存在大笔计提资产减值损失、减少利润基数扮靓财务报表的情况。

(4) 经营水平提高

在前文我们通过收购前后成本收入比的对比,可以发现深发展的成本在2008年以前得到了较好的控制,呈一路下降的趋势,在2008年下降到了35.99%。虽然在2009年以及2010年中期,这一比例又有了大幅度的上升,但是很大部分的原因是折旧与摊销费用的增长所造成的,管理费用一直呈现下降的趋势。因此,我们认为新桥投资对深发展经营水平的提高还是有一定贡献的。

2. 收购之弊

(1) 对于短期业绩过度重视而忽视长期发展水平

虽然银行的盈利能力逐年提高,但是过高的中长期贷款比例也反映了深发展贷款期限的严重错配,给深发展未来的发展带来了一定的流动性风险。结合各年的中长期贷款占总贷款的比例,我们也可以看出这一比例呈逐年上升的趋势。中长期贷款的利息高,的确可以增加深发展贷款短期的净收益,但是如果这些贷款的风险在以后的年份都转化成了坏账,那么损失将由谁来承担呢?

同时，我们也发现在其他银行纷纷增加其固定资产投资的时候，深发展的固定资产净值不增反减，即使刨除2004年"挤水分"的这一年，其后的增加也非常缓慢。也就是说，在其他银行加大技术投入、扩张网点的时候，深发展采取了消极的不作为态度，那么在未来的发展中很可能处于劣势。新桥投资这种短期行为会给深发展带来长期的损失。

（2）外资撤出后未必能够保持经营水平的提高

虽然成本收入比在2008年及以前一直处于下降的趋势，但在2009年以及2010年中期，这一比例又有了大幅度的上升。在外资进入深发展时，短期的成本控制水平大幅度提升，但是当外资将要撤出时，经营业绩还能不能得到保持就存在很大的疑问。同时，折旧和摊销的增加说明固定资产投入不足，且错过了很好的发展时机，这很有可能影响公司长期的经营与发展。

（3）国有资产流失、外资获益过大

新桥投资当初成功收购深发展，在很大程度上得益于政府部门的强力推动。但由于深圳政府急于甩掉这个包袱，且在收购方选择和收购价格确定等方面缺乏市场竞争机制，一直处于比较被动的地位，因此收购价格很低，国有资产在一定程度上被贱卖。而从近期深发展转卖给平安的新闻中，我们估算出新桥投资获得了10倍多的收益。外方获益过大就意味着深发展和我国投资者遭受了一定程度上的损失。

三、结论与政策性建议

（一）结论

第一，新桥投资的控股使深发展的公司价值得到了提升，但深发展的长期发展存在较大的不确定性。新桥投资控股深发展后，深发展的资产质量和经营业绩都得到了一定的提升。但新桥投资的短期利益行为对深发展的长期发展不利，这恰恰就背离了我国商业银行引进境外战略投资者的初衷。

第二，新桥投资的首要目标是追求大股东利益的最大化，而不是公司价值最大化。新桥投资在"对价"上的强硬态度一度使深发展的股改陷入僵持，对深发展的股改起到了一定的阻碍作用。而正是由于深发展股改长时间没有完成，导致深发展进一步引进GE财务公司作为境外战略投资者以失败告终。从而也使深发展未能尽早解决资本充足率不足的问题，对公司价值起到了一定的负面作用。

第三，我国商业银行在引进境外战略投资者的过程中缺乏主导能力，且市场化程度不够，银行股权在一定程度上被贱卖。新桥投资能否成功收购深发展，在很大程度上取决于相关政府部门的意图，在收购方选择和收购价格确定等方面缺乏市场竞争机制，同时由于深发展及其原有大股东经验的缺乏，一直处于比较被动的地位。相比而言新桥投资则显得非常有经验，在股权正式转让之前就通过过渡期管理委员会对深发展实施控制,开展尽职调查,摸清深发展的家底。这不仅使新桥投资有效地控制了收购风险,也提高了其在股权转让时的议价能力。

第四,我国商业银行缺乏对大股东与公司价值关系的认识,在选择境外战略投资者过程中缺乏依据。由于目前对大股东的入股动机、主营业务、产权性质、资产规模和盈利能力等因素对公司价值的影响等研究并不深入,相关的理论基础和实践经验也都不丰富,因此商业银行在引进境外战略投资者的过程中存在较大的盲目性。我们认为,大股东的入股动机、主营业务和产权性质等都会对公司价值的产生影响。

(二)政策性建议

第一,明确商业银行引进境外战略投资者的目的。商业银行引进境外战略投资者是为了完善治理结构和引进国外先进的银行管理技术和产品,坚决拒绝境外财务投资者。财务投资者并不打算在银行管理和产品等方面与被投资的银行进行长期合作,真正的目的在于将来卖出银行股权以获得高额回报,不利于我国银行业的稳健发展和国家利益的维护。

第二,防止境外战略投资者获得超常的收益。监管层在制定鼓励商业银行引进境外战略投资者的政策时,应该综合考虑国家的利益、商业银行的利益、原有股东的利益和其他利益相关者的利益。避免由于政策导向的过分倾斜使境外战略投资获得超常的收益,损害其他利益相关者的利益。

第三,细化境外战略投资者的选择条件。我国商业银行在选择境外战略投资者时应该选择国外资本实力雄厚、管理卓越的银行作为境外战略投资者,应出台更为具体的商业银行境外战略投资者的条件细则。应该对境外战略投资者设置更长的所持有银行股权的禁售期,防止境外战略投资者投机,损害商业银行的利益。涉及商业银行控制权转移的交易,应对境外战略投资者提出特别附加的条件。

第四,完善银行股权交易的市场机制。通过建立健全的交易平台、通畅的融资渠道和公平的市场环境,使银行股权的价值得到合理的评估,保证银行利益和国家利益不受损害。应该积极鼓励国内产业资本和民营资本参与银行股权的投资,引入竞争机制,提高银行股权交易的定价效率。

四、相关知识回顾

(一)关于商业银行引进境外战略投资者的理论综述

国内外对并购的研究文献表明,并购中目标公司的股东能获得显著正的超额收益。对此的理论解释一般为以下几点:

1. 代理成本理论

由于现代公司股权通常非常分散,掌握公司控制权的管理者一般持有很少的公司股份或根本不持有,而公司的控股股东持有公司的股份并不高,缺乏监督管理层的积极性,在这种情况下管理者有可能为了自己的利益而牺牲股东利益(Berle 和 Means,1932)。而并购可以通过替代差的管理者,或者给现有的管理者造成威胁,从而部分解决了代理问题(Manne,1965)。由于中国的上市公司通常为国家控股,公司的管理层通常由行政任命,并不拥有所控制的公司的任何股票,因此代理问题在中国的上市公司中非常普遍,这样代理理论就能很好地解释上市公司并购中目标公司获利问题。

2. 差别效率理论

该理论认为如果 A 公司的管理层比 B 公司更有效率,那么在 A 公司收购了 B 公司之后,B 公司的效率就能提升到 A 公司的水平,从而效率通过并购得到提高(威斯通等,1998)。因此当股市了解到一家效率高的公司收购一家效率低的公司时,效率低的目标公司因为效率将要改善从而使股东获利增加。

3. 价值转移与再分配理论

企业并购会引起公司利益相关者之间的利益再分配,兼并利益从债权人手中转到股东身上,或从一般员工手中转到股东及消费者身上。张新(2003)结合中国转型经济的国情,提出了"体制因素主导下的价值转移与再分配理论",对中国上市公司并购的价值创造效应进行解释。在中国,有些并购本身不应该发生,或发生后并不一定会创造价值,但是会由于体制因素,导致以转移其他利益相关方的利益为代价提高并购公司的价值,这实际上是利益/价值在并购公司股东和其他利益相关者之间的一次再分配或者转移。例如,对于陷入困境的目标公司的股东,由于通常并购的收购价通常高于资产的市场价值,因此目标公司的股东通过出售股票就能获利。

关于"商业银行引进境外战略投资者是否提升了公司价值?"还没有比较一致的结论。并且现有的文献资料还仅停留在外资并购后银行业绩和公司价值如何变化的层面,而究竟什么样的外资会提升银行的公司价值尚无相关的研究。

(二)关于商业银行引进境外战略投资者的实证研究

1. 国外对"引进境外机构投资者的影响"所作的研究

(1)支持者

Cho(1990)、Hermes 和 Lensink(2003)等人认为,外资银行的进入会刺激国内银行降低成本、提高效率,促进银行管理水平的提高和监管能力的加强。

Eller(2006)利用中东欧 11 国 1996~2003 年数据进行实证研究,发现外国直接投资加剧了金融部门之间的竞争,提高了盈利效率和增长水平。Choi 和 Hasan(2005)的实证结果也显示境外战略投资者对韩国银行业的改革起到了积极作用。

Bonin 等(2005 年)对转型经济国家的研究发现,由一个战略投资者控股的银行,与其他银行相比有更高的成本效率并提供了更好的服务,这证明在银行私有化过程中引入境外战略投资者的重要性。

(2)反驳者

Van Rooijn(1997)的实证结果表明并购后并购方效率的转移并不明显,并购并未带来效率的提升,这与其理论分析的并购效应不一致。

Yildirim 和 Philippatos(2003)分析包括俄罗斯在内的12个转型经济在1993~2000年的数据,发现外资控股的银行成本效率更高但盈利效率较低。

Haber(2005)利用墨西哥的数据实证研究发现外资的持股比例与信贷增长率等呈现出显著的负相关关系。

2. 国内对"引进境外机构投资者的影响"所作的研究

(1)支持者

吴念鲁(2006)认为国有商业银行引进的战略伙伴能够带来很好的合作效益,进而能更好地推动我国银行业的改革,完善公司治理结构,提升国有银行的国际竞争力。

许小年(2005)甚至断言,只要引进外资,就会对国有商业银行行为的改变起到不可替代的作用。

肖彦和张莉(2008)从实证角度对我国股份制商业银行引入境外战略投资者前后财务数据进行分析,认为它们的财务状况得到了优化。

冯伟等人(2008)的实证研究发现,境外战略投资者在一定程度上改善了商业银行的经营效率,但这种积极效应还有待进一步提高。

(2)反驳者

占硕(2005)通过建模分析了我国银行业引进境外战略投资者的风险,认为由于国有商业银行控制权租金的存在,引进境外战略投资者试图建立"三方制衡"的分散的股权结构是不稳定的,境外战略投资者的引进可能导致国有银行控制权的转移和银行效率的损失。

卢嘉圆、孔爱国(2009)通过实证分析发现:境外战略投资者在改善我国股份制商业银行的成本效率、提高资产质量、增加资本充足率方面的积极作用不明显,对我国商业银行的盈利能力产生一定的负面影响。并且,在我国股权结构制约的情况下,境外战略投资者还没有在商业银行公司治理方面发挥作用。

参考文献

[1] 姚铮,汤彦峰. 商业银行引进境外战略投资者是否提升了公司价值——基于新桥投资收购深发展的案例分析[J]. 管理世界,2009.

[2] 许小年. 银行改革:开放是途径[J]. 城市金融报,2005(9).

[3] 肖彦,张莉. 论引入战略投资者后我国商业银行财务状况的优化[J]. 中国管理信息化,2008(1).

[4] 占硕. 我国银行业引进战略投资者风险研究——控制权租金引发的股权转移和效率损失[J]. 财经研究,2005(1).

案例 14 中信 vs 广发
——收购与反收购

一、案例概述

（一）行业背景

1. 我国证券业现状

综观国际金融市场，在经历了 20 世纪 90 年代中期的并购重组浪潮后，已经呈现出以整合模式为主导的发展趋势。而证券公司作为金融市场的重要组成部分，也积极参与了此次并购的热潮。中国证券市场建立以来亦发生了数次并购案例，其中备受关注的当属中信与广发的收购和反收购案例。预测未来的国际经济形势可以得出，以并购与重组为主导的券商整合模式已经成为中国证券市场发展的必然趋势。

我国证券业的现状可以简要概括为：日益激烈的同行业竞争以及主营业务盈利不佳而业务品种单一的状况。在进入 21 世纪后，国内外券商相继在我国境内设立各类分支机构，以期在新兴的中国证券市场分得一杯羹。然而在有限的市场份额和国外从事证券业务机构（如投资银行）对证券市场的熟知度、产品的合理度和新颖度等较高的情况下，同行业间的竞争变得日趋激烈。加之我国证券业起步较晚，业务发展还有待完善，主营业务还停留在经纪业务等，其盈利渠道受限较多，中小券商的生存问题十分堪忧。就是在这样一个大背景下，券商之间的并购重组愈演愈烈，并且其并购形式已不局限于大券商吞并小券商，而是更多的开始强强联手，实现共赢的目标。

与国外的券商相比，我国的券商规模相对较小。要想在短时间内迅速扩大规模,实现规模经济,强强联合不失为便捷的方法之一。中信证券和广发证券掀起的并购案便应运而生。2004年9月,中信证券正式发布收购要约意欲收购国内另一家大型证券公司——广发证券。这一事件在证券业内迅速掀起了波澜,因为两家证券公司都是国内综合排名前十位的大证券公司。广发证券曾先后收购了原锦州证券和原华福证券,而中信证券也曾于2003年10月完成了对原青岛万通证券的市场化收购,再加上其为上市证券公司的背景,所以这次并购一时成为证券市场的焦点。不过这次并购最终以中信证券于10月14日宣布因要约收购未达到要求而暂停收购计划,广发证券反收购成功而结束。其中的原因,一方面是中信证券在策略和财力的准备上,以及对对手智慧及应变能力上估计不足的结果,另一方面也跟广发证券采取了有效的反收购策略有关。但是即使没有成功,这次并购事件仍然有着非常深远的意义,这是中国证券业历史上一次最纯粹的没有任何行政性政府干预的市场化并购,也预示了"强强联合"将成为证券业合并的大趋势。

2. 我国证券公司并购重组历史回顾

与国外证券业相比,中国证券业的历史相对较短,从1985年第一家证券公司成立至今只不过23年的历史,行业发展还处于初级阶段。根据这二十几年来不同时期的并购重组状况,可以把我国券商的发展分为五个阶段:

第一阶段:1985~1995年。这是我国券商发展的最初阶段,这一阶段券商发展的主要特征表现为数量上的不断扩张。从1985年1月2日,中国第一家证券公司——深圳经济特区证券成立,我国证券公司正式登上历史舞台,各地金融机构纷纷发起组建金融公司,到1995年底,中国证券公司的数量达到了97家,总资产超过832亿元,完成了整个行业最初的增量发展。

从结构层次来看,证券经营机构已基本上形成三个层次:全国性证券公司、地方性证券经营机构、兼营性证券机构。其中全国性证券公司主要是华夏、南方、国泰、海通等几家大证券公司;地方性证券经营机构主要是各省、市人民银行、财政部等设立的专营证券机构;兼营证券经营机构主要是信托投资公司、租赁公司等非银行金融机构设立的证券营业部。

第二阶段:1996~1998年,这是我国证券业并购重组的准备阶段。1995年,《商业银行法》颁布,规定银行业分业经营管理,与所办的证券公司、信托公司分离;1996年7月,中国人民银行发布《关于人民银行各级分行与所办证券公司脱钩的通知》,要求银行与证券业分业经营,由此引发了我国证券公司重组并购的第一轮高潮。

1995年2月23日,万国证券因操纵"327国债"做空失败,直接导致国债期货市场关闭和万国证券的破产,1996年7月16日,在政府的行政指导下,原申银证券和原万国证券合并重组为"申银万国证券股份公司",成为当时资产、资本、营业部数量最大的证券公司。这是中国证券史上第一次大型证券公司间的并购重组,也拉开了中国证券业并购重组的序幕。

第三阶段:1999~2001年,我国国内证券公司第一次大规模的增资扩股和兼并重组,各类券商分别从两个不同的途径实现规模扩张,证券公司并购主要是以证券公司大幅度增资扩股、同业并购以及信托公司营业部的合并新设等为主。随着1998年底《证券法》的出台,1999年5月24日,湘财证券首家获准增资至10亿元,标志着证券公司增资扩股工作正式启动。《证券法》要求实现信托和证券分业经营,明确了设立证券公司的基本要求,规定了综合性证券公司的最低注册资本为5亿元人民币。20世纪90年代后期到本世纪初证券市场的快速发展使得证券公司行业利润率相对较高,从而使证券公司有意愿、也有条件进行规模扩张。在这样的背景下,不但有大量证券公司增资扩股,而且信托投资公司和其他非证券公司性质的证券经营机构进行并购重组,扩展组建新的证券公司或被其他证券公司收购。

1999年5月24日,湘财证券率先获得国家批准,获得了增资扩股权利,接着长江证券、中信证券等纷纷加入了增资扩股的行列。1999年7月1日《证券法》的颁布实施更直接促成了并购重组的深入发展,在接下来三年左右的时间里,有40多家证券公司完成了并购重组,证券业的规模迅速扩大。这段时间里的并购案例中,以1999年8月国泰君安和2000年4月银河证券的成立最具代表性。另外,这段时间里还有一个非常值得关注的案例,这就是2001年7月广发证券以其盈利性强的部分营业部和现金作为出资收购了锦州证券,这次并购不仅首创了证券公司集团化模式,更是中国证券史上第一次真正市场化意义上的并购重组,开中国证券业市场化并购之先河,具有划时代的非凡意义。

第四阶段:2001~2002年底,国内证券业第二次大规模的增资扩股和并购重组。2001年11月,中国证监会发出《关于证券公司增资扩股有关问题的通知》,其中规定,今后"证券公司可以自主决定是否增资扩股,中国证监会将不再对证券公司增资扩股设置先决条件"。这一规定无形中赋予了证券公司更大的选择增资扩股的自由度,是对证券公司真正意义上的一种"松绑",这样中国证券业又向市场化的并购重组迈进了一大步。在规定出台后整整一年左右的时间里,又有20多家证券公司实现了增资扩股,这一轮的增资扩股直接导致了券商格局的新局面。另外,在这段时间的并购重组浪潮中,继广发证券收购锦州证券之后,又出现了一次纯市场化的并购重组,即2002年7月,银河证券以24家营业部出资参股亚洲证券并成为其第一大股东,暗含了我国证券公司并购重组发展的一个新的方向。

第五阶段:2003年至今,第三次并购浪潮的酝酿阶段。始于2004年的券商综合治理,挽救了身陷危机中的我国证券行业。对挪用客户保证金、挪用客户债券、集中持股、违规保本保底理财、账外经营等问题的全部清理完毕,2007年9月,各项券商整改工作基本结束。随着一批问题券商的关闭、破产,证券行业重新步入规范发展的新阶段。进入2006年以后,我国证券市场发展出现转折性变化,证券行业整体盈利能力显著提升,行业规模迅速壮大,自身实力不断增强,行业发展出现了质的飞跃。2006年,证券公司累计实现营业收入600亿元,净利润255亿元,盈利公司95家,扭转了连续四年整体亏损的局面,各项财务指标超过历史最高水平。复苏后的证券行业开始谋划更大的发展空间,券商做大做强的渴望也变得日益强烈,一股旨在壮大自身资本实力的增资扩股浪潮在今年席卷了整个证券行业。在管理层"扶优限劣",促进证券公司向规模化、集团化方向发展理念的推动下,以市场为主要力量的并购重组活动将进一步升级,形成了一种新的完全迈向市场化的并购趋势。

同时,国内证券公司与国外证券公司通过并购重组成立合资公司的行为在这一阶段开始实施。2003年4月25日,湘财证券以其投行业务与法国里昂证券合资组建华欧国际证券有限责任公司,湘财证券拥有67%的股权,里昂证券占33%的股权。此次部分资产的合并新设事件开创了我国加入WTO后外资进入我国证券公司的先河。

3. 券商整合问题综述

可以说,我国的证券公司与我国的证券市场的发展几乎是同起同落的。进入21世纪后,由于整个证券市场制度建设的缺失和市场机制的失灵导致许多证券公司陷入困境。整个证券行业在2001年中国股市陷入低迷后面临了严重的风险,其经营业绩每况愈下,部分中小券商甚至出现倒闭的危机。2003年券商即开始出现整体亏损局面,而在2004年、2005年诸多证券公司更是在经受着能否继续生存的煎熬。例如,湘财证券2004年报显示其亏损接近20亿元,负债高达54亿元,其中委托理财资金为25亿元,南方证券更是因违规挪用客户保证金200亿元而震惊了整个中国金融业。同时,中国证券业协会统计报告显示:在扣减资产减值损失后,2004年114家证券公司利润总额为-150亿元,平均每家亏损达到1.3亿元。2005年,券商风险大规模暴露,挪用客户保证金的规模超过了1 000亿元。

为什么我国的证券业会陷入这个危机?究其原因,大致可以分为三点。首先是制度性缺陷问题。虽然我国的证券公司实行的是现代化的管理制度,但是大部分却是建立在国家出资的基础上发展起来的,这样的方式无法避免传统的经营模式和管理方式对其的影响。如此的管理方式引发的往往是管理者的道德风险问题。其次是资本市场的建设问题。目前我国的资本市场上正在交易的品种相对较少,能提供规避风险的产品更是少之又少,在这样一种情况下,很难避免买空卖空产生的相关风险。最后是证券公司自身的经营问题,即业务范围狭小,以经纪业务为主受限较多，收入来源局限于证券发行与承销等。

针对我国证券市场的低迷以及券商自身问题的不断暴露，为了防止风险蔓延和解决券商陷入的风险困境问题，中国证监会制定了对券商进行综合治理"优胜劣汰"的整体原则。2004年8月中国证监会根据券商资产质量、业务水平、风险管理、合法合规等指标，将全国130多家证券公司分为A、B、C、D四类（即创新类、规范类、高度风险类和处置类），并将第三类与第四类作为重点治理的对象。2004年底中国人民银行发布《个人债权及客户证券交易结算资金收购意见》，之后证监会又陆续出台了《关于推动证券公司自查整改、合规经营和创新发展的通知》等对券商实施整改的法规。并且针对券商的风险情况，专门制定了两个文件，即《证券公司风险控制指标管理办法》和《关于发布证券公司净资本计算标准的通知》。

证监会对券商综合治理的基本目标分为两个阶段。第一阶段目标为摸清底数、完成账外账清理；优质公司公开披露财务信息；杜绝保证金新增挪用；关闭一批自救无望、严重违规的风险公司；帮助整改公司渡过难关等。第二阶段目标主要是在券商的信息披露、风险隔离、产品创新、证券业的法治建设和监督等方面作出积极有效的改进。此次综合治理显示出了证监会清理问题券商的巨大决心。2002年证监会撤销了鞍山证券和大连证券，2004年7家证券公司被托管，2005年处置了13家证券公司，2006年上半年又对整改无望的8家证券公司采取了清理托管、破产重整、收购兼并等风险处置措施。2005年5月，中央银行宣布由中央汇金投资有限责任公司、中国建银投资有限责任公司出面采用注资的方式重组券商。由此，政府再造券商的大门开启。

截至2007年1月，在中国证监会监管的104家券商中，100家证券公司将历史遗留的客户交易结算资金缺口、违规理财、账外经营、国债回购等风险事项通过各种模式的重组（股权转让、增资扩股、吸收合并、证券类资产出售）进行风险处置后，财务指标已经达到中国证监会进行治理整顿的指标，基本解决了历史遗留问题、化解了行业风险。另剩余4家尚在重组过程中的公司也都在按期进行重组工作，由此表明我国对券商的治理整顿工作已基本完成。若按照证监会计划的2006年10月31日为综合治理的截止期，则可以看出证监会对券商的全面治理整顿已经大致完成。若将治理整顿以2004年8月中国证监会开始对券商实行"分类监管"政策作为标志，则对券商的治理整顿历时达两年多；在此期间，共有30余家证券公司被关闭和撤销。此外20余家证券公司被列为创新类券商，40余家证券公司被列为规范类券商。可以说至此为止，券商整合基本完成。

（二）企业背景

1. 收购方：中信证券

中信证券股份有限公司（以下简称"中信证券"或"公司"）是中国证监会核准的第一批综合类证券公司之一，前身是中信证券有限责任公司，于1995年10月25日在北京成立，现注册资本6 630 467 600元。2002年12月13日，经中国证券监督管理委员会核准，中信证券向社会公开发行4亿股普通A股股票，2003年1月6日在上海证券交易所挂牌上市交易，股票简称"中信证券"，股票代码"600030"。

中信证券主营业务范围为：证券经纪；证券投资咨询；与证券交易、证券投资活动有关的财务顾问；证券承销与保荐；证券自营；证券资产管理；融资融券；证券投资基金代销；为期货公司提供中间介绍业务。

中信证券长期以来秉承"稳健经营、勇于创新"的原则，在若干业务领域保持或取得领先地位。2009年底，经纪业务合并市场份额为8.36%，排名第一；股票承销业务的合并市场份额为24.13%，债券承销的合并市场份额为11.30%，均排名第一；控股基金公司所管理资产规模超过3 000亿元，排名第一。

截至2009年12月31日，中信证券持股5%以上的股东为中国中信集团公司（持股比例为23.45%）和中国人寿保险股份有限公司（5.52%）。公司依托第一大股东——中国中信集团公司，与中信银行、中信信托、信诚人寿保险等公司共同组成中信控股之综合经营模式，并与中信国际金融控股共同为客户提供境内外全面金融服务。

中信证券下属中信建投证券有限责任公司、中信金通证券有限责任公司、中信万通证券有限责任公司、中信证券国际有限公司、华夏基金管理有限公司、中证期货有限公司、金石投资有限公司、中信产业投资基金管理有限公司等8家控股子公司，下属建投中信资产管理有限公司、中信标普指数信息服务（北京）有限公司等2家参股子公司。包括所属子公司在内，中信证券在境内合计拥有222家证券营业部、13家证券服务部、12家期货营业部、7家香港分行。截至2009年，公司及所属子公司员工人数约1万人，是国内规模最大的证券公司。

2. 被收购方：广发证券

广发证券的前身是1991年9月8日成立的广东发展银行证券部，1993年末公司成立，1996年改制为广发证券有限责任公司，2001年整体变更为股份有限公司。2010年2月12日，公司在深圳证券交易所成功实现借壳上市，股票代码：000776.SZ。

公司是首批综合类证券公司，2004年12月获得创新试点资格。截至2009年12月31日，广发证券注册资本20亿元，合并报表资产总额1 043.36亿元，净资产172.43亿元，其中归属母公司股东权益163.74亿元；2009年合并报表实现营业收入104.70亿元，实现利润总额64.07亿元，实现净利润49.25亿元，其中归属于母公司所有者的净利润为 46.90 亿元。资本实力及盈利能力在国内证券行业持续领先。公司上市后,总股本增加至25.070 457亿股,总市值居国内上市证券公司前列。

公司(含子公司)有证券营业部网点 223 个,数量位列国内前三,网点遍布全国。公司控股广发华福证券有限责任公司、广发基金管理有限公司、广发期货有限公司、广发控股(香港)有限公司、广发信德投资管理有限公司等 5 家子公司,并参股易方达基金管理有限公司,初步形成了跨越证券、基金、期货、股权投资领域的金融控股集团架构。公司被誉为资本市场上的"博士军团",以人为本的管理理念,务实稳定的人才团队,促进了公司的持续发展。"知识图强、求实奉献"是公司的核心理念,"稳健经营、规范管理"是公司的经营原则。公司高度重视健全内部管理体制,完善风险防范机制,初步形成具有自身特色的合规管理体系,经受住了多次市场重大变化的考验。

(三)动因分析

1. 宏观动因

我们先从宏观方面来分析一下中信的收购动因。

第一个原因是整个证券业面临的生存环境非常艰难。首先是我国证券市场一度处于非常低迷的时期。我国证券市场自 2001 年下半年开始就一直处于低迷状态,出现了全行业的亏损。三年来,各大券商为了生存,纷纷使出各种招数争夺客户,这样导致的竞争无序致使利润率显著下滑,例如在有可比数据的 19 家券商中,2004 年净利润与上一年相比,跌幅超过 100%的就有 11 家。有的券商甚至铤而走险,违规操作,以致最终被托管甚至出局。其中就有南方证券 2004 年被证监会和深圳市政府联合接管,珠海证券因屡屡违规操作而于 2003 年被证监会宣布吊销证券经营资格。据统计,五年来共有 20 家券商被托管,2003 年有 6 家,2004 年有 8 家。由此可知,无序竞争导致的极低的行业利润率及券商违规操作的成本越来越大,加速行业集中度、扩大规模及降低风险的规范化操作已是大势所趋。其次是 WTO 的加入。外国券商进入我国证券市场已指日可待,这更加剧了我国券商的生存压力,使得他们不但要面对国内券商之间的无序竞争,而且要面临势力强大、经验丰富的外商的竞争,就不得不促使像中信这样有实力的券商通过并购,尤其是通过强强联合的方式,迅速地扩大规模、增强实力以对抗强大的外来券商。

第二个原因是中信证券自身的发展目标。中信证券的远景目标是成为亚洲具有影响力的中国证券公司,其最终目标是建立起与国际惯例接轨的现代投资银行经营管理模式,为公司长期持续发展打下坚实基础。从中可见,中信要实现其远景和终极目标,必须做强做大,而第一步就必须快速扩大规模、提高市场占有率,增强竞争实力,提高抵御风险的能力,迎接国际化和全球化竞争的挑战,而并购是首选的方式,这也是许多国外券商做强做大的成功方式。中信与广发都是我国前十大券商之一,且两者在某些方面具有一定的互补性,若中信收购广发能够成功,则必将成为我国券商的"航空母舰",对中信来讲是实现其远景目标相当不错的一步棋子。强强联合后,公司规模将在原有基础上大幅提高,在业务结构和地域分布上亦更加均衡和协调。证券营业部数量、经纪业务市场份额和融资业务份额将稳居国内证券公司前列,市场竞争能力和抵御风险能力都将明显增强。

第三个原因是广发证券的优势及对中信产生的吸引力。中信选择广发作为并购目标是由于广发自身的优势对中信的无限吸引力所致。首先,广发是一家资产质优而价值又被严重低估的优良证券公司,并购它可实现低成本扩张。交易所公布的统计数据显示,2003年广发证券股票发行总家数名列全国同业第四,股票基金交易总金额1 902.61亿元,排名第六。2004年中期,广发证券总资产为120亿元,净资产达到24亿元,净资产每股1.2元,营业收入5.0亿元,净利润为0.59亿元,较中信4.9亿元的营业收入还要高近0.1亿元,较中信0.57亿元的净利润高0.02亿元。从数据中可以看出,广发资产具有良好的盈利能力。然而,虽然中信和广发经营业绩在伯仲之间,估价水平却是天壤之别。于是,资金雄厚的中信证券便希望通过并购价值相对被低估的广发来提高自身的业绩,实现低成本扩张。其次,广发证券具有良好的品牌、营业网点和人才优势,在业务和营业网点方面与中信具有互补性。广发证券素有"博士军团"之称,一向以"稳健经营、管理规范、进取创新、以人为本"的经营理念而久负盛名。根据中国证券业协会的排名,广发证券从1994年起连续十年进入全国十大券商行列,在全国各地拥有78家证券营业部、21家证券服务部,旗下拥有广发北方证券经纪有限公司、广发华福证券有限责任公司、广发基金管理公司、广发期货经纪有限公司等公司,已初步形成金融控股集团的雏形。另外,广发证券在经纪业务方面有绝对优势,而中信证券股票和债券承销方面优势明显;同时,广发证券的78家营业网点中有47家分布在广东,而中信的"势力范围"主要在北方。因而,两者在业务方面和地域方面具有一定的互补性,若整合成功,对两者来讲都是利大于弊。再次是广发证券特殊的股权结构。广发证券的股权结构相对分散,共有18位股东,其中最大的股东辽宁成大也仅拥有股份的20%,第二大、第三大股东分别有15%和13.75%,具体股权情况可以见表14.1。这种极度分散的股权结构在我国资本市场上少见,而分散的股权结构正是实施要约收购的理想目标。在证券市场极度低迷和证券业出现全行业亏损的今天,各个证券公司的经营都步履维艰,股东的回报与1999年、2000年相比可谓天壤之别,因此此时收购广发证券,中信证券就可以以较低的代价获得控股权,实现资源共享、优势互补以及增加实力、扩大规模和经营网点之目的,即使最终未成,中信证券也会提高知名度和影响力。

表 14.1　　　　　　　　2004 年广发证券股东持股情况

股东名称	持股比例(%)
辽宁成大股份有限公司	20.00
中山公用事业集团有限公司	15.00
吉林敖东药业集团有限公司	13.75
广东珠江投资有限公司	10.00
广东梅雁集团公司	8.40
香江集团有限公司	6.17
浙江信联股份有限公司	4.32
云大科技股份有限公司	3.83
酒泉钢铁集团有限责任公司	3.13
亨通集团公司	2.50
安徽华茂纺织股份有限公司	2.50
深圳经济特区房地产公司	2.45
广东风华高科技集团有限公司	2.16
广东新会美达锦纶股份有限公司	1.72
辽宁外贸物业发展公司	1.27
吉林敖东药业公司	1.23
广州钢铁企业集团有限公司	0.54
福建省福发集团股份有限公司	0.39
广东肇庆星湖生物科技公司	0.32
深圳股市康尔达公司	0.32
合　计	100

　　第四个原因是广发证券"引狼入室"。广发证券曾经是中信证券上市的推荐人和主承销商。而广发证券也曾选择中信证券作为其计划上市的辅导人。因此中信证券对广发证券整体情况与内部情况都较为了解，从熟悉的公司下手也是理想收购的一大因素，因此这也成为中信选择了广发证券作为其收购目标的很重要的原因之一。

　　首先，从收购是否能产生协同效应来进行分析，协同效应一般包括经营协同效应和财务协同效应，经营上的协同效应主要是指通过并购企业在管理、生产和销售、资源配置及市场竞争力等方面得到改善。

中信证券在股票和债券承销方面优势明显,而广发证券在经纪业务方面具有绝对优势,同时,广发在全国各地拥有78家证券营业部,其中在广东有47家。中信本身的营业部主要分布于北京、上海、江苏、广东和山东,若能收购广发,则中信在东南沿海各省市的竞争力将大幅提高。由此可见,二者优势互补,存在一定的整合空间。

其次是从收购采用现金收购的形式以及价格的确定方面来进行分析。曾有研究发现,在收购宣告日,用现金收购的收购方股票的异常收益率要高于用股票收购的收购方股票的异常收益率。也有在信息不对称和税赋条件下建立的理论模型解释为,市场价值较高时,收购方往往使用现金方式,以避免发行低估的股票,而在市场价值较低时,采用股票收购方式,以避免税收造成的负担。这次中信收购广发采用的是现金收购的方式,这一方面是几年来中国股市持续低迷,中信证券认为股票价值被严重低估,另一方面中信证券有较大的自由现金流,其2004年6月30日的自有货币资金高达15.8亿元,可以出售的自营证券高达36.2亿元。但在市场低迷情况下,没有很好的投资机会。通过这次收购,中信证券能向市场传递一个有利的信号,让市场得知其实力并吸引更多投资。从收购价格的确定上来看中信初步开价为1.25元,并声明会以此为基础设计价格调整机制,即不论广发证券最终评估值的高低,中信都将确保广发证券出让股东的股权在评估值基础上溢价10%~14%。但我们知道广发作为未上市公司,其2003年12月31日经审计的每股净资产值为1.168元,并未反映其真实的市场价值,因此若收购成功,肯定会造成广发证券的原有股东财富向中信证券股东财富的转移。这也是在收购意向一经公告后,中信证券股价飙升,而广发证券股东会积极抵制的主要原因。

2. 为何广发证券会成为这次收购的目标公司

实际上,中信证券此次的收购还停留在要约邀请阶段。与主动要约收购相同的是,要约邀请收购对目标公司的要求相同,一般应具备以下三个有利条件:第一个条件是目标公司要约收购定价基础的一致性。这种定价或者是以证券市场上全流通的目标公司股票价格为基础[如哈啤(0249HK)的要约收购价格],或者是以目标公司的净资产为基础(如中信要约收购广发证券的价格)。但在现有国内上市公司进行要约收购案例中(见表14.2),由于目标公司存在流通股与非流通股共存的问题,要约收购定价基础不一致,因此比较难以确定一个统一的价格。第二个条件是股权性质的一致性。目标公司股东在面对要约收购的时候,需要比较容易地出售自己的股权。如果目标公司存在股权不一致(如国有股、法人股、B股等),在转让中也会因此产生交易障碍,且各类股东期望值不同,从而导致要约收购的失败。第三个条件是目标公司的股权结构应比较分散。毋庸置疑,如果目标公司中一个股东持股比例达到50%以上,除非其同意转让,否则欲实行要约收购的投资者将无法达到自己的目标。在中信证券拟对广发证券进行收购以前,广发证券的股权结构就比较分散(见表14.1),也正是这种股权结构,加上前两种条件也基本符合,才会使其成为要约收购的目标。

表 14.2　　　　　　　　　国内上市公司要约收购价一览表

股票名称	流通股(元/股)		非流通股(元/股)	
	股票价格	要约收购价	净资产	要约收购价
南钢股份	8.74(2003—6—11)	5.86	3.81(评估值)	3.81
江淮动力	6.46(2003—7—24)	6.05	3.87(2003年中期)	—
成商集团	7.33(2003—8—4)	7.04	2.19(2003年中期)	2.31
山东临工	10.60(2004—2—20)	7.31	3.68(2003年第3季度)	4.68
东华实业	7.38(2004—5—31)	6.67	2.345 5(2004年第1季度)	2.736

(四)过程描述

1. 中信证券:四次公告

9月2日,中信证券发布《第二届董事会第十二次会议决议公告》,宣布董事会通过《关于收购广发证券股份有限公司部分股权的议案》。打算出资10亿元现金收购广发证券。

9月7日,中信证券发布《关于拟收购广发证券股份有限公司部分股权的说明》,提出收购原则为不变更广发证券的注册地、法人主体、经营方式和员工队伍;收购目的是实现优势互补、做大做强;收购性质属完全市场化的交易行为。

9月16日,针对广发的反收购行为,中信证券向广发证券全体股东正式发出要约收购书。

要约收购书主要内容包括:

其一,要约收购的初步价格为1.25元/股,确保广发证券股东出让的股权在评估值基础上溢价10%~14%。

其二,要约收购目标是收购广发证券51%的股权。

其三,有意出让股权的股东需在规定时限内送达《出让股权意向书》原件,并明示其按要约书载明的收购条件出让股权的意向。

其四,中信证券将按公证机构认定的送达先后顺序确定出让股东及出让份额。当出让意向股份总额累计达到广发证券总股本的51%时,将停止接受新的出让意向。随后,中信证券将按约定时限与出让股东签订正式的股权转让协议。

其五,股权收购价款采用现金并分三次支付。具体支付方式为:签署转让协议后支付转让总价款20%的预付款,股权转让协议经批准生效后支付转让总价款的

50%（含前述预付款），余款在股权变更登记手续完成后即时结清。

其六，如果审计后发现广发证券存在或有负债，则应根据审计结果调整收购价格，或有负债部分由广发证券老股东承担。

其七，要约收购期限为40天。

9月17日，中信证券发布《关于收购广发证券股份有限公司部分股权的阶段性公告》，正式发出公开收购要约，要约主要条件为股权转让的初步价格确定为1.25元，收购价款全部以现金分三次支付，出让意向股份总额累计达到广发证券总股本的51%时停止接受转让意向。

10月14日，中信证券发布公告宣布，因要约收购广发证券的股权未达到51%的预期目标，要约收购解除。

2. 广发自救

9月3日，作为对9月2日中信证券收购公告的回应，广发证券20多名员工向广州证监局递交了一封公开信，明确表示反对中信证券收购，坚决支持公司的各种反收购措施。

9月5日，广发证券员工在广州召开大会，讨论设立深圳吉富创业投资股份有限公司问题。身为广发证券内部员工的139名发起人参与了投票，最后以95%以上的高票通过了吉富公司成立所涉及的各项议案。

9月6日，有关网站刊载了《广发证券员工强烈反对中信证券敌意收购的声明》。这份署名为"广发证券股份有限公司2 230名员工"的声明称，"坚决反对中信证券的敌意收购，并将抗争到底"。

9月7日，包括子公司在内的广发证券2 126名员工，发起设立了深圳吉富创业投资有限公司。从广发证券系统内76%的员工中募集2.48亿元资金。

3. 广发证券：五次转让

9月10日，深圳吉富收购云大科技持有的广发证券3.83%的股份，打响了广发证券收购战的第一枪。

由广发证券员工出资2.48亿元设立的深圳吉富投资首次公开亮相。

9月13日，深圳吉富与梅雁股份签订协议，收购其持有的广发证券8.4%的股份，此次收购后，深圳吉富持有的股权比例达到12.23%，成为广发证券第四大股东。

9月16日，吉林敖东股份公司公告收购风华高科和敖东药业集团延吉公司持有的广发证券股份，合计3.39%。吉林敖东成为广发证券第二大股东。

9月24日，吉林敖东与广东珠江投资有限公司签署协议，收购珠江投资持有的广发证券10%的股份，收购获批后，吉林敖东持有广发证券的股权达到27.14%。

9月24日，辽宁成大与美达股份签署转让协议，收购其持有的2%的广发证券股权,收购完成后,辽宁成大持有的广发证券股权升至 27.31%,继续保持广发证券第一大股东地位。

4. 广发成功告捷

10 月 11 日,中信证券要约收购广发证券的截止日期。

10 月 14 日,中信证券公开宣布,因要约收购广发证券的股权未达到 51%的预期目标,要约收购解除。

以上过程如表 14.3 所示。

表 14.3　　　　　　　　　　43 天角力收购战全过程

中信证券	广发证券
9 月 2 日中信宣布收购广发	9 月 3 日广发员工递交公开信反对收购
	9 月 5 日员工大会通过成立吉富公司各项议案
	9 月 6 日有关网站刊载员工声明
9 月 7 日中信提出收购原则和目的	9 月 7 日成立吉富创业投资有限公司
	9 月 10 日深圳吉富收购 3.83%广发股份
	9 月 13 日深圳吉富收购 8.4%广发股份
9 月 16 日中信发出要约收购书	9 月 16 日吉林敖东收购 3.39%广发股份
	9 月 24 日吉林敖东收购 10%广发股份
	9 月 24 日辽宁成大收购 2%广发股份
10 月 11 日要约收购期限到期	
10 月 14 日中信宣布解除要约收购	

(五)反收购战略

1. 各股东抱团取暖

各股东相互持股是企业在面临收购困境时能够渡过困境的一种有效方式。其在反收购行动中的具体表现为其中一方受到收购威胁时,另一方施以援手,表示坚定持有或增加持有被收购方的股份。在中信证券发出收购消息不久,广发的第一大股东辽宁成大便表示要坚定持有广发的股权。目前,我国法律尚未对相互持股做出明确的规定,上市公司之间相互持股的现象也并不多见。在日常经营中可以成为一种战略联盟,在反收购中则可以作为一项有效的反收购策略。

2. 财务安排更具优势

反收购过程中,各项财务安排直接关系到反收购是否成功。广发证券正是在收购股权的财务安排上较中信证券更具优势,才赢得了至关重要的几份股权,为反收购成功打下基础。根据云大科技、梅雁股份的股权转让公告,深圳吉富在收购这两家公司的股权时,在付款条件上明显优于此后中信证券发出的要约收购中的付款条件。深圳吉富收购云大科技所持股权时,付款条件如下:"在 9 月 10 日前,深圳吉富支付6 000万元股权转让款。在办妥解除股权质押手续后,深圳吉富在2个工作日内支付剩余款。"深圳吉富收购梅雁股份所持股权时的付款条件如下:至2004年9月13日,深圳吉富已向公司支付1.4亿元的首期股权转让款;其余转让价款6 153.5万元于2005年2月1日前支付。1.4亿元的股权转让款占转让款总额的69.47%。而根据9月16日中信证券发出的要约收购条件,其付款条件如下:款项分三次支付,签署协议时支付款项的20%,股权转让协议经批准后支付款项的50%(含上述预付的20%),余款在股权变更登记完成时支付。

根据上述付款条件,我们可以知悉云大科技与梅雁股份选择将股权转让给深圳吉富的原因。云大科技2004年半年报净利润为-6 622.39万元,转让广发股权将为其带来2 419.72万元的投资收益。但根据财政部《关于执行〈企业会计制度〉和相关会计准则有关问题解答》中关于股权转让收益确认时点的规定,其中关键一项是"已取得购买价款的大部分(一般应超过50%)",如果中信证券未能在会计年度结束之前办理完股权转让协议的批准手续,云大科技将无法确认此笔投资收益。就算这笔投资收益的确认不能为其本年度扭亏起较大作用,但能够及时获取现金流对云大科技仍十分重要。梅雁股份虽然盈利情况良好,但由于其投资项目——水电站的建设正在进行,现金的需求量也十分巨大。转让广发证券的股权,将为其带来2亿元的现金流入,对需求大量现金的梅雁股份而言,也是极为迫切的。中信证券所进行的要约收购,单要约收购期就需耗费一定时日,且是否能够成功(获取51%的股权)还是未知;即使成功,作为一家上市公司,其股权转让协议也需经过其股东大会和中国证监会批准,历时更长。何时能够有真正的现金流入是云大科技与梅雁股份所需考虑的问题。深圳吉富的出价虽然不算高,但现金的及时流入却是赢得云大科技与梅雁股份的关键所在。

3. 员工凝聚力

在反收购中,员工的凝聚力是有力的武器。从中信证券最初发出收购消息起,广发证券的员工就表现出空前的团结,对中信证券的收购进行积极抵制。9月3日,广发证券22名员工"陈情"广东证监局反对中信证券收购。9月6日,广发证券2 230名员工表示坚决反对中信证券敌意收购。广发证券员工的强烈抵制使中信证券步履维艰,为安抚广发证券的员工情绪,专门发布说明称不会导致广发证券的大调整。相对的,深圳吉富作为广发证券实施员工持股的平台,能否获得广发证券的股权而实现其成立的目的,与广发证券员工的切身利益息息相关。深圳吉富在成立之后通过收购云大科技与梅雁股份所持有的广发股权,在实现自身目的的同时也有效地阻止了中信收购的步伐。是什么让员工产生了如此的凝聚力呢?员工持股便是原因之一。广发证券员工持股计划开始于1999年。该年11月,广发证券经过股东大会审议批准,在公司章程中增加了一项重要条款:一经政策法规允许,股东应以不高于净资产的优惠价格,向公司职工或职工持股会转让不少于其出资额10%的股权。到2000年,广发证券工会持股辽宁成大17%的股份,而辽宁成大则持有广发证券25%的股权,广发证券工会实际上已经曲线持股广发证券。2001年,广发证券随之改制为广发证券股份有限公司,其员工持股计划也随之循序渐进地扩大。由于广发证券经济效益较高,企业发展前景和预期收益看好,从而企业员工希望通过持股获取更多利益。员工持股计划将企业员工与广发证券连接成不可分割的利益整体,中信证券收购有可能使广发证券全体员工利益受损,所以当收购威胁来临时,广发证券员工高度团结,奋起反抗。广发证券反收购取得胜利深圳吉富功不可没。而深圳吉富迅速问世并能在短期内募集2.48亿元资金,显然与广发证券员工持股计划凝聚企业人心密切相关。

4. 及时出现的白衣骑士

在反收购中,自救固然重要,白衣骑士的及时出现亦是不可缺少的条件。在本次广发证券反收购行动中,吉林敖东就扮演了白衣骑士的角色。吉林敖东原本是广发证券的第三大股东,共持有广发证券14.98%的股权,与第二大股东之间股权比例仅差0.02%。在本次反收购过程中,吉林敖东不断增持广发证券的股权,有力挫败了中信证券的收购。

对于上市公司而言,面临收购时管理层可寻找一个友好的公司(这个公司可以是现在的股东,也可以是公司有意引入的新股东),使其以更高的价格向目标公司的股东发出要约,以挫败敌意收购者。邀请白衣骑士,需要上市公司日常的资源积累。本次吉林敖东扮演白衣骑士的角色,也是由于与广发证券有着极为深厚的关系与利益联系。广发证券是吉林敖东的第一大流通股股东,广发证券控股子公司广发基金旗下的两只基金也分别是吉林敖东流通股的持有者。上市公司在日常经营活动中,需要积极地建立友好公司资源,成立相关公司资源库,才能够做到在面临收购危机时白衣骑士的及时出现。

企业大股东积极参与广发证券反收购主要基于两方面的原因:一方面,广发证券通过交叉持股与企业大股东结成了荣辱与共的命运共同体,从而当广发证券遭遇敌意收购攻击时,这些大股东从维护自身利益出发会纷纷加入反收购同盟。另一方面,广发证券与其大股东关系密切。广发证券工会不仅是辽宁成大的第二大股东和吉林敖东流通股的第一大股东,并且为两者做过上市推荐和股票承销以及员工持股计划等中介服务。通过交叉持股和中介服务,广发证券与其大股东之间建立了十分密切的关系。

5. 巧妙利用政策法规漏洞

在这场收购反收购战中,深圳吉富扮演了十分重要的角色,它不仅为广发证券反收购提供了平台或载体,而且是反收购的直接组织指挥者。尽管深圳吉富反收购运作的合法性受到诸多责难,但它却巧妙地利用法规和监管漏洞取得了反收购胜利。首先是利用《证券法》和深圳地方创业投资法规不一致,牟取深圳吉富的生存空间。深圳吉富的设立违反了我国《证券法》中有关证券从业人员不得持有上市公司股权的规定,但广发证券事先将深圳吉富定性为创业投资公司,并获得了工商登记以及深圳创投公会的批准,从而使一个不合法组织获得了合法外衣。其次是利用我国风险投资立法和《公司法》的不同规定,为深圳吉富注册资本使用寻找法律依据。按照当时我国《公司法》的规定,有限责任公司对外投资额不能超过资本金的50%。根据这一规定,深圳吉富注册资本为2.5亿元,那么其合法对外投资则不得超过1.25亿元。但在反收购过程中,深圳吉富仅向云大科技和梅雁股份支付的股权转让款就达2.9亿元,其股权投资比率明显超过了《公司法》的限制。对此,深圳吉富的解释是,既然深圳吉富是一个创业投资公司,那么其投资具有风险投资性质。根据我国风险投资立法的有关规定,深圳吉富注册资本的使用是完全合法的。

6. 充分利用监管滞后

从法律角度看,广发证券反收购的确存在违法之嫌。这些违法嫌疑,集中表现在深圳吉富身份及其资本金使用是否合法上。深圳吉富身份和资本金使用有法可据,那么广发证券反收购则无可指责;反之,广发证券的反收购从一开始就存在违规问题。在反收购实践中,广发证券并没有因其行为存在法律争论而畏首畏尾,相反,则充分利用监管滞后先斩后奏和速战速决。一方面,充分利用地方保护主义,尽可能使深圳吉富及其资本金使用披上符合地方政策法规的外衣;另一方面,不管是否合法,先将深圳吉富成立起来再说,不论是否违规,先将资本金花出去再说。由于中国资本市场监管制度不健全,监管程序十分复杂,不可能在短期内完成所有取证查处工作,所以,当人们仍就深圳吉富身份和资本金使用是否合法争论不休时,广发证券的反收购已经大功告成;当有关部门意识到广发证券反收购存在违规之嫌时,作为违规嫌疑主体的深圳吉富早已功成隐退。

二、结果分析:中信败因

(一)企业文化差异显著

企业文化是企业个性意识及内涵的总称,其能以企业组织行为所体现。具体指企业全体员工在企业运行过程中所培育形成的、与企业组织行为相关联的、并事实上成为全体员工主流意识而被共同遵守的最高目标、价值体系、基本信念及企业组织行为规范的总和。

截然不同的发展轨迹和风格迥异的企业领袖使得中信证券和广发证券形成了异于彼此的企业文化。

中信证券是隶属于中国中信集团公司的一家子公司,而中信集团是邓小平同志亲自倡导和批准,由前国家副主席荣毅仁于1979年10月4日创办的,其业务主要集中在金融、实业和其他服务业领域,现已成为规模较大的国际化大型跨国企业集团。截至2003年底,中信集团的总资产为5 966.30亿元,当年税后利润为16亿元。可以看出,中信证券有着强大的政治和经济背景。

表14.4　　　　　　　中信证券、广发证券资产、利润对比

金额(万元)	中信证券股份有限公司	广发证券股份有限公司
总资产	1 725 804.80(6)	1 294 877.56(7)
净资产	548 120.67(2)	233 684.00(12)
利润总额	41 353.31(1)	—

注:数据来源于中国证券业协会网,是2003年底的数据,括号里的数字为当年排名;广发的利润总额未进前20名,所以没有数据。

另外,正如表14.4所示,2003年中信证券总资产约172.6亿元,排名第六,而广发证券虽然位列第七,总资产却少了将近43亿元。从净资产来看,中信证券排名第二,其净资产规模是排名第十二的广发证券的两倍还多。从利润总额来看,中信证券称冠于业内,而广发证券连前20名都尚未进入。同时在当时中信证券已是上市公司,而广发证券还未上市。中信庞大的资金、强大的融资渠道以及强硬的后台,使得中信的高管层因有所依仗而自信十足,对于收购多了一份浮躁。与之相异,广发证券素称"平民世家",其前身是广东发展银行证券部,一家与中国资本市场一同成长起来的新型投资银行,2003年底在全国各地拥有78家证券营业部、21家证券服务部。广发证券董事长陈云贤对广发的影响深远,他提倡"求真务实、稳健厚道、求贤若渴、以人为本"的经营风格,培育了经营稳健、管理规范、进取创新、以人为本及凝聚力强的企业文化。据悉,陈云贤为了使员工对公司有归属感,任何一名员工若在本职岗位不合适,公司都会再给三次不同岗位机会,尽可能不让员工流出,员工流动率几乎是业内最低的。对于广发员工来说,广发就相当于家,而中信霸气十足,却在一定程度上缺少了一些人情味。中信宣布收购公告的次日,即9月3日广发证券二十多名员工就以"企业文化悬殊"、收购将会造成"消化不良"、"优势抵消"为由向广州证监局递交了一份公开信,信中表示"坚决反对中信证券的收购行为,坚决支持公司的各种反收购措施"。9月9日广发证券高层也明确表态反对中信收购。

双方文化的显著差异,使收购案在开始便波浪壮阔,更不用说,如若收购成功,整合时又有几分胜算呢?

(二)收购准备不足

首先,中信对交易成本的估计不足,要约价格缺乏吸引力。据有关信息披露,

最初,中信方面的收购价定为最高不超过每股 1.16 元(即广发证券 2003 年年末的每股净资产值),与吉富公司的报价相同,实际上 2004 年中报显示广发证券的每股净资产值已经为 1.20 元,高于中信的报价,尽管中信最终对外公告的要约价格为 1.25 元,但其溢价率仅为 4.17%,远远低于当前并购市场上非流通股协议转让 20%~30%的平均溢价率水平,更何况对于广发这样的优质公司,转让的溢价率应该远远高于市场平均水平才能打动原有股东的心,因而中信的要约价格不具有明显优势。加之其付款条件和要约条件相对苛刻(要三次才能付清,有意转让的股份需达到 51%才成交,不确定性大),因而云大科技选择了吉富公司。梅雁股份也把持有广发证券 8.4%的股份转让给吉富公司,从而使得吉富公司掌握了广发证券 12.23%的股份;同时,2004 年 9 月 14 日,吉林敖东与广东风华、敖东延吉签署了转让广发证券股份的协议,吉林敖东将持有广发证券 17.14%的股份。至此,由辽宁成大、吉林敖东和深圳吉富组成的"铁三角"已经控制了广发近 55%的股份。最后珠江投资将持有广发 10%的股份转让给了吉林敖东,使得吉林敖东持有广发 27.14%的股份,成为第二大股东;美达股份也与辽宁成大签署了转让协议,使得辽宁成大持有广发 27.31%的股份,坚守广发第一大股东的地位。至此,"铁三角"已经掌控广发证券 66.68%的股份,中信无奈只能于 10 月 14 日对外公告取消对广发的要约收购,以失败而告终。

其次,中信未能与广发的股东、管理层及员工进行有效、及时的沟通。因为中信沟通的积极性缺失,致使与之有关的梅雁股份倒戈深圳吉富,进而产生连带反应,使其他与之有关的小股东不是静观事态就是投靠深圳吉富,更不用说其他与广发有点渊源的小股东了。同时,中信与大部分股东没有进行沟通,特别是第一大股东辽宁成大。中信也未能与广发的管理层和员工进行充分的沟通。广发证券常务副总裁李建勇博士曾说:"这样一个大规模的收购行为,作为两家实力都比较强大的公司,在联合前双方应该进行充分的沟通,基本达成一致的前进方向,这是个重要的前提。"但中信努力不足,诚意表达不充分,使得收购未获得对方同意意向,却又为对方反收购提供了时间准备。因此该收购方案一出,广发上下反应剧烈,可见,此次收购之所以会失败,缺少协商和沟通是一重要原因。

(三)时机选择不佳

中信证券发动收购时,广发证券正在实施员工持股计划。在这一计划中广发证券员工具有双重身份,即员工和小股东身份,一旦被中信证券收购,广发证券员工既有可能在整合过程中作为员工被辞退,也有可能使其到手的利益成为泡影。中信证券收购,不仅会扰到广发证券员工持股计划的步伐,而且有可能造成员工下岗和利益损失,所以理所当然地会遭到广发证券员工的强烈反对。

(四)收购方式不当

中信证券和广发证券都是国内实力强大的券商巨头,中信证券收购广发证券属于强—中强并购。然而,2003年时中国企业实施强—中强兼并的条件并不成熟。尤其是强势目标企业管理层和股东,从思想感情上很难接受被其他企业吞并的事实。因为被吞并意味着能力的低下,这是一种屈辱。因此,只要尚有一丝希望,目标企业就不可能束手就擒。由于中信证券和广发证券实力相差不大,中信证券并不具有强行兼并广发证券的绝对实力,更重要的是广发证券没有出现经营困境和丧失反收购能力,所以,中信证券企图通过收购一口吃掉广发的成功几率微乎其微。国内外经验表明,强者之间的购并只有在"你情我愿"的情况下才有可能取得成功。成功的强势企业购并,一般采用"友好收购"或"换股合并"方式,因为强势企业之间势均力敌,谁都没有吃掉谁的绝对实力。可以设想,如果中信证券事先征取广发证券管理层和大股东同意后再进行要约收购,那么,成功的概率就会大得多。

(五)中信证券反应迟钝

中信证券公布收购信息之初,辽宁成大和吉林敖东曾出现动摇和彷徨,但中信证券非但没有抓住机会主动去做工作,反而采取守株待兔政策,结果坐失良机,致使广发证券能够从容不迫地组建"铁三角"反收购同盟。在争取梅雁股份方面,中信证券总是慢半拍。当中信证券登门与梅雁股份谈股权转让事宜时,广发证券早已将梅雁股份所持广发股权收入囊中。

三、问题讨论

(一)为何中信收购广发的每股要约收购定价为1.25元

在中信发出的要约收购书中的第一条:要约收购的初步价格为1.25元/股,确保广发证券股东出让的股权在评估值基础上溢价10%~14%。广发证券作为一家未上市公司,没有市场上公开交易的每股净值,但是从广发证券之前季度的审计结果来看,它被评估下来的每股净值为1.1元左右,因此中信在此基础上进行了10%~14%的溢价,得出了初步的要约收购价格为1.25元/股。

(二)究竟谁是赢家

尽管这场收购与反收购之战最终以广发证券胜利而告终,但从实际效果看,几乎所有的相关方都从中获益。

首先是广发证券获益匪浅。一方面,反收购的胜利,解除了人员调整动荡之忧,确保了股权结构与管理层稳定;另一方面,广发证券反收购有助于员工持股计划名正言顺和获得各方的理解与认可;同时,反收购战进一步增强了广发证券的凝聚力,提升了员工对新管理层能力的认可;最后,通过众目睽睽的反收购大战,进一步扩大了广发证券的社会知名度和市场价值。

其次,辽宁成大和吉林敖东获利颇丰。通过这场反收购大战,辽宁成大和吉林敖东持有广发证券股权比例大幅度增加,从而不仅掌握了更多的话语权,而且可以从广发证券中获得更加丰厚的投资回报。此外,通过反收购新闻炒作,辽宁成大和吉林敖东的社会知名度和市场价值获得了较大幅度的提升。统计资料显示,从2004年9月2日到10月12日的41天里,辽宁成大和吉林敖东的股价平均上升了30%左右,其中,辽宁成大股价曾一度上涨了50%(见表14.5、图14.1~图14.3)。

最后,中信证券也有所斩获。在这场收购与反收购大战中,中信证券的收获主要在于,炒作了公司业绩,提升了社会知名度,抬高了股价。

表14.5　　　　辽宁成大、吉林敖东、中信证券股价特殊日比较情况

公司名称	2004年9月1日 (收购开始日)	2004年9月24日 (反收购期间)	2004年10月12日 (收购截至次日)
辽宁成大	3.28(元)	4.66(元)	4.39(元)
吉林敖东	5.51(元)	7.04(元)	7.15(元)
中信证券	6.49(元)	7.14(元)	6.95(元)

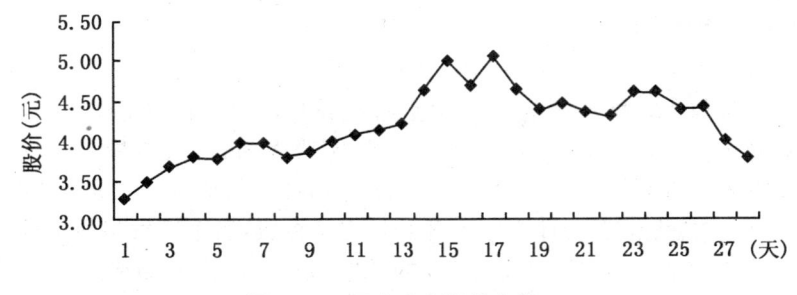

图14.1　辽宁成大股价走势

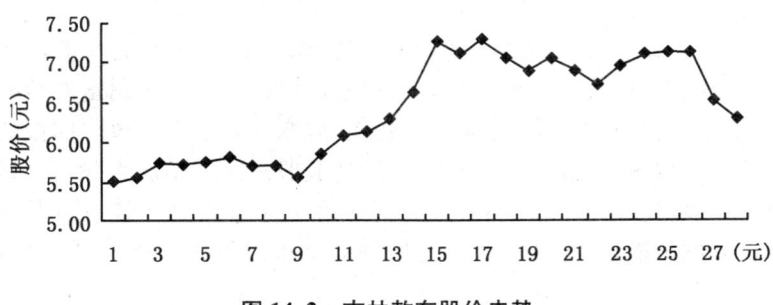

图14.2　吉林敖东股价走势

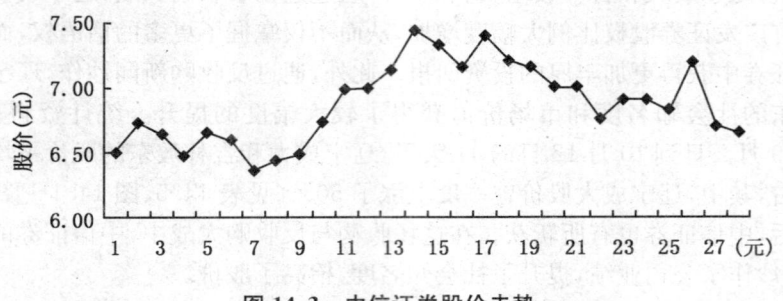

图 14.3 中信证券股价走势

四、启示

(一)目标公司的股权集中度较低,容易受到收购的威胁

广发证券在被收购之前,其股权相对分散。第一大股东辽宁成大持股比例只有 20%。前三大股东持股仅占 48.75%,不及 50%,这种分散的股权结构为收购创造了有利条件:如果收购方在收购之前与前三大股东之一达成转让协议,那么收购成功的可能性会很高。

(二)目标公司交叉持股不利于收购的成功

广发证券作为吉林敖东的第一大流通股股东,占总股本的 3.46%,对敖东股票价格的稳定性起着至关重要的作用。对辽宁成大而言,其本身的股权结构相对分散,广发证券工会是其第二大股东,持股 16.91%,仅比第一大股东成大集团少 1.6% 的股份。广发证券和辽宁成大开始是交叉控股,后来广发将所持辽宁成大的股份转让给广发工会,即核心员工组成的持股机构。广发开始成为员工部分持股的公司,广发和辽宁成大关系越来越密切。目标公司的交叉持股公司为了谋求自保和确保自身应得利益,往往也会参与抵制收购的行动。

(三)对非上市公司的收购难度大

一方面,由于非上市公司的市场价值难以体现,以账面价值衡量则严重低估,因此,客观上存在目标公司的原有股东的财富向收购公司股东财富的转移倾向;另一方面,非上市公司流动性差,风险相对较大,股东在要求系统风险回报的同时,还要求非系统风险回报,再加上非上市公司的持股股东往往是法人股,在风险相对较大的情况下持股,往往是出于战略考虑,更注重于长远利益。这些因素,收购公司不能通过市场准确衡量,因此在收购价格制定上难以得到目标公司现有股东的认同。

(四)周密而明确的收购计划是要约收购成功的重要保证

收购作为企业一项重要的资本运作方式,在决定实施前一定要有详细的调研,进而作出周密、明确的收购计划,包括针对反收购的措施,不能草率行事,否则只会失败。中信此次对广发收购失败的一个重要原因就是收购计划不周密、不明确,特别是几乎没有针对反收购的措施。如收购调研不尽职,对收购成本估计过低,最初的开价与深圳吉富都是每股1.16元,而广发2004年的中报显示其净资产已经是每股1.2元,导致其一开始就处于不利地位;当遭到广发的强烈反对时,中信除了运用价格这一颗棋子外,几乎无法可施。足见中信对此次收购的仓促。

(五)企业文化的差异决定了并购的成功与否

理论研究和实证研究均已证明企业文化对企业并购目标的选择及并购后的整合影响重大。并购方在选择并购目标时,除了要对并购方的经营情况、市场地位及双方的业务互补性等方面进行调查和分析外,更重要的是对双方的企业文化进行尽职调查,以弄清双方企业文化的类型及相互融合的可能性。如果双方企业文化相差悬殊,不属于同一类型或相似类型,则并购提案会遭到对方管理层及广大员工的极力反对,增加并购失败的风险,此次中信并购广发的失败就是一个很好的例子。即使并购交易成功,也会增加并购后的整合成本及风险,并最终导致并购的失败。

(六)友好协商和充分沟通是要约收购成功的重要条件

根据前文对中信收购失败原因的分析可知,友好协商和充分沟通是要约收购的重要条件。中信在此次收购中没有与广发的大股东和管理层及其员工进行充分沟通,而只是与部分股东进行过接触,并只在一些非公开场合以比较随意的方式向广发的管理层提及过收购的意愿,显得非常不严谨和没有诚意。当广发的管理层得知中信确实有收购广发的打算时,曾明确表示过不欢迎,但中信却视而不见,没有主动与广发方面进行商谈,以争取广发管理层的支持,反而来个突然袭击,导致收购公告一宣布,就引起广发员工的强烈反对,随后,广发管理层也明确表态,反对中信的收购。在实施收购活动时,一定要尽可能地与对方的股东和管理层进行充分、友好的协商,争取得到其支持,实施友好要约收购,提高收购成功的可能性并降低收购成本。

(七)我国收购市场中要约收购兴起

市场化要约收购是收购方根据自身的发展战略作出的主动收购,是实质性资产重组的重要方式,属于战略性并购的范畴。随着国家产业结构的调整和WTO的加入,行业内企业之间的竞争及行业之间竞争日趋激烈,战略性并购成为企业迅速做大做强的首要方式,这是国外成功实践经验所证明了的,同时也被我国并购市场发展轨迹所证明。因而,主动要约收购作为战略性并购的主要方式必将成为我国证券市场的主要收购方式之一。要约收购的主要目的是在公司控制权发生变化时保护中小股东的利益不受侵害,而如何保护中小股东的利益正是各国资本市场健康发展要关注的重要问题之一,更是我国当前资本市场需特别关注的问题。众所周知,股权分置和股权"一股独大"的结构性缺陷是当前我国资本市场的显著特征,尽管国家已经在着手解决这些问题,但这不可能在短期内得到完全的解决,因而,在我国资本市场股权分置和结构性缺陷的现实背景下,实施要约收购特别是市场化要约收购是保护中小股东利益的一种较好的现实方式。而中小股东利益的保护又有利于资本市场的完善和发展。我国的监管层也已经认识到要约收购在推动实质性资产重组、保护中小股东利益和完善资本市场等方面的积极作用,出台了一系列促进要约收购的政策和法规,加速了要约收购的发展。

五、相关知识点回顾

(一)反收购的概念和特征

反收购:收购分为善意收购和恶意收购,恶意收购会导致反收购的出现。反收购是指目标公司管理层为了防止公司控制权转移而采取的旨在预防或挫败收购者收购本公司的行为。

反收购具有以下特征:反收购的主体是目标公司;反收购的核心在于防止公司控制权的转移;目标公司反收购措施分为两大类:一类是预防收购者收购的事前措施,一类是为阻止收购者收购成功的事后措施。

(二)要约收购的概念及特点

要约收购(即狭义的上市公司收购),是指通过证券交易所的买卖交易使收购者持有目标公司股份达到法定比例(《证券法》规定该比例为30%),若继续增持股份,必须依法向目标公司所有股东发出全面收购要约。

要约收购的最大特点是在所有股东平等获取信息的基础上由股东自主作出选择,因此被视为完全市场化的规范的收购模式,有利于防止各种内幕交易,保障全体股东尤其是中小股东的利益。

(三)预防反收购的措施

这一类反收购行为发生在要约收购出现以前,目标公司以各种形式防范以后可能出现的收购进攻,具体包括以下几种。

1. 毒丸

"毒丸"(Poison Pill)是指目标公司通过制订特定的股份计划,赋予不同的股东以特定的优先权利,一旦收购要约发出,该特定的优先权利的行使,可以导致公司财务结构的弱化或收购方部分股份投票权的丧失。这样收购方即使在收购成功后,也可能像吞下毒丸一样遭受不利后果,从而放弃收购。

2. 反收购条款

反收购条款又可称为"驱鲨剂"(Shark Repellent)或者"豪猪条款"(Porcupine

Provision)。所谓"驱鲨剂"是指在收购要约前修改公司设立章程或做其他防御准备以使收购要约更为困难的条款。而"豪猪条款"则是指在公司设立章程或内部细则中设计防御条款,使那些没有经过目标公司董事会同意的收购企图不可能实现或不具可行性。

3. 金降落伞

"金降落伞"(Golden Parachute)是指目标公司通过与其高级管理人员签订合同条款,规定目标公司有义务给予高级管理人员优厚的报酬和额外的利益,若是公司的控制权发生突然变更,则给予高级管理人员以全额的补偿金。目标公司希望以此方式增加收购的负担与成本,阻却外来收购。与之相对应的还有一个"锡降落伞",是在金降落伞以外再规定目标公司员工若在收购后第二年被解雇,可以要求一定数量的补偿性遣散费。通过上述方式在保障有关管理人员优厚待遇的同时,增加公司被收购的难度。

4. 员工持股

员工持股计划是指鼓励公司雇员购买本公司股票,并建立员工持股信托组织的计划。虽然说员工持股计划在国外的产生与发展是公司民主化思潮及劳动力产权理论影响下的产物,但在现代西方各国,员工持股计划也成为公司进行反收购的重要手段。这是因为公司被收购往往意味着大量员工的解雇与失业,因而在收购开始时,员工股东对公司的认同感高于一般的股东,其所持股份更倾向于目标公司一方,不易被收购。

5. 提前偿债条款

指目标公司在章程中设立条款,在公司面临收购时,迅速偿还各种债务,包括提前偿还未到期的债务,以此给收购者在收购成功后造成巨额的财务危机。

(四)抵抗性(事后)反收购行为

这一类反收购行为发生在敌意收购要约出现之时,目标公司以各种方式直接对抗和阻碍收购行为的顺利进行,具体包括以下几种。

1. 白衣骑士

"白衣骑士"(White Knight)是指在面临外界的敌意收购时,目标公司寻找一个友好的支持者,作为收购人与恶意收购者相竞争,以挫败收购行为。该友好的收购人即为白衣骑士,而敌意收购人则可以称为黑衣骑士,以形容其秘密收购目标公司股票进行股份袭击的特征。通过白衣骑士战略,目标公司不仅可以通过增加竞争者而使买方提高收购价,甚至可以通过"锁位选择权"给予白衣骑士优惠的条件购买公司的资产、股票等。

2. 帕克曼式防御

这种"帕克曼式防御"(Pac-man Defense)的称谓来源于20世纪80年代初期

美国颇为流行一种电子游戏。在该游戏中,程序设计的电子动物相互疯狂争斗,期间每一个没有吃掉敌手的动物都将遭到毁灭。受此启示,美国反收购中出现了"帕克曼式防御",即指目标公司在受到敌意收购的进攻后,采取种种积极措施,以攻为守,对收购者提出反向的收购要约,以收购收购者的方式牵制收购者,或者以出让公司部分利益、部分股权为条件,策动一家与公司关系密切的友好公司出面收购收购方股份,达到反收购的效果。

3. 焦土政策

还有一种反收购措施称之为"焦土政策"(Scorched Earth)。比如,目标公司手中尚有大量的现金并准备用来回购其股票、或者目标公司可能大量举债来回购其股份。这两种方式都能阻止收购者。收购者想利用目标公司现有资金弥补其收购支出是不可能了,而该目标公司可能身负债务,收购已经变得没有意义了。

焦土政策的另一种方式是将目标公司吸引收购者的重要营业,即"皇冠明珠"(Crown Jewels),予以出售。比如,与白衣骑士订立协议使白衣骑士获得"皇冠明珠",如果白衣骑士在收购战中没有获得目标公司全部股份的话。如上所述,这种方式称之为"锁定交易"。

其他的反收购措施包括存在争议的拒绝出售(just say no)、说服股东不要出售、煽动雇员、社区反对收购以及利用宣传手段阻止收购等。

参考文献

[1]傅建设. 从中信证券之困看券商出路[J]. 新财经,2003(09).
[2]胡海涛. 中信并购广发玄机重重[J]. 中国经济期刊,2004(37).
[3]吕爱兵. 谁是赢家?——中信广发收购与反收购案例启示[J]. 数字财富,2004(12).
[4]郭思永,张人骥. 目标公司股权结构对敌意收购的影响——中信证券收购广发证券的案例研究[J]. 上海立信会计学院学报,2005(07).
[5]葛清. 中信 vs 广发,收购与反收购[J]. 中国企业家,2004(10).
[6]欧阳春花. 中信要约收购广发失败的原因及启示[J]. 财会通讯(学术版),2005(08).
[7]尹蔷,胡霞. 广发收购中信之全攻略[J]. 资本市场,2005(02).
[8]陈玮. 我国证券公司并购重组法律问题研究[D]. 华东政法大学硕士毕业论文,2008.
[9]汤海溶,彭飞. 我国券商综合治理及重组模式分析[J]. 当代经济管理,2008(07).
[10]包明华. 企业并购教程[M]. 中国人民大学出版社,2010年3月.
[11]李曜. 公司并购与重组导论(第2版)[M]. 上海财经大学出版社,2010年12月.